SPORT
VERLAG
BERLIN

Julia Karzau

Große Budomeister

Jigoro Kano

Gichin Funakoshi

Morihei Ueshiba

Edition BSK Budo Studien Kreis

Sportverlag Berlin

EDITION BUDO STUDIENKREIS

Herausgeber der Edition Budo Studien Kreis: Werner Lind

ISBN 3-328-00823-3

Lektorat: Bernd Ludwig
Umschlaggestaltung: Volkmar Schwengle/Buch und Werbung, Berlin
Titelgrafiken: Monika Lind
Zeichnungen: Budo Studien Kreis: Harald Böhm (Aquarelle S. 11, 29, 87); Monika Lind (Zeichnungen S. 22, 31, 35, 39, 78, 106, 129, 145, 166, 183, 189, 190); C. Olaro (Zeichnung S. 142); Werner Lind (Entwurf, Konzept, Darstellung/Kartenskizzen S. 14, 15)
Satz und Repro: LVD GmbH, Berlin
Druck und Bindung: Clausen & Bosse
Printed in Germany 1999

Gedruckt auf alterungsbeständigem Papier
mit chlorfrei gebleichtem Zellstoff

Die Deutsche Bibliothek – CIP-Einheitsaufnahme

Karzau, Julia:
Große Budomeister : Jigoro Kano, Gichin Funakoshi,
Morihei Ueshiba / Julia Karzau. - Berlin : Sportverl., 1999
ISBN 3-328-00823-3

Inhalt

Geleitwort

Persönlichkeiten, die noch in der Nachwelt deutliche Spuren hinterlassen; Menschen, die das Verhalten, ja die Lebenswege von Millionen von anderen beeinflussen, haben etwas Faszinierendes. Worin bestand das Besondere eines Funakoshi, eines Kano oder eines Ueshiba?

Unbestritten haben sie die Kampfkünste, die wir heute üben, am meisten beeinflußt, haben sie – wenn auch nicht in jedem Fall mit Absicht – zu dem gemacht, was sie heute sind, oder haben zumindest den Grundstein für ihre Verbreitung gelegt. Ihre Biographien stehen nicht nur für starke Ausstrahlung und massenhafte Wirkung, sondern auch für ein tragisches Element im menschlichen Wirken: Wenn schließlich das angestrebte Ziel unter Aufbietung aller Kräfte – scheinbar – erreicht ist, zeigt sich, daß es sich längst verändert hat und daß das eigene Wirken außer den gewollten Effekten zugleich auch ganz andere, gänzlich ungewollte Ergebnisse hervorgebracht hat.

Die Lebenswege der drei großen Meister des japanischen Budo sind voller großer und auch spannender, nicht selten abenteuerlicher Momente, sie machen aber auch nachdenklich und mahnen uns, den Weg der Verflachung und des Begnügens mit der Oberfläche von etwas Wertvollem nicht weiterzugehen, sondern zurückzufinden zu uns selbst. Sie beeindrucken nicht durch große Worte, sondern vor allem durch das gelebte Beispiel.

Drei Meister des Budo – grundverschieden voneinander und doch so ähnlich in ihrer Wirkung auf die Nachwelt. Funakoshi beeindruckte durch seine tiefe Demut und Achtung, Kano durch seinen Ehrgeiz und Ueshiba durch seinen Fanatismus. Alle drei haben heute Millionen von Anhängern, doch wie viele davon haben ihre Botschaften tatsächlich verstanden und folgen einem Weg? Das, was die Nachwelt aus ihren Künsten gemacht hat, war vielfach nicht in ihrem Sinne. Wir alle sind heute dafür verantwortlich und sollten, anstatt mit dem Finger aufeinander zu deuten, lernen, einen Weg zu gehen.

Julia Karzau hat es ausgezeichnet verstanden, die Charaktere der drei Großen zu erfassen und nachzuzeichnen. Das Buch besticht darüber hinaus durch eine bisher noch nicht angetroffene Fülle an Fakten, die dem deutschen Leser noch unbekannt sind. Allein deshalb schon ist dieses Buch als Lektüre zu empfehlen. Es ist aber mehr als ein hervorragendes Lesefutter für Budofreunde. Die so unterschiedlichen Lebenswege der drei großen Budomeister und das Schicksal ihres Lebenswerkes werden beim Leser Nachdenklichkeit, zuweilen sogar Betroffenheit auslösen. Dieser Blick in die Vergangenheit kann uns klüger und unter Umständen reifer machen.

Werner Lind

Vorwort

Jigoro Kano, Gichin Funakoshi, Morihei Ueshiba – mit ihren Visionen und Idealen waren sie die Wegbereiter für inzwischen weltweit verbreitete Kampfkunstaufassungen. Jeder von ihnen war in seinem Wesen und Wirken einzigartig, und doch hatten alle drei eines gemeinsam: ihre aufopfernde Hingabe für die Verbreitung ihrer Kampfkunst. Ohne Zweifel würden wir das Karate, das Judo und das Aikido heute nicht kennen, hätten es sich Funakoshi, Kano und Ueshiba damals nicht zu ihrer Lebensaufgabe gemacht, diese Lehren der Welt zugänglich zu machen. Unglücklicherweise gingen gerade durch das Wirken dieser drei Meister die Werte und Inhalte des Budo unwiderbringlich verloren, und mit Sicherheit würden sowohl Funakoshi als auch Kano und Ueshiba mit Entsetzen auf das blicken, was innerhalb weniger Jahrzehnte aus jahrhundertealten Lehren entwickelt worden ist.

Große Budomeister – Kano, Funakoshi, Ueshiba ist ein Buch, das in dieser Form ohne den Budo Studien Kreis und seine unerschöpflichen Quellen nie zustande gekommen wäre. Daher möchte ich auf diesem Weg allen danken, die meine Arbeiten ohne Unterlaß unterstützt und mir geholfen haben, sie zu einem interessanten und lesenswerten Werk zu machen. Insbesondere meinem Sensei, Werner Lind, gilt nicht nur für seine fortwährende Hilfe an diesem Buch, sondern auch für seine jahrelangen Mühen und Aufopferung im Zuge meiner Ausbildung im Karate-do mein größter Dank. Und auch allen anderen Lehrern des BSK möchte ich an dieser Stelle dafür danken, daß sie mich so selbstverständlich auf meinem Weg im Karate begleitet und unterstützt haben.

Julia Karzau

Die Zahl ist nichts

Besser als in tausend Reden
Worte ohne Sinn verschwenden
ist ein Wort voll tiefen Sinnes
das dem Hörer Frieden spendet

Besser als in tausend Liedern
Worte ohne Sinn verschwenden
ist ein Wort voll tiefen Sinnes
das dem Hörer Frieden spendet

Ob ein Sänger tausend Lieder
sinnlos in die Lüfte sendet
besser ist ein Wort der Wahrheit
das dem Hörer Frieden sendet

Magst du in der Schlacht besiegen
tausendmal zehntausend Krieger
wer das eigne Ich bezwungen
ist der größte aller Sieger

Ära des Umbruchs

Ob Kano oder Funakoshi oder Ueshiba – sie alle hatten ihre Wurzeln im traditionellen Japan (bzw. Okinawa), aber den Kopf umwehte bereits der Wind der neuen Zeit. Sie schlugen, jeder auf seine Weise, eine Brücke von den geheimen Kampfkünsten der Samurai oder der Kampfkunstmeister Okinawas in die Zeit der Marktwirtschaft. Und sie wurden von den Erschütterungen ihrer Zeit erfaßt, nicht selten hin und her geworfen.

Wer Wegbereiter wie Kano, Funakoshi oder Ueshiba verstehen will, der muß einiges über die Zeit wissen, in der sie lebten, und über das Erbe – die alten Kampfkünste –, das sie vorfanden und uns, verändert, hinterlassen haben.

Japans Entwicklung bis zum 19. Jahrhundert

Japan befand sich zur Zeit von Funakoshi, Kano und Ueshiba in einer Ära des politischen und sozialen Umbruchs. Die jahrhundertelange Militärdiktatur der Tokugawa war beendet, und damit bot sich Raum für die Neuerungen der Meiji-Restauration[1]. Nach Jahrhunderte währender Isolation Japans von der Außenwelt wurden die Menschen binnen kurzer Zeit mit für sie neuen Wissenschaften und Technologien konfrontiert, mußten sie sich einstellen auf eine neue Gesellschaftsordnung, eine neue Ideologie und ein neues gesellschaftliches Bewußtsein.

Die Umwälzungen brachten ein hohe Maß an Freiheit für das Volk, doch sie stürzten Japan auch in einen schweren Konflikt zwischen den neuen, stark konsumorientierten Ideologien und den alten elitären Samurai-Traditionen.

Okinawa erlebte den Aufbruch in die Meiji-Ära ähnlich wie das japanische Mutterland. Befreit von der langen Herrschaft des verhaßten japanischen Satsuma-Clans, wollten die Okinawaner das Vergangene hinter sich lassen und strebten erwartungsvoll in das neue Zeitalter.

Auch in den Kampfkünsten blieb nichts so, wie es war. Sie waren bisher nur einem sehr kleinen Kreis von Eingeweihten vorbehalten und hatten im Laufe der Zeit nur sehr allmähliche Veränderungen erfahren – immer im Sinne noch größerer Wirksamkeit –, meist im Ergebnis des Austauschs mit anderen Stilen. Jegliche Notwendigkeit, Veränderungen zu dem Zweck vorzunehmen, daß eine Kampfkunst mehr Anhänger oder Bewunderer finden möge, waren der traditionellen Rolle der Kampfkünste wesensfremd. Doch das sollte sich ändern.

Die »Demokratisierung« der bislang elitär betriebenen, geheimgehaltenen Kampfkünste hatte ihren Preis: Waren bisher willkürliche Eingriffe in den Bestand einer Kampfkunst – ihre Techniken und ihre Philosophie – ein Frevel, so ging der Respekt vor dem wertvollen Erbe schnell verloren. Sie wurden durch vielfältige Eingriffe, Verstümmelungen und Glättungen »handlich« gemacht. So wurden gefährliche Techniken entfernt und die alten Ideale durch eine große Massen ansprechende Denkweise er-

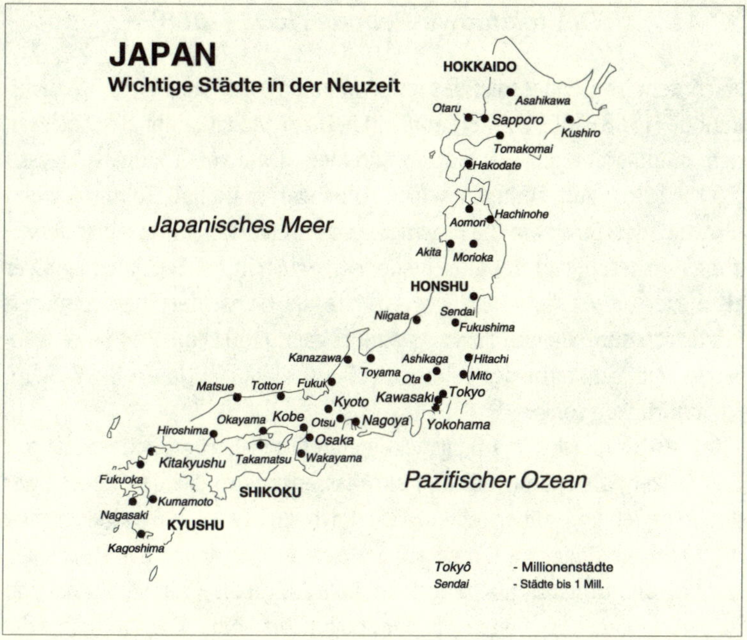

setzt. Das mußte zu schweren Konflikten zwischen Gegnern und Befürwortern dieser Entwicklung führen.

Vor allem die Einführung und Verbreitung des Kampfsports an den Schulen und Universitäten Japans verlangte eine völlige Neustrukturierung der alten Lehren. Die traditionellen Kampfkünste wurden ihres ethischen »Tiefgangs« entledigt. Die Komponenten *Philosophie* und *Lebensweg (Do)* – Inhalte, die früher mit den Kampfkünsten eng verbunden waren – wurden durch diese Veränderungen über Bord geworfen. Es gab immer weniger Kampfkunstschüler, die bereit waren, einen Kampfkunstweg zu gehen.

Kano, Funakoshi und Ueshiba waren – jeder auf seine Weise – dem mit ungeheuren Spannungen ausgetragenen Konflikt zwischen dem Bewahren traditioneller Werte und kühnem Aufbruch zu neuen Ufern ausgesetzt.

Ein Blick in die Vergangenheit wird für mehr Verständnis für diesen Konflikt sorgen.

Die Tokugawa-Periode (1603–1868)

Nach dem Tod Hideoshis, des letzten Shoguns der japanischen Azuchi-Periode (1568–1600), entbrannte ein heftiger Machtkampf zwischen seinem minderjährigen Nachfolger und dem Daimyo[2] Tokugawa Ieyasu (1542–1616). Auf Drängen seiner Anhängerschaft ließ Tokugawa den schwelenden Streit um die Macht zu einer militärischen Auseinandersetzung eskalieren. Aus der entscheidenden Schlacht bei Sekigahara ging er als Sieger hervor, und Tokugawa nutzte die Gunst der Stunde und erklärte sich zum Shogun Japans. Damit begann (1603) die 264 Jahre währende Militärdiktatur des Tokugawa-Clans, die fortan Japan ihren Stempel aufdrücken sollte.

Als erstes errichtete Tokugawa einen zentralistischen Polizeistaat mit Edo (Tokyo) als Hauptstadt und ein Klassensystem, das den Einfluß der ihm feindlich gegenüberstehenden Daimyo einschränkte und gleichzeitig die Kontrolle über den Kaiser gewährleistete. Der Kaiser hatte nach seiner Entmachtung nur noch repräsentative Aufgaben – für alle Staats- und Regierungsangelegenheiten war der Shogun zuständig. Die Samurai (Kriegerklasse), die für den Schutz des Shoguns und den Erhalt des neuerrichteten Feudalstaats zuständig waren, erfuhren während dieser Zeit eine beträchtliche Aufwertung. Besondere Privilegien führten dazu, daß ihre Familien zur einflußreichsten und höchsten Gesellschaftsklasse Japans aufstiegen.

Die Handelsbeziehungen zu China und Europa brachten denen, die von diesem Handel und Wandel profitierten, einen zunehmenden Wohlstand. Das empfanden die Vertreter des Tokugawa-Clans nicht zu Unrecht als eine Gefahr für ihr Machtmonopol. Daher sorgten sie für eine völlige Isolierung Japans von der Außenwelt, um auf diese Weise den durch den Außenhandel entstehenden Machtzuwachs der shogunatsfeindlichen Daimyo zu verhindern. Alle Häfen wurden für ausländische Handelsschiffe geschlossen, den Inselbewohnern wurden Auslandsreisen unter Androhung der Todesstrafe verboten.

Als Folge dieser Isolation, die bis zur Meiji-Restauration (1868) anhalten sollte, standen in Japan mehr als 200 Jahre lang alle Uhren still. Alle wissenschaftliche Neuerungen der übrigen Welt wurden von der Bevölkerung ferngehalten, da es nach dem Willen des Shoguns im Reich keinerlei Veränderungen geben sollten. Selbst medizinische Betreuung und Pharmazie wurden dem Volk vorenthalten. Der Grund: Die bisher durch Kriege verursachten relativ hohen Sterberaten sollten weiterhin aufrechterhalten werden – nun durch Krankheiten. Die Bevölkerungzahl sollte konstant bleiben, um Hungersnöte zu verhindern.

Doch diese Art von Stagnation ließ Probleme aller Art anwachsen. Im 18. Jahrhundert eskalierte der wirtschaftliche Notstand und führte zu Inflation, Hungerkatastrophen und einer völligen Verarmung des Volkes. Selbst der Shogun hatte sich hoch verschuldet, was zu einer beträchtlichen Schwächung seiner Machtposition führte. Das Ausland drängte zunehmend auf die Öffnung der japanischen Häfen.

Aufbruch in eine neue Zeit

Als am 7. Juli 1853 Kommodore Matthew Calbraith Perry[3] mit vier Schiffen, aus Amerika kommend, in der Bucht von Edo vor Anker ging, dürfte ihm die geschwächte Situation Japans nicht unbekannt gewesen sein. Zwar weigerte sich die Regierung zu diesem Zeitpunkt noch, der Forderung nach Öffnung der Häfen nachzugeben, doch als Perry am 31. März 1854 nach Edo zurückkehrte, diesmal mit einem Geschwader, war sie gezwungen, dem Druck der Amerikaner nachzugeben, und es kam zur Unterzeichnung des Handelsvertrages von Kanagawa[4] mit den USA. Bald darauf folgten auch Holland, England, Frankreich, Preußen und Rußland als Handelsmächte. Japans Isolation war endgültig beendet.

Als plötzlich in die Position einer Handelsmacht geratene Nation stand Japan nun unter Zugzwang. Die Handelspartner waren dem Inselstaat in fast allen Belangen weit voraus, und um für sie von Interesse zu bleiben und die so wichtige neue Einkommensquelle zu sichern, mußte sich Japan dem europäischen und nordamerikanischen Standard anpassen. In einem geradezu unglaublichen Kraftakt sollte es schließlich innerhalb weniger Jahrzehnte gelingen, alle Rückstände aufzuholen und in manchen Bereichen sogar einen Schritt voraus zu sein.

In diesem Prozeß mußten sich zwangsläufig auch Mentalität und Kultur des Volkes ändern. Stärker materiell ausgeprägte Einstellungen, Nationalismus und fortwährendes Streben nach Neuem traten an die Stelle der alten Werte und Traditionen.

Korruption und Verfilzung im Beamtenapparat des Shogunats sowie der stärker werdende Widerstand shogunatsfeindlicher Daimyo hatten die Stellung des Shoguns geschwächt und ermöglichten schließlich dem Kaiser, erneut Anspruch auf die Regierungsgewalt zu erheben. Nach heftigen Kämpfen zwischen der kaiserlichen Armee und den Truppen des Shoguns drohte dem amtierenden Shogun Tokugawa Yoshinobu eine blutige Niederlage. Am 14. Oktober 1867 schließlich erklärte er sich bereit, dem Kaiser die Regierungsgewalt zurückzugeben. Damit bahnte sich nach mehr als zwei Jahrhunderten das Ende der Tokugawa-Alleinherrschaft an.

Die Meiji-Restauration (1868–1912)

Auch als der letzte Tokugawa-Shogun im Oktober 1868 seine Herrschaft offiziell an das Kaiserhaus übergeben hatte, tobten immer noch heftige Kämpfe zwischen den Truppen des Kaisers und den Anhängern des Shogunats. Erst 1869 gelang es der neuen Regierung, die letzten Shogunats-Getreuen zu besiegen. Damit begann endgültig ein neues Zeitalter in Japan. Die folgende Zeit stand ganz im Zeichen des Umbruchs.

Die lange Isolation Japans von der Außenwelt hatte zu großen Rückständen in Wissenschaft, Technik und Technologie geführt, die nun aufgeholt werden mußten. Das reformierte Japan ging mit großem Elan daran, den Anschluß an die führenden Länder der westlichen Welt herzustellen. In der nur 45 Jahre dauernden Reformzeit wurden alle wichtigen Erkenntnisse der westlichen Wissenschaft, Technik und Industrie übernommen. Die Streitkäfte, das Verwaltungs-, das Rechts- und das Bildungswesen wurden unkritisch nach westlichem Vorbild organisiert, und selbst europäische bzw. amerikanische Sitten und Lebensformen hielten in breitem Umfang Einzug in die japanische Gesellschaft.

Durch die Meiji-Verfassung wurden alle Privilegien der Samurai abgeschafft, ihr Stand wurde aufgehoben. Nachdem die Samurai Japan fast ein Jahrtausend lang regiert und den Kaiser zur politischen Ohnmacht gezwungen hatten, degradierte man sie zu einfachen Bürgern. Dies führte zu langanhaltenden, schweren Konflikten in der Gesellschaft und begünstigte Jahrzehnte danach den ausgeprägten japanischen Nationalismus und Imperialismus, der in einer langen Kette von Eroberungskriegen auf dem asiatischen Kontinent Millionen Menschen das Leben kosten sollte.

Die neue Gesellschaftsordnung Japans beruhte auf einer Zwei-Klassen-Gesellschaft mit der Klasse der Shizoku (Adel) und der Klasse der Heimin (gewöhnliches Volk). In dieser neuen Ordnung war für die ihrer Standesprivilegien beraubten stolzen Samurai kein Platz. Damit war ihnen die Grundlage für eine gesicherte Existenz genommen, und sie verarmten mehr und mehr. 1876 erreichten Not und Demütigung ein solches Ausmaß, daß die entmachteten Krieger zu den Waffen griffen, um die verhaßte Regierung zu stürzen. Zwar konnten ihre Aufstände durch die Meiji-Truppen niedergeschlagen werden, doch die stetigen Unruhen der Samurai stellten eine dauernde Gefahr für die neue Regierung dar. In der Hoffnung, damit ihren Stand engültig zu liquidieren, nahm man ihnen schließlich auch das letzte und heiligste, wenn auch nur symbolische Privileg – man verbot den ehemaligen Samurai das Tragen von Schwertern. Doch sowohl diese Maßnahme als auch die Einführung der konstitutionellen Monarchie durch die Verfassung von 1889, die dem Kaiser nahezu uneingeschränkte Macht zugestand, konnte den Einfluß der Kriegerkaste auf die japanische Gesellschaft nicht unterbinden.

Orientierungslosigkeit und Verlust der ursprünglichen, traditionell akzeptierten Identität waren und sind ein gefährlicher Nährboden für nationalistisches Gedankengut. So auch im Japan des ausgehenden 19. Jahrhunderts. Parolen vom den Japanern zustehenden Führungsanspruch im asiatischen Raum wurden in der Gesellschaft nur zu bereitwillig aufgegriffen und führten zu einem nationalistischen Taumel, der im Laufe der Jahre immer stärker wurde. 1894/95 startete die japanische Expansion (die rasche Bevölkerungszunahme war willkommener Anlaß, um größere Rohstoff- und Absatzmärkte sowie neues Siedlungsland zu fordern) mit einem verheerenden Krieg gegen China und der Annexion von Taiwan und den Pescadores-Inseln. Um seine Eroberungspolitik abzusichern, schloß Japan 1902 ein Bündnis mit England. Die Kriegserklärung an den

großen Rivalen Rußland (1904) ließ nicht lange auf sich warten; der Kampf um das russisch besetzte Port Arthur endete 1905 mit einem japanischen Sieg. Das gab dem japanischen Imperialismus neuen Auftrieb, nun wollte man noch mehr. 1910 wurde Korea annektiert, und mit den Russen teilte man sich die Mandschurei. Als der Meiji-Tenno im Jahre 1912 starb, gehörte Japan als erster asiatischer Staat zu den Großmächten.

Okinawas Entwicklung bis zum 19. Jahrhundert

Okinawa, die Wiege des Karate, war sehr lange Zeit kein Teil Japans. Dessen sollte man sich bewußt sein. Daß das Karate, diese ursprünglich durch und durch okinawanische Kampfkunst, deren Geheimnisse zudem von nur wenigen Eingeweihten gehütet wurden, schließlich den Japanern zu Füßen gelegt wurde, war ein unerhörtes Ereignis, das aufs engste mit dem Namen Funakoshis verknüpft ist. Wer sich für Karate interessiert

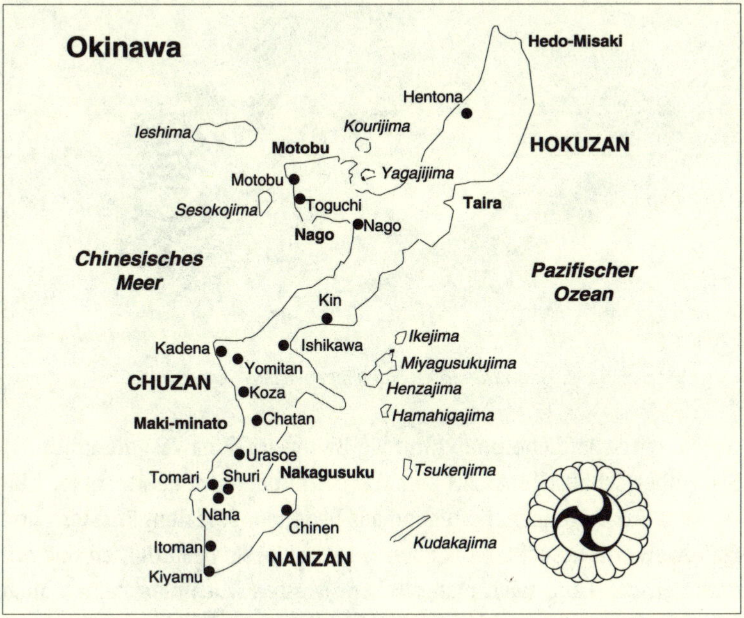

und in diesem Zusammenhang für die Persönlichkeit Gichin Funakoshis, der hat auch allen Grund, mehr über das Ursprungsland des geheimnisvollen Karate zu erfahren.

Okinawa ist die Hauptinsel des früheren Ryukyu-Königreichs und erst seit 1905 eine japanische Präfektur. Während sich die Inselkette der Ryukyu vom Süden Japans bis beinahe zur Türschwelle Chinas im Süden erstreckt, ist Okinawa selbst nur 100 km lang und hat eine Fläche von 1200 km^2. Trotz seiner geringen Größe lag Okinawa seit vielen Jahrhunderten im Blickfeld der Machtinteressen sowohl Chinas als auch Japans. Beide Länder haben Geschichte, Kultur, Lebensform und Gesellschaft des kleinen Inselstaates entscheidend geprägt.

Als es Sho Hashi, dem Begründer der okinawanischen Sho-Dynastie, 1429 gelang, die verfeindeten drei Königreiche der Ryukyu – Chuzan (Gebirge in der Mitte), Hokuzan (Gebirge im Norden) und Nanzan (Gebirge im Süden) – zu einem Reich zu vereinen, legte er den Grundstein

Okinawaner töten einen japanischen Samurai

für die wirtschaftliche und kulturelle Blütezeit Okinawas, die unter der Schirmherrschaft Chinas bis zum 17. Jahrhundert andauern sollte. Chinesische Abordnungen, bestehend aus Beamten, Soldaten, Priestern und Handwerkern, besuchten Okinawa regelmäßig, sie beeinflußten und orientierten das Land nach chinesischem Muster. Mit ihnen kamen auch die chinesischen Kampfkünste *(Quanfa)*, die sich mit der einheimischen Selbstverteidigungsmethode *(Te)* vermischten. Durch wechselseitige Beeinflussung und durch Weiterentwicklung entstanden in Folge das *Tode*, das *Okinawa-te* und schließlich das Karate.

Die Satsuma-Invasion

Das Jahr 1609 sollte die fruchtbare Beziehung Okinawas zu China auf verhängnisvolle Weise beenden. Ein japanischer Daimyo, Oberhaupt des Satsuma-Clans, der in der Schlacht von Sekigahara auf der Seite der Verlierer stand, beschloß, seine Verluste durch die Eroberung Okinawas wieder wettzumachen.

Der Satsuma-Clan von Kyushu unter der Führung der Familie Shimazu war einer der kriegerischsten Clans in der Geschichte Japans. Da die in Sekigahara unterlegenen Satsuma mit einem Bevölkerungsverhältnis von einem Samurai auf drei Bürgerliche dem Tokugawa-Shogun nach wie vor gefährlich werden konnten, erlaubte man ihnen eine eigenständige Invasion auf Okinawa. Damit gab man den Satsuma-Samurai die Möglichkeit, den Schandfleck der zuvor erlittenen Niederlage wieder abzuwaschen. Vor allem aber wollte man auf diese Weise das kriegerische Potential des nach wie vor gefährlichen Rivalen in eine Richtung lenken, die den neuen Machthabern nicht gefährlich erschien.

Der Plan der Tokugawa-Regierung ging auf. Die Satsuma unterwarfen Okinawa sowie alle anderen Ryukyu-Inseln und brachten den König als Geisel in die japanische Hauptstadt. Doch die Bevölkerung der kleinen Insel weigerte sich, mit den Invasoren zusammenzuarbeiten. Mehr noch, die freiheitliebenden Okinawaner waren nicht bereit, die Fremdherrschaft hinzunehmen, sie bildeten geheime Widerstandsgruppen und bekämpften die japanischen Samurai mit allen Mitteln. Viele dieser Auseinandersetzungen endeten für die Okinawaner tödlich, da sie mit bloßen Händen – das strikte Waffenverbot zwang sie dazu – nur geringe Chancen gegen die Waffen der Samurai hatten. Doch Not macht erfinderisch. Die Okinawaner entwickelten nach und nach hochwirksame Methoden, verschiedenste Landwirtschaftsgeräte als Waffen zu benutzen *(Kobujutsu)*, die, scheinbar ganz harmlos, im Kampf gegen die Samurai gut eingesetzt werden konnten. Bei jeder sich bietenden Möglichkeit wurden die verhaßten Eindringlinge überfallen und getötet.

Bald wurde der Satsuma-Obrigkeit klar, daß dieses Aufbegehren ihre Macht stark beeinträchtigte, und sie erlegte dem Volk harte Beschränkungen der persönlichen Freiheiten auf. So wurde das bereits früher verhängte Waffenverbot weiter verschärft. Jeder Okinawaner, der sich in den bewaffneten Kampfkünsten übte, wurde bestraft – nicht selten mit dem Tode. Da aber die Okinawaner inzwischen – unter dem Druck der Umstände – ihre Kunst des Kämpfens mit der bloßen Hand *(Tode)* weiter verfeinert und effektiviert hatten, wurde auch das Üben des *Tode* unter strengste Strafe gestellt. Man überprüfte nicht nur waffenähnliche Arbeitsgeräte, sondern untersuchte sogar die Fäuste der Bauern nach Anzeichen von Makiwara-Training. Die Satsuma durchsuchten die Häuser und trachteten danach, die geheimen Treffpunkte aufzuspüren. Auch gingen die Samurai nur noch in geschlossenen Gruppen in die Öffentlichkeit, um den Angriffen der Okinawaner nicht einzeln ausgesetzt zu sein.

Als die Satsuma-Herrscher einsehen mußten, daß auch diese Kontrollmaßnahmen die Entwicklung nicht stoppen konnten, führten sie zur allgemeinen Abschreckung und Einschüchterung weitere schwere Strafen ein. Auch wurden die Steuern erhöht, und man fand überhaupt immer neue Wege, von der Bevölkerung noch höhere Abgaben zu erzwingen, so daß am Ende für die Menschen kaum etwas zum Leben übrig blieb.

Die Satsuma errichteten auf Okinawa ein wahres Terrororegime. Auf einer Nebeninsel namens Yanaguni wurde zum Beispiel ein Gong aufgestellt, den die Satsuma-Samurai immer dann schlugen, wenn sich alle Inselbewohner zum Rapport an der Sammelstelle einfinden mußten. Wer sich nicht schnell genug an diesem Ort (man nannte ihn Isshoda) einfand, wurde getötet. Diese Maßnahme traf vor allem die Älteren und Kranken. Eine weitere menschenverachtende Schikane traf die Frauen. Am Strand der Insel Kubuwari gab es eine 3,60 m breite tiefe Felsspalte, über die jede schwangere Frau springen mußte …

Solche und ähnliche Maßnahmen der Satsuma-Herren führten jedoch nicht zum erhofften Ergebnis. Statt das Land zu »befrieden«, wurde der Widerstandswille der Okinawaner nur um so mehr angefacht. Auch die Verzweiflung über die hohen Steuerlasten und die zusätzlichen Tributzahlungen an die Chinesen trug dazu bei, daß die Okinawaner einen regelrechten Partisanenkrieg führten. Zu organisierten Aufständen kam es nie, doch kein japanischer Samurai war sich seines Lebens sicher, wenn er sich ohne Begleitung in die okinawanischen Viertel wagte. Die einzigen Waffen der Okinawaner waren das *Tode* und ihre Landwirtschaftsgeräte, die sie im Kampf meisterhaft zu handhaben verstanden *(Kobujutsu)*.

Selbst als der okinawanische König zwei Jahre nach der Satsuma-Invasion wieder als offizieller Herrscher, in Wirklichkeit aber nur als Marionette der Invasoren, auf die Insel zurückkehrte, fuhren die Okinawaner in ihrem Widerstand gegen die japanischen Satsuma fort. Dadurch erfuhren die Kampfkünste jener Zeit einen enormen Aufschwung und im Laufe der Zeit eine beträchtliche Weiterentwicklung. Anhänger des *Quanfa* (einer der chinesischen Kampfkünste) und Meister des *Te* schlossen sich 1629 zu einer gemeinsamen Front gegen den Feind zusammen. Aus der Kombination von *Te* und *Quanfa* entwickelte sich ein neuer Kampfstil, den man *Tôde* nannte. Er war chinesisch beeinflußt, beruhte jedoch auf den Anwendungen der *Te*-Kampftechniken.

Alle Systeme wurden im geheimen und gemäß dem alten okinawanischen Kodex geübt, wonach man seine Kampfkraft zur Verteidigung des Vaterlandes einsetzen mußte. Jeder Kampfkunstmeister gab sein Wissen nur innerhalb seiner Familie und unter strengster Geheimhaltung weiter. Obwohl im Laufe der folgenden 200 Jahren viele der grausamen Satsuma-Repressalien wieder aufgehoben wurden und nach und nach sogar ein Waffenstillstand zwischen den Satsuma und den Okinawanern eintrat, gab man die Geheimnisse des aus dem *Tode* hervorgegangenen Karate und des Kobujutsu nie an Japaner weiter – bis zu jenem Tag im Jahre 1922, an dem Funakoshi Karate in Japan vorstellte.

Die Meiji-Restauration auf Okinawa

Die Herrschaft der Satsuma-Samurai währte bis weit in das 19. Jahrhundert, und erst als Kommodore Matthew Perry 1853 mit seiner Flotte auf der Insel anlegte und Handelsbeziehungen und Hilfe anbot, begann sich die Lage der verarmten Inselbewohner allmählich zu bessern. Mit der japanischen Meiji-Restauration, deren Reformen erst 1879 (also 11 Jahren später als in Japan) mit der offiziellen Entthronung des Ryukyu-Königs (man bot ihm statt dessen eine hohe Beamtenstellung und eine beträchtliche Pension an) die Inselkette erreichten, war die 259jährige Herrschaft der Satsuma beendet. Doch Okinawa erhielt damit noch nicht die Selbständigkeit, statt dessen wurde es 1895 als 47. Präfektur in das japanische Kaiserreich eingegliedert.

Um die verheerende Wirtschaftslage Okinawas zu verbessern, gestand die japanische Regierung der Insel Subventionen zu, die allmählich die Lebensbedingungen der Bevölkerung spürbar verbesserten. Ein umfassendes Bildungsprogramm für den Unterricht in japanischer Sprache wurde eingeführt, wissenschaftliche Projekte wurden initiiert und alle Privilegien der Satsuma-Samurai abgeschafft. Wie in Japan auch, mußten die Samurai alle Standesinsignien ablegen: Das Tragen ihrer Schwerter wurde ihnen verboten, ebenso der Samurai-Haarknoten und das Tragen der traditionellen Kleidung.

Diese Verbote trafen aber auch die okinawanischen Adligen, die ihre gesellschaftliche Stellung traditionell ebenfalls durch die Kleidung und den Haarknoten dokumentierten. Den Okinawanern war zwar wegen des seit Jahrhunderten bestehenden Waffenverbots das Privileg des Schwertbesitzes versagt geblieben, doch ihre Adligen revoltierten gegen das japanische Edikt bezüglich der traditionellen Kleidung und des Haarknotens. Die öffentliche Meinung teilte sich schon kurz nach der Verkündung der umstrittenen Edikte in zwei Lager. Ihre jeweiligen Anhänger fanden sich in einer konservativen Partei und – wie konnte es anders sein – einer Reformpartei zusammen, um ihre Interessen aktiv zu vertreten. Doch die alte Ordnung Okinawas war unwiederbringlich Geschichte, und nach einigen Jahren verloren die Befürworter der reaktionären Partei mehr und mehr an Zuspruch.

Durch die Liberalisierung und die angebotene japanische Freundschaft hatte sich die weitere Geheimhaltung der okinawanischen Kampfkünste objektiv überlebt. Doch dieses letzte okinawanische Privileg war hart umkämpft, denn nach wie vor weigerten sich die Meister, einem Japaner Karatetechniken zu zeigen. Aber immer mehr Wissen über die Kunst der okinawanischen Selbstverteidigung gelangte in die Öffentlichkeit, und schließlich bot Meister Itosu 1905 an, okinawanisches Karate zum Zwecke der Erziehung an den öffentlichen Schulen zu lehren. Allerdings wurde dieses Karate zuvor »entschärft« und ihm der Charakter einer gesundheitsfördernden »kämpferischen« Gymnastik gegeben. Diese stark veränderte Variante haben die Meister Funakoshi, Miyagi und Mabuni später in Japan unterrichtet. Aus ihr sollten die japanischen Wettkampfstile entstehen.

Anmerkungen

[1] Die Übergabe der Regierungsgewalt in die Hände des Tenno Mutsuhito im Jahre 1868 nach jahrhundertelanger Herrschaft der Shogune stellte eine Wiederherstellung (Restauration) einstiger Verhältnisse dar. Mutsuhito nannte sich Meiji-Tenno (Meiji = erleuchtete Regierung). Er veranlaßte zahlreiche Reformen, darunter auch die Einführung der allgemeinen Schulpflicht, die letztlich die japanische Gesellschaft in den Kreis der modernen Industrienationen führte. Wegen dieses so wichtigen Reformaspekts wird auch sehr oft von der Meiji-Reform gesprochen.

[2] Daimyo = Fürst

[3] Perry, Matthew Calbraith, bekannt als Kommodore Perry, Kommandant eines amerikanischen Geschwaders von vier Schiffen, mit dem Japan 1853 zur Öffnung seiner Häfen gezwungen wurde.

[4] Die in einer langen Reihe amtierenden Tokugawa-Shogune hatten Japan in einen Abgrund von Dekadenz und Armut gestürzt. Willkür und Unterdrückung seitens der Samurai führten zu Unruhen und Aufständen, denen das Shogunat schließlich nicht mehr gewachsen war. Besonders die Daimyo von Satsuma (Shimazu) und Nagato (Mori), den Tokugawa gleich an Rang und Ansehen, forderten lautstark die Rückgabe der Macht in die Hände des Kaisers. So sah die Lage aus, als im Juli 1853 Kommodore Matthew Perry mit zwei Segelschiffen und zwei Dampfern in der Bucht von Edo ankerte und der japanischen Regierung ein Schreiben des US-amerikanischen Präsidenten Fillmore überreichte, in dem die Japaner aufgefordert wurden, ihre Häfen für den Handel mit den USA zu öffnen. Da die Japaner sich aber weigerten, ließ er sie wissen, daß er in einem Jahr mit einer Flotte wiederkäme, um sich den Handelsvertrag abzuholen. Im März 1854 kehrte der Kommodore mit sieben Schiffen zurück und zwang den Shogun zur Unterschrift unter einen Vertrag (Vertrag von Kanagawa), laut dem Shimoda auf der Halbinsel Izu und Hakodate auf Hokkaido für den Handel geöffnet werden mußten.

Jigoro Kano

Der Begründer des Judo

Die größte Offenbarung
ist die Stille.

Laozi

Kindheit

Wenige Jahre vor Kanos Geburt kündete heftiges Wetterleuchten bevorstehende gesellschaftliche Gewitter an.

Am Vorabend der Meiji-Restauration, die zu stürmischen Umwälzungen führte, die alte Ordnung Japans geradezu pulverisieren sollte und den Aufstieg des Landes zu einer Handels- und Militärmacht einleitete, wurde Jigoro Kano am 20. Oktober 1860 in Mikage bei Kobe (Präfektur Kyugo) geboren. Er war das dritte von fünf Kindern einer der wohlhabendsten Familien in Mikage. Da sein Vater Mareshiba Nachkomme einer Familie war, die in ihren Reihen auf unzählige Shinto-Priester, buddhistische Lehrer und konfuzianistische Gelehrte zurückblickte, und seine Mutter Sadako einem wohlhabenden Clan von Sake-Brauern angehörte, konnte Jigoro Kano seine Kindheit wohlbehütet und ohne drückende materielle Einschränkungen verbringen. Doch obwohl seine Eltern – anders als bei Funakoshi – nie mit finanziellen Schwierigkeiten zu kämpfen hatten, war Kanos Kindheit nicht unbeschwert, denn seine Mutter war in ihrer Erziehung sehr streng und achtete unnachsichtlich auf Disziplin und korrektes Benehmen ihres Sohnes. Sie tolerierte weder einen falschen Umgangston noch ungesittetes Auftreten.

Zu jener Zeit war es üblich, daß die Söhne wohlhabender Familien Unterricht in Kalligraphie und den chinesischen Klassikern erhielten, und da Mareshiba selbst Experte auf diesem Gebiet war, kümmerte er sich intensiv um die Ausbildung seines jüngsten Sohnes Jigoro.

1869 traf die Familie ein schwerer Schicksalsschlag. Kanos Mutter, die er trotz ihrer Strenge später immer als gütigen und nachsichtigen Menschen in Erinnerung hatte, starb unerwartet. Um den bedrückenden Erinnerungen zu entfliehen, packte der trauernde Vater kurzentschlossen seine Sachen und zog mit den Kindern nach Tokyo. Da er sowohl Unternehmer war als auch als Regierungsbeamter arbeitete, hatte sich Mareshiba schon lange für die Neuerungen der Meiji-Restauration begeistert, und in dem Umzug in die neue Hauptstadt Japans sah er die Chance zu einem neuen Anfang.

Lehrjahre

Gleich nach seiner Ankunft in Tokyo begann Mareshiba, die Grundlagen für seinen neuen Lebensweg zu schaffen. Zu seinen ersten Schritten gehörte es, seinen Sohn Jigoro in die Seitatsu Shojuku einzuschreiben. Dies war eine private Akademie, die von dem berühmten Gelehrten Keido Ubukata geleitet wurde und sich dem Geist der Meiji-Restauration verpflichtet fühlte. Unter den Schülern fanden sich nicht nur Angehörige der oberen Klassen, die bis 1868 das Privileg des Lernendürfens hatten, sondern auch Kinder der Mittel- und Unterschicht, die sich größtenteils zu Sumoringern, Schauspielern oder Geishas ausbilden ließen.

Kano wurde von Ubukata in Kalligraphie sowie in chinesischer und japanischer Literatur unterrichtet. Der Gelehrte hatte schon früh erkannt, daß die westliche Kultur für das neue Japan von großer Bedeutung sein würde, und bezog daher auch die Traditionen und Wissenschaften des Westens in seine Lehrtätigkeit mit ein. Oft veranstaltete er Diskussionsabende über aktuelle Ereignisse und politische Entscheidungen. Gerade diese Veranstaltungen, die vom neuen Geist in Japan kündeten, hatten Mareshiba dazu bewogen, seinen Sohn von Ubukata ausbilden zu lassen, denn der Vater wußte wohl, daß sich dies später einmal bezahlt machen würde. Auch Jigoro Kano war von Ubukatas Ansichten und seiner ganzen Herangehensweise begeistert, und schon bald begann er sich für die geistigen und materiellen Errungenschaften des Westens zu interessieren. Schließlich trat er in die Akademie von Shubei Mitsukuri ein, um dort die führende Sprache des Abendlandes zu studieren: britisches Englisch. Da dem wißbegierigen Kano das Unterrichtsangebot an dieser Akademie jedoch bereits nach kurzer Zeit nicht mehr genügte, schrieb er sich 1873 an der Ikuei Gijuku ein. An dieser Schule unterrichteten ausschließlich englische, deutsche und holländische Lehrer, so daß Kano eine erstklassige Ausbildung in diesen westlichen Sprachen erhielt.

Und doch fühlte sich der junge Student an dieser Akademie nicht recht wohl. Viele ältere Kommilitonen beneideten ihn um seine Intelligenz und störten sich an seinem wohlerzogenen und etwas hochnäsig wirkenden Auftreten. Immer wieder lauerten sie Kano im Schlafsaal auf und schikanierten ihn auf hinterhältigste Weise. Kano, der sich gegen die viel

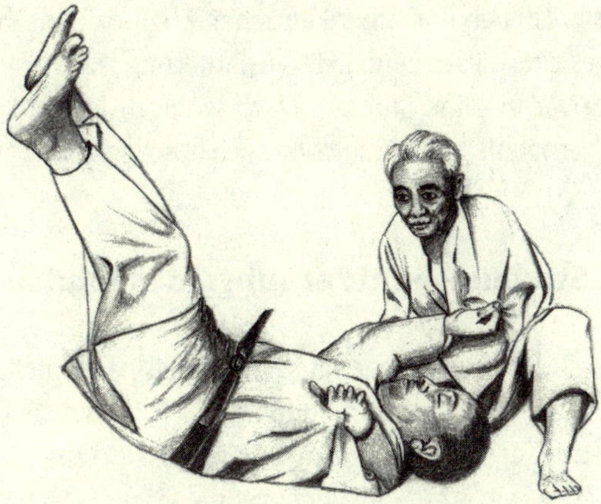

Jigoro Kano demonstriert eine Judotechnik

stärkeren Raufbolde nicht zu helfen wußte, blieb nichts anderes übrig, als die Tätlichkeiten stillschweigend zu ertragen und sich weiter seinen Studien zu widmen.

Eines Tages erzählte ihm ein befreundeter Kommilitone von einer grandiosen Kampfkunst, die es Menschen mit geringer Körperkraft dennoch ermöglichte, gegen stärkere Angreifer zu bestehen. Ihr Name: *Jujutsu.* Kano war von dieser Nachricht ganz begeistert. Jujutsu! Das war die Lösung seines Problems! So schoß es Kano durch den Kopf. Doch sollte er erst viel später mit dem Training des Jujutsu beginnen, da er zunächst keine Möglichkeit sah, sein Fremdsprachenstudium zeitlich mit dem Studium der Kampfkunst zu vereinbaren. So widmete er sich zuerst verschiedenen anderen Sportarten, wie Gerätturnen, Rudern und Baseball, um seinen Körper zu kräftigen und auszubilden.

Bereits ein Jahr später wechselte Kano nochmals die Akademie und trat in die Fremdsprachenschule Tokyos ein, deren guter Ruf sich weit über Tokyo hinaus verbreitet hatte. Zu seinem Schrecken mußte Kano dort erkennen, daß seine bisherigen Englischkenntnisse weitgehend unbrauchbar waren. Da bis dahin ausschließlich Holländer oder Deutsche seine Lehrer gewesen waren, konnte er mit der originalen Aussprache und Intonation des britischen und amerikanischen Englisch zunächst wenig anfangen. Angesichts dieser neuen Herausforderung stürzte sich Kano nun um so intensiver in seine Studien. Nach wenigen Jahren konnte er die Fremdsprachenschule mit Auszeichnungen abschließen.

Studium, »Entdeckung« des Jujutsu

Doch dieser eine Abschluß genügte Kano noch lange nicht, und daher entschloß er sich, 1877 mit dem Studium der Politikwissenschaften, der Philosophie und der Literatur an der Kaisei-Akademie[1] zu beginnen. Während dieser Zeit wurde er wieder einmal von offenbar neidischen Studenten tyrannisiert, derer er sich zu seiner Enttäuschung trotz seines Trainings nicht erwehren konnte. Nachdem er zum wiederholten Mal zusammengeschlagen worden war, entschloß sich Kano endgültig, mit dem *Jujutsu*-Unterricht anzufangen, um diesen schmerzhaften Unterbrechungen seines Lerneifers ein für alle Male ein Ende setzen zu können.

Trotz intensiver Bemühungen war seine anfängliche Suche nach einem Lehrer jedoch nicht von Erfolg gekrönt. Da sich im Zuge der Meiji-Restauration die Japaner immer stärker nach dem Westen zu orientieren begannen, war das Interesse an den alten Kampfkünsten stark zurückgegangen, und viele Lehrer hatten sich vollständig vom Unterricht zurückgezogen. »Die Zeiten haben sich geändert«, mußte sich Kano ein ums andere Mal anhören. Sogar sein Vater erklärte ihn für verrückt und reagierte auf die andauernde und in seinen Augen unsinnige Suche seines Sohnes immer mehr verärgert.

Dennoch gelang es Kano schließlich noch im selben Jahr (1877), von Fukuda Hachinosuke[2], einem Meister aus dem *Tenshin Shinyo ryu*[3] (gegründet von Iso Mataemon[4]), als Schüler aufgenommen zu werden (andere Quellen behaupten, daß Kano zuerst eine kurze Zeit lang unter Teinosuke Yagi trainiert hätte, ehe er zu Fukuda ging).

Wie viele andere Kampfkunstexperten auch, litt Meister Fukuda unter dem mangelnden Interesse der jungen Leute an den Kampfkünsten, und er war gezwungen, sich seinen Lebensunterhalt durch eine zusätzliche Tätigkeit als Chiropraktiker zu verdienen. Oft war der junge Kano der einzige Schüler, der zum Üben in das Dojo kam. Dort übte er dann ganz allein für sich stundenlang ein und dieselbe Technik. Doch selbst nachdem er sich völlig verausgabt hatte, war sein Wissensdurst noch nicht gestillt, und er bat Fukuda immer wieder, die eine oder andere Technik ausführlicher zu erläutern. Dem Meister gefiel Kanos Hingabe an die Kampfkünste, und er begann, seinen Schüler verstärkt persönlich zu unterrichten. Bald war Kano einer seiner besten Schüler, und im März 1879 durfte er zusammen mit seinem Trainingspartner Fukushima an einer Demonstration zu Ehren von General Grant, dem ehemaligen Präsidenten der Vereinigten Staaten, teilnehmen.

Nur ein Jahr später, 1880, starb Meister Fukuda überraschend, erst 52 Jahre alt. Kano war plötzlich ohne Lehrer. In seiner Hingabe und Liebe zu seinem verstorbenen Meister versuchte er, die Schule selbst weiterzuführen, doch er mußte bald erkennen, daß seine bisherige Ausbildung dafür noch nicht ausreichte. Schließlich entschloß sich Kano, sein Studium des *Tenshin shinyo ryu* unter Iso Masatomo (1818–1881), dem Sohn des Stilgründers, fortzusetzen. Iso war zu jenem Zeitpunkt schon 62 Jahre alt, und es verwundert nicht sonderlich, daß sich der Aufbau seines Trainings von dem Fukudas beträchtlich unterschied. So sah Masatomo den Schwerpunkt im Üben der *Kata*. Kano, der bis zu diesem Zeitpunkt im *Tenshin Shinyo ryu* hauptsächlich *Randori* (Partnerübungen) geübt hatte, sah darin eine neue Herausforderung. Sein tägliches Training endete nun oftmals nicht vor Mitternacht, und selbst auf dem Heimweg und im Schlaf ging Kano die verschiedenen Bewegungsabläufe gedanklich immer und immer wieder durch. Nach relativ kurzer Zeit konnte er schließlich unter der Führung seines Lehrers verschiedene *Kata* meistern und durch die Übertragung der übend verstandenen Prinzipien auf das Kämpfen gleichzeitig seine Fähigkeiten im *Randori* verbessern. Schließlich war Kano davon überzeugt, seine kämpferische Stärke so weit ausgebaut zu haben, daß er, zusätzlich zu den normalen Übungen, fortan seine Fortschritte an seinen Mitschülern testen wollte. In Isos Dojo trainierten zu jener Zeit ungefähr 30 Schüler, und im Laufe eines Tages mußte jeder mindestens einmal gegen Kano gekämpft haben.

Ein Jahr später starb auch Masamoto, und wieder war Kano ohne Lehrer. Zwar hatte er, gemessen an den wenigen Jahren der Ausbildung im

Tenshin shinyo ryu, eine große Fertigkeit und viel Selbstvertrauen erlangt, doch war Kanos Wissensdurst noch lange nicht gestillt. Die Kunst des Jujutsu faszinierte ihn, und um sein Repertoire an Techniken zu erweitern, bat er schließlich Tsunetoshi Iikubo (1835–1889), einen Meister des *Kito ryu*[5], um Unterricht. Zu seiner großen Freude stellte er fest, daß dieser Stil, obwohl er auch zum *Jujutsu* gehörte, ganz andere Perspektiven bot als das *Tenshin Shinyo ryu*. Meister Iikubo legte besonderen Wert auf die Perfektion der Wurftechniken *(Nage waza)*, da diese die Prinzipien seines Stils charakterisierten. Obwohl er zur Zeit Kanos bereits 46 Jahre alt war, hatte Iikubo keinerlei Schwierigkeiten, seine Schüler im Randori in die Schranken zu verweisen. Kano, der jeden dieser Kämpfe aufmerksam beobachtete oder Iikubos Überlegenheit am eigenen Leib erfahren mußte, war von der Leichtigkeit begeistert, mit der sein Lehrer auch den stärksten Gegner zu Boden brachte, und so ist es nicht verwunderlich, daß *Nage waza* später die Grundlage des Judo werden sollte.

Auf der Suche nach dem perfekten Stil

Nach den Erzählungen eines ehemaligen Schülers von Kano soll folgende kleine Begebenheit ebenfalls ihren Teil zur späteren Entwicklung des Judo beigetragen haben: Einer der damaligen Schüler Iikubos, mit denen Kano trainierte, hatte mit der Zeit so starke kämpferische Fähigkeiten entwickelt, daß es keinem der Schüler gelang, ihn im Freikampf zu besiegen. Auch Kano, den es natürlich reizte, der erste zu sein, der sich mit einem Sieg über jenen starken Kämpfer rühmen konnte, bemühte sich vergebens. Sooft er es auch versuchte – selbst seine Ausbildung im *Tenshin Shinyo ryu* bewahrte ihn nicht vor den vielen peinlichen Niederlagen, die er im Zweikampf mit jenem Schüler einstecken mußte. Nachdem er zum wiederholten Mal besiegt worden war, ehe er auch nur eine Aktion hatte zu Ende führen können, entschloß er sich, nach einer anderen Methode zu suchen, um diesen Schüler zu schlagen.

In der Bibliothek der Yushima Seido wollte er in allen Büchern, die auch nur im entferntesten mit Kampfkünsten zu tun hatten, nach einer

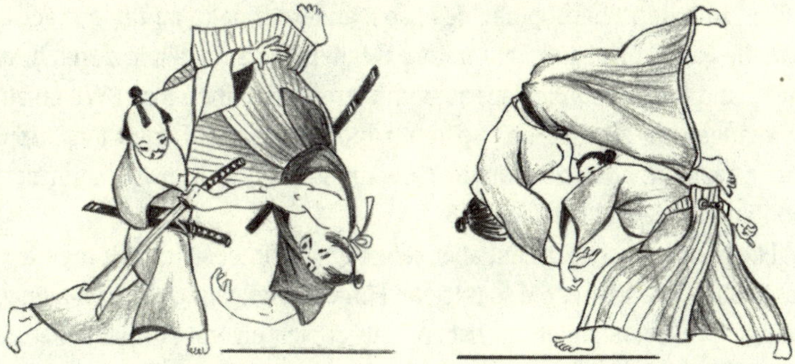

Darstellung alter Jujutsu-Kämpfer – Vorgänger der Judokas

Technik suchen, die ihm für seine Situation geeignet erschien. In einem Band über die Prinzipien des westlichen Ringens soll der spätere Judomeister dann endlich auch die Technik gefunden haben, die ihm schon nach kurzem Studium dazu verhalf, ohne große Schwierigkeiten als Sieger aus einem Kampf hervorzugehen.

Zusätzlich zum täglichen Training unzähliger Varianten von Würfen erhielt jeder Schüler unter Meister Iikubo auch eine Ausbildung im *Yoroi kumi uchi*[6], dem Nahkampf mit Waffen und Schutzkleidung. Wie zuvor auch, begeisterte Kano das Neue und Unbekannte in dieser Kampfkunst, und er begann, sich intensiv mit den Prinzipien und Inhalten der Techniken zu beschäftigen.

Den größten Teil seiner Energie investierte Kano zu diesem Zeitpunkt jedoch in das Studium des *Sekiguchi ryu* und des *Seigo ryu*, denen er sich auf Anraten seines Lehrers zusätzlich widmete, um den Horizont seiner bislang gelernten Kampfkunstfertigkeiten noch zu erweitern.

Meister Iikubo war sich des großen Wissensdurstes und unaufhörlichen Strebens seines Schülers nach neuen Prinzipien wohl bewußt und sah in diesem Vorschlag eine gute Möglichkeit, die Ungeduld Kanos zu besänftigen.

Schon nach kurzer Zeit mußte Kano jedoch erkennen, daß diese ihm neuen Lehren den geistigen Aspekt der Übung fast vollständig vernachlässigten, und er beendete das Üben dieser Stile, um in den Lehren des

Yijing[7] und den Philosophien des Laozi andere Inhalte zu finden. Vor allem die Fähigkeit seiner Lehrer, ihre Gegner im Kampf allein durch ihren Geist und ihre Persönlichkeit zu dominieren und ihnen ihren Willen aufzuzwingen, faszinierte den späteren Judomeister und trieb ihn immer mehr dazu an, noch tiefer in die Geheimnisse dieser Kunst einzudringen und intensiver zu üben.

Nach einer recht kurzen, aber sehr trainingsintensiven Zeit meinte er schließlich, die Lehre, die so reich an Hintergründigem und Verborgenem war, so weit verstanden zu haben, daß er sich eigene Formabläufe und Anwendungsbeispiele zusammenstellen konnte. (Kurze Zeit später entwickelte Kano tatsächlich einen eigenen festen Ablauf des *Yoroi kumi uchi* und nannte ihn *Koshiki no kata*[8].) Auch hatten sich seine Fähigkeiten im Zweikampf so weit verbessert, daß es ihm nun leichtfiel, seinen eigenen Lehrer und natürlich alle anderen Schüler zu schlagen.

Nachdem er dies einmal festgestellt hatte, soll Kano jeglichen Respekt vor seinem Meister und der Etikette verloren und in seinem Stolz auf seine Fähigkeiten jede Gelegenheit dazu genutzt haben, die Unterlegenheit Iikubos zu demonstrieren. Es dauerte nicht sehr lange, bis sich Iikubo schließlich weigerte, den ungestümen Schüler weiter zu unterrichten, und ihn im Februar 1882, nach nur einem Jahr des Übens, aus seinem Dojo verwies.

Trotz allem hatte Kano in der relativ kurzen Zeit unter Meister Iikubo eine sehr wichtige Lehre erhalten, die auch die Basis seines späteren Judos und aller anderen Entwicklungen, die Kano vornahm, entschiedend prägte: die Prinzipien des *Seiryoku-zenyo*.[9]

In seinen Memoiren schrieb der Judomeister rückblickend über seine Lehrzeit: »Von Meister Fukuda lernte ich, was meine Lebensaufgabe sein wird. Von Meister Masamoto lernte ich die hintergründige Natur der Kata, und von Meister Iikubo lernte ich verschiedene Techniken und die Bedeutung des Timings.«

Gründung des Kodokan

Auch wenn Jigoro Kano den größten Teil seiner Zeit nun dem Studium des Jujutsu widmete, blieb er dennoch ein hervorragender und interessierter Student. Jede Minute seiner freien Zeit verbrachte er über seinen Büchern – zumeist nachts – und konnte so 1881 die Tokyoter Universität mit den bestmöglichen Noten abzuschließen.

Während seiner Studienzeit hatte sich Kano mit zwei seiner Dozenten angefreundet, Professor Ernest Fenollosa (1853–1908), der ihn in westlicher Philosophie unterrichtete, und Hofrat Dr. Baelz[10], der von 1876 bis 1905 der Leibarzt des Kaisers war und eine Professur für Anthropologie und Medizin innehatte. Beide Professoren waren von der alten asiatischen Kultur und deren Künsten begeistert und versuchten geduldig, ihre Studenten und Freunde davon zu überzeugen, daß die überstürzte und unüberlegte Anpassung Japans an den Westen nur von Nachteil wäre. Sie warnten vor einer Mentalität, die alle alten Traditionen und Bräuche ablehnt und den Wert der eigenen Kultur nicht schätzt.

Auch die Hintergründe des sagenumwobenen Jujutsu hatten ihre Aufmerksamkeit erregt, und nachdem sie erfahren hatten, daß gerade Kano sich mit dieser alten Kunst beschäftigte, gründeten sie mit ihrem besten Studenten eine Art Interessensgemeinschaft, die auch nach Kanos Abschluß der Universität bestehen blieb. Es war sicherlich auch Dr. Baelz' steten Ermutigungen zu verdanken, daß Kano das Studium des *Jujutsu* fortsetzte und später trotz vieler Hindernisse unermüdlich an der Entwicklung seiner Kampfkunst arbeitete.

Nach dem erfolgreichen Abschluß seines Studiums blieb Kano zunächst an der Universität. Es ging ihm dabei um zwei Dinge: sich erstens in verschiedenen Bereichen zu spezialisieren und zweitens weiter unter Iikubo trainieren zu können. Doch nachdem er 1882 seinen Meister verlassen mußte, hielt ihn an diesem Ort nichts mehr, und so zog er – etwa ein Jahr nach dem regulären Studienabschluß – nach Shimotani, einem Stadtteil von Tokyo. Dort ging er daran, eine Vision, die ihn mehr und mehr gefangen nahm, mit Leben zu erfüllen. Er wollte im Eisho ji, einem Tempel der buddhistischen Jodo-Sekte, eine eigene Schule gründen, der er den Namen Kodokan[11] gab. Was trieb ihn dazu?

Viele Jahre lang hatte Kano mit ansehen müssen, wie die wertvolle Kunst des Jujutsu mehr und mehr in Vergessenheit geriet, weil sich kaum noch junge Männer für die klassischen Kampfkünste interessierten. Dabei wurden auch die alten Jujutsu-Meister von der Bildfläche verdrängt. Kanos Ziel war es, diese Lehren zu erhalten.

Die Geburt des Judo

Kano war sich von Anfang an vollkommen darüber im klaren, daß dieses Vorhaben eine schier übermenschliche Kraft erfordern würde. Doch er hatte eine Vorstellung, wie es verwirklicht werden könnte. War sein Plan genial? War er aberwitzig oder verantwortungslos?

Nach seiner Überzeugung bestand der einzige Weg darin, die alten, über Jahrhunderte weitgehend »konservierten« Systeme den veränderten Zeiten anzupassen. Das bedeutete zum Beispiel, die starke Betonung des kämpferischen Aspekts, die ihm schon zu Beginn seiner Kampfkunstausbildung mißfallen hatten, zurückzunehmen und gleichzeitig die sehr vernachlässigten weichen Prinzipien in den verschiedenen Jujutsu-Stilen herauszukristallisieren und stärker zu betonen. In der kurzen Zeit seiner Übung unter den verschiedenen Meistern hatte er sich recht unterschiedliche Grundlagen aneignen können, mit deren Hilfe er nun hoffte, die vorgefundenen Stile, die unterschiedliche Prinzipien betonten, entsprechend seinen Vorstellungen verändern zu können.

Schließlich entschloß er sich, eine Synthese aus den beiden Stilen *Tenshin shinyo ryu* und *Kito ryu* zu entwickeln. So enthielt das anfängliche *Judo* – diesen Namen sollte Kanos neuer Stil tragen – daher noch viele Techniken des Tretens und Schlagens, die der Selbstverteidigung dienten. Später sonderte Kano diese jedoch Stück um Stück aus, um Judo für den allgemeinen Sport und den Wettkampf tauglich zu machen. Sein neues System ordnete er nun drei Prinzipien unter, die das zukünftige Judo charakterisieren sollten und als Voraussetzung für die Übung galten:

1. *Rentai-ho* (körperliche Fitness),
2. *Shubu-ho* (die Fähigkeit, Techniken anzuwenden) und
3. *Shushin-ho* (Meisterschaft des Charakters).

Gleichzeitig arbeitete er zusätzlich über einigen alten Schriften aus der *Seigo-* und *Seikuguchi*-Schule. Sein Vater hatte sie ihm freundlicherweise zur Verfügung gestellt, nachdem er die Ernsthaftigkeit des Strebens seines Sohnes erkannte. Unglücklicherweise hatte Kano in keinem der Stile, die er gelernt hatte, das *Menkyo kaiden* (Lehrerlizenz) erhalten und durfte nach alter Tradition daher auch keinen von ihnen unterrichten. Dies war eigentlich auch nicht verwunderlich, da Kano alles in allem nur vier Jahre unter einem Lehrer geübt und den größten Teil seiner Kampfkunst sich autodidaktisch angeeignet hatte. Doch da er ohnehin vorhatte, sein neues Konzept von den alten Stilen des Jujutsu zu unterscheiden, übernahm er für seine Kampfkunst kurzerhand den alten Begriff *Judo* (sanfter Weg), den viele Jahre vor ihm schon Terada Kanemon im *Jikishin ryu* verwendet hatte.

Daß Kano Wert darauf legte, seinen neuen Stil ausdrücklich als sehr verschieden vom alten *Jujutsu* zu präsentieren, hatte gute Gründe. Der schwerwiegendste war wohl, daß das Jujutsu der damaligen Zeit bei den modernen Japaner einen negativen Ruf hatte. Viele Mitglieder von Jujutsu-Schulen hatten sich als brutale Schläger hervorgetan und damit ihrem Stil schnell zu einem schlechten Ruf verholfen. Zudem gehörten die Großmeister der alten Stile zum harten Kern der vergangenen Samurai-Tradition und waren entschiedene Gegner der neuen Meiji-Regierung, die Japan immer mehr unter westlichen Einfluß brachte. Um in der Gesellschaft anerkannt zu werden, mußte Kano sich von den verpönten alten Stilen lösen und eine eigenständige moderne Strömung gründen.

Die Mühen der Ebene

Das Training in der neuen Schule gestaltete sich anfangs für Kano sehr schwierig. Zwar schrieb sich sein erster Schüler schon am 5. Juni 1882 ein, doch hatte er über eine lange Zeit hinweg nur neun Schützlinge. Von einem Dojo konnte keine Rede sein – das Training mußte in einer Ecke der Haupthalle des Tempels abgehalten werden. Nachdem im Verlaufe des Übens ein größerer Teil der Inneneinrichtung zerlegt oder immerhin beschädigt worden war, untersagten die Mönche jegliches Training im

Inneren des Tempels. Kanos Schule stand kurz vor dem Aus. Sein inständiges und wohl auch hartnäckiges Bitten brachte schließlich doch noch einen Erfolg: Man gestattete ihm, in einem kleinen Nebenraum ein 12 Matten großes Dojo einzurichten, in dem er ungestört unterrichten konnte.

Ab diesem Zeitpunkt ging es endlich etwas bergauf. Zum einen hatte Meister Iikubo, der trotz des Zerwürfnisses bis zu seinem Tod die Bemühungen seines ehemaligen Schülers unterstützte, wieder begonnen, ein- bis zweimal in der Woche in Kanos Dojo zu unterrichten (wobei er sich weiterhin weigerte, Kano selbst zu unterweisen), zum anderen hatte Kano endlich eine Anstellung gefunden, mit der er seinen Lebensunterhalt verdienen konnte. An der Gakushin, einer Adelsschule in Tokyo, hatte man von den ausgezeichneten Abschlüssen und Fähigkeiten Kanos gehört und ihm daraufhin im August 1882 eine Ganztagsstelle als Lehrer angeboten, die dieser selbstverständlich mit Freuden annahm.

Im Jahr 1883 zog Kano dann zweimal in ein neues Quartier. Zuerst eröffnete er in Minami Jimbo-cho eine englische Akademie, an der er an den Sonntagen in einem dazugehörigen Gerätehaus Unterricht im Judo erteilte. Doch war dieses provisorische Dojo im Winter so kalt, daß kein einziger Schüler zum Training erschien. Es war jedoch nicht Kanos Art, in einer solchen Situation die Hände in den Schoß zu legen. Schon wenige Monate später baute er auf dem Grundstück des von ihm gemieteten Hauses in Kami Niban-cho (Kojimachi) eine kleine Trainingshalle, in der seine Schüler von 14 bis 23 Uhr üben konnten. Da es von seinem Wohnsitz nur wenige Schritte bis zu diesem Dojo waren, ging Kano jedesmal hinüber, wenn ein Schüler zum Training kam. In dieser Zeit begann auch Iikubo wieder, seinen ehemaligen Schüler in den Systemen des *Kito ryu* zu unterrichten. Und nach langer, intensiver Übung und Erforschung dieser Kunst gelang es Kano endlich, den entscheidenen Schlüssel zum Judo zu finden – das Prinzip des Nachgebens: »Wenn mein Partner zieht, drücke ich – wenn er drückt, ziehe ich.« Schließlich verlieh Meister Iikubo Kano im Herbst 1883 die Lehrerlizenz im *Kito ryu.*

Judo nimmt Gestalt an

Doch trotz dieser entscheidenden Veränderungen gelang es Kano nicht, die Anzahl seiner Schüler (acht 1883 und zehn 1884) zu vergrößern. Erst als er 1884 ein größeres Dojo baute und Training zu festen Zeiten einführte, begann sich die Situation langsam zu verbessern. Nun war er auch in der Lage, nach und nach feste Regeln für den freien Kampf zu entwickeln und ein Konzept auszuarbeiten, nach dem er seine Schüler ausbilden wollte.

Eine der grundlegenden Neuerungen war die Einführung eines Rangsystems *(Kyudan)*[12], das er aus einem alten Kampfkunststil übernahm und mit dem er die Fortschrittsstufen seiner Schüler verschiedenen Graden zuordnen konnte. Tomita Tsunejiro (1865–1937) und Saigo Shiro[13] (1866–1922) waren die ersten Judoschüler, die von ihm den Shodan (1. Dan) erhielten.

Als weitere Neuerung führte der Judomeister für alle Schüler, die sich ernsthaft darum bemühten, die Kampfkunst und ihre Philosophie zu verstehen, das *Kan geiko* ein. Dies war ein besonderes Training, das von Kano an dreißig Tagen im Winter von vier bis sieben Uhr morgens abgehalten wurde und in dem er spezielle Techniken und Zusammenhänge des Judo erläuterte.

Da Kano selbst nur wenig älter war als seine Schüler, trainierte er genauso hart wie sie und studierte mit ihnen im Randori die Feinheiten seiner Kampfkunst. Nicht selten war der Judomeister nach solchen Übungen gezwungen, verschiedene Techniken seines Stils zu verändern oder neu zu deuten, weil sich in der Praxis erwies, daß seine theoretischen Studien nicht praktikabel waren. Vor allem sein ältester und bester Schüler, Saigo, veranlaßte immer wieder, daß kämpferische Prinzipien entweder völlig überarbeitet oder gänzlich entfernt werden mußten.

Nahezu jedes Aufeinandertreffen Saigos mit seinem Lehrer endete mit einer Niederlage für Kano. Die Technikprinzipien des Judo waren zu diesem Zeitpunkt noch so unausgereift, daß der Judomeister weder in seinen Würfen noch in anderen Techniken der *Aikijutsu*-Ausbildung seines Schülers im *Daito ryu*[14] viel entgegenzusetzen hatte. Kano hatte jedoch keinerlei Schwierigkeiten, die ihm vor Augen geführten Fehler zuzugeben, und begann sofort, in monatelangen Studien das Konzept seiner Kampfkunst in bezug auf diese Schwachstellen zu verfeinern. Diese Verbesserungen sollten jedoch nicht die einzigen bleiben. Auch zu späteren Zeiten mußte der Meister immer wieder Korrekturen in seinem System vornehmen, um Mängel, die sich zeigten, zu beseitigen.

Kompromisse und ehrliches Streben

Auch der Kodokan selbst erfuhr während dieser Zeit einige Neuerungen. Nachdem es Kano endlich gelungen war, ein 20 Matten großes Dojo zu bauen, das zudem direkt neben seinem Wohnsitz lag, konnte er nun auch einige Schüler aufnehmen, die ihr Leben ganz der Übung des Judo widmen wollten. Eine bemerkenswerte Entwicklung – hatte doch diese aus der Tradition stammende Art des Kampfkunstunterrichts in der neuen japanischen Gesellschaft immer mehr an Aktualität verloren. Ihr waren auch die objektiven Grundlagen entzogen, denn einem Kampfkunstmeister war es in der modernen Zeit nicht mehr möglich, mit wenigen »persönlichen« Schülern, die bei ihm lebten und arbeiteten, finanziell zu überleben. Er mußte statt dessen etwas tun, was den traditionellen Kampfkünsten fremd war: Er mußte an die Öffentlichkeit gehen und Werbung betreiben. Allein seine Popularität war dafür ausschlaggebend, ob er genügend Schüler anziehen konnte, deren Beiträge es ihm dann ermöglichten, die anfallenden Kosten zu bestreiten.

Diese Zwänge bewirkten, daß die Qualität eines Stils nicht mehr an erster Stelle stand. Viele der traditionellen Kampfkunstlehrer versuchten daher, sich in einen Kompromiß zu retten: Sie strebten zum einen danach, möglichst viele Schüler zu werben, die dann in einem Massentraining ausgebildet wurden, aber auch einige wenige besonders interessierte Schüler als *Uchi deshi* (innere Schüler) bei sich aufzunehmen, die im Dojo lebten und traditionellen Unterricht erhielten.

Auch Kano hatte sich dazu entschieden, die vielversprechendsten seiner Schützlinge in seiner Schule zu beherbergen, um mit ihnen intensiv zu arbeiten. Doch viele seiner *Uchi deshi* konnten außer ihrer Begeisterung nichts zur Begleichung der anfallenden Unkosten beitragen, so daß

Kano genötigt war, Massenunterricht am Kodokan zu erteilen. Aber die Zahl der Schüler war dennoch zu gering, so daß Kano gezwungen war, den größten Teil aller Ausgaben aus eigener Tasche zu begleichen.

Die Uchi deshi lebten unter strengsten Bedingungen im Kodokan und hatten neben ihrem alltäglichen Training kaum persönliche Freiheiten. Ihr Tagesablauf begann um 4.45 Uhr morgens, und bis 21.30 Uhr abends hatten sie die verschiedensten Pflichten zu erfüllen: ihre Zimmer, das Dojo und das Haus ihres Meisters sauber zu halten, sich um Gäste zu kümmern, Essen zu kochen und viele andere Arbeiten zu erledigen, die in ihrem Umfeld anfielen. In ihrer freien Zeit widmeten sie sich dem Bücherstudium in Philosophie, Psychologie, Wirtschaft und Politwissenschaften und erhielten von Kano persönlichen Unterricht im Judo.

Dieser war der Meinung, daß die Kampfkunst, kombiniert mit einem ausgebildeten Intellekt, jedem Menschen ein erfülltes und sinnvolles Leben ermöglichen würde. Daher trieb er seine Schüler ohne Nachsicht zu vermehrten geistigen und körperlichen Übungen an und predigte immer wieder: »Die eigene Perfektion ist ein allgemeiner Zustand, den man erreicht hat, wenn man physisch gesund und gut entwickelt und im Besitz eines hohen Intellekts und Moralempfindens ist. Wird dies mit der außerordentlichen Fähigkeit kombiniert, die kleinen Dinge des Lebens zu schätzen (Wabi)[15], sollte man in der Lage sein, die Vorteile, die einem die moderne Zivilisation bieten kann, zu achten und zu genießen. Außerdem sollte sich jeder darum bemühen, daß er die Liebe und den Respekt der anderen besitzt, so daß diese Menschen aus ihrem freien Willen heraus und ohne zu zögern einem die Wünsche erfüllen – kurz gesagt, man sollte ein einflußreicher Mensch sein. Der Sinn des Lebens ist es somit, sich geistig und physisch weiterzuentwickeln und die größtmögliche Zufriedenheit zu erreichen, die die heutige Gesellschaft bieten kann.«

Für Kano schien die Übung im Kodokan die beste Möglichkeit für seine Schüler, die Prinzipien seiner Lehre so zu verinnerlichen, daß sie diese auch auf ihr tägliches Leben übertragen konnten. Natürlich war dieser Weg für die jungen Schüler nicht einfach. Ein Leben in beständiger Selbstdisziplin und Lernbereitschaft konnte angesichts der vielen reizvollen Neuerungen, die das moderne Japan bot, allzu leicht einmal aus der Bahn geraten. Um dem entgegenzuwirken, stellte der Judomeister schließlich einige Regeln auf, die seinen Schülern als Richtlinien dienen und zugleich eine Atmosphäre des Lernens aufrechterhalten sollten.

Jeder Kampfkunstübende, der in jener Zeit in den Kodokan aufgenommen werden wollte, mußte sich verpflichten, die dort geltenden fünf Verhaltensregeln[16] bedingungslos zu befolgen, und wer auch immer gegen eine dieser Bestimmungen verstieß, mußte den Kodokan verlassen. Als Zeichen seines Einverständnis unterschrieb jeder Uchi deshi diese **fünf Regeln** mit seinem Blut:

- Wenn ich im Kodokan aufgenommen werde, will ich keine Übung ohne wichtigen Grund versäumen.
- Ich werde meiner Schule keine Schande machen.
- Ohne Genehmigung werde ich die mir anvertrauten Geheimnisse der Meisterschaft niemandem erzählen und niemandem zeigen.
- Ohne Genehmigung werde ich keinen Unterricht im Judo erteilen.
- Erst als Schüler und dann als Lehrer werde ich immer unentwegt den Regeln des Dojo folgen.

Vom kleinen Dojo zur Organisation

Innerhalb weniger Jahre stieg die Zahl von Kanos Schülern rapide an, und der Ruf des Kodokan verbreitete sich bald über ganz Japan. Diese Entwicklung war vor allem auch Kanos altem Universitätsprofessor Dr. Baelz zu verdanken, der sich innerhalb der letzten Jahre immer wieder voller Begeisterung für die Anerkennung des Judo in der Gesellschaft engagiert hatte. In seiner Eigenschaft als kaiserlicher Leibarzt und leidenschaftlicher Anhänger des Judo war es Baelz schließlich möglich gewesen, seinen Einfluß zur richtigen Zeit so geschickt geltend zu machen, daß die Universität von Tokyo den Unterricht in den Kampfkünsten (vornehmlich des Judo) in ihr Lehrprogramm aufnahm. Damit hatte er den Grundstein zur weltweiten Verbreitung des Judo gelegt und dem Kodokan nahezu von einem Tag auf den anderen zu einer ungeheuer großen Popularität verholfen. Nach wenigen Jahren sollte sich diese Neuerung und der weiter andauernde Einsatz von Dr. Baelz sogar so weit auswirken, daß Kanos Kampfkunstsystem 1890 auch vom japanischen Erziehungsministerium als persönlichkeitsbildender Schulsport anerkannt und als Pflichtdisziplin in allen Schulen und Ausbildungsstätten eingeführt wurde. Vor allem die Tatsache, daß den Kindern von klein an Disziplin, Selbstverteidigung, Unterordnung und Gehorsam gegenüber Autoritäten in Form eines ungefährlichen Sports beigebracht wurde, trug zur Entscheidung der nationalistisch denkenden Behörden bei.

Im Jahr 1885 hatte sich die Zahl der Judoschüler Kanos auf 54 erhöht. Dies war im Vergleich zu anderen Kampfkunstlehrern dieser Zeit eine ungewöhnlich hohe Zahl und zeugte von der großen Popularität des Kodokan.

Voller Verwunderung mußte der Judomeister schließlich feststellen, daß man sogar außerhalb Japans nicht nur von der Kunst des Judo gehört hatte, sondern sogar einige Interessenten eigens aus dem Ausland nach Tokyo reisten, um sich von ihm unterrichten zu lassen. Zwei Brüder namens Eastlake aus den USA und ein Professor Ladd von der Princeton University sollten die ersten ausländischen Schüler des Kodokan werden. Als im folgenden Jahr dann immer mehr Schüler um Unterricht im Kodokan baten, war Kano schließlich gezwungen, seine bisherige Residenz aufzugeben und in Fujimi cho ein noch größeres Dojo zu bauen. Dort gestattete er es den Shodan (1. Dans) zum ersten Mal, schwarze Gürtel als Zeichen ihres Ranges zu tragen, um sie von den inzwischen 99 anderen Judoschülern zu unterscheiden und offiziell ihren neuen Status als Hilfslehrer deutlich zu machen. Kano war zu diesem Zeitpunkt nicht mehr in der Lage, selbst zu unterrichten, und konzentrierte sich fast ausschließlich auf die Ausbildung der Uchi deshi. Den Gruppenunterricht übernahmen zunehmend die fortgeschrittenen Schüler.

Folgenschwere Herausforderung

Während dieser Zeit begannen die Mitglieder des Kodokan auch, sich für die Wettkämpfe zu interessieren, die von der Polizeischule in Tokyo für Jujutsukämpfer ausgerichtet wurden. Die Zeit, sich in einem Wettkampf gegen das Jujutsu zu präsentieren, schien Kano gekommen, doch nach wie vor wurde der Kodokan von keinem Jujutsumeister ernst genommen.

Schließlich erging aber im Mai 1885 die erste Herausforderung seitens der Polizeischule an den Kodokan, die dieser sofort annahm.

In dem vereinbarten Wettstreit trat Saigo Shiro, der beste Kämpfer des Kodokan, gegen Terushima, den stärksten Mann der Polizeischule, an. Saigo gewann mit einem speziellen Wurf, der besonderes Aufsehen erregte und später unter dem Namen *Yama arashi* bekannt wurde.

Die Turniere waren für die Teilnehmer ungefährlich, da es eine neue Regel verbot, tödliche oder auch nur lebensbedrohliche Techniken anzuwenden. Aufgrund der Tatsache, daß Kano schon vor geraumer Zeit damit begonnen hatte, alle gefährlichen Techniken aus dem Randori zu verbannen, brachte diese Neuerung den Kodokan-Schülern einen nicht zu unterschätzenden Vorteil, und sie gewannen viele dieser Kämpfe.

Angesichts dieses unerwarteten Ausgang des Kampfes dauerte es nicht lange, bis die Angehörigen der Polizeischule, durch ihre unrühmlichen Niederlagen gedemütigt, einen ihrer berühmten Ausbilder, Totsuka Hikosuke aus dem Yoshin ryu, darum baten, höchstselbst gegen den Vertreter des Kodokan anzutreten.

Zwischen Meister Totsukas Schule und dem Kodokan hatte sich über die Jahre eine natürliche Rivalität entwickelt, die schließlich in diesem Wettkampf ihren Höhepunkt erreichen sollte. Nach kurzen Überlegungen entschloß man sich aber, jeweils 15 der besten Kämpfer auszuwählen, die gegeneinander antreten sollten. Beide Seiten teilten die Einsicht, daß ein einziger Kampf wenig über die wirkliche Qualität der jeweiligen Schule aussagen würde. Sobald der Termin und die Teilnehmer der Begegnung vereinbart waren, setzte in beiden Schulen ein reges Treiben ein. Jeder der für den Wettkampf ausgewählten Schüler bereitete sich intensiv auf das bevorstehende Ereignis vor, denn vom Ausgang des Kräftemessens hing das Überleben ihrer Stilrichtung ab. Nicht nur das Ansehen der Polizeischule, sondern vor allem der gute Ruf des *Yoshin ryu* stand auf dem Spiel. Für den Kodokan hingegen war dies eine Chance, sich endgültig in den Rängen der anerkannten Kampfkünste zu etablieren.

Nach spannenden Kämpfen stand schließlich das Ergebnis fest: Die Schüler des Kodokan hatten zwei Drittel ihrer Gegner im Wettkampf geschlagen, mehrere Unentschieden erreicht und nur wenige Kämpfe verloren. Damit wurde die Überlegenheit des Judo gegenüber dem Jujutsu der Öffentlichkeit plausibel demonstriert, was dem Kodokan ein Renommee einbrachte, auf das er sich noch lange berufen sollte. Später wurde Saigo Shiro als Sanshiro Sugata zum Volkshelden Japans, man fertigte Comics an, die die Popularität einer Donald-Duck-Figur erreichten. Mehrere Kinofilme wurden über dieses Ereignis gedreht und verhalfen dem Judo auf einen Schlag zu weltweiter Popularität.

Obwohl dieser Wettkampf dem Kodokan auch einige Niederlagen einbrachte, beeinträchtigten diese die Chance, die spektakulären Siege zu vermarkten, nicht. Als Meister Totsuka wenige Tage nach dem Turnier den Kodokan tatsächlich um zwei Übungsleiter bat, die ihm bei der Ausbildung der Wettkämpfer an der Polizeischule helfen sollten[17], erkannte man am Kodokan klar den Weg in die Zukunft, und Kano übertrug diese Aufgabe Matsuyama und Yamashita Yoshiaki, die beide zu den erfahrensten Wettkämpfer des Kodokan zählten.

Auch in den folgenden Jahren gab es immer wieder einige Jujutsu-Meister, die die Kämpfer des Kodokan selbst in ihrem eigenen Regelsystem leicht besiegen konnten – unter ihnen waren Omori Morikichi (1853–1930), ein Meister aus dem *Yoshin Totsuka ryu*, und Tanabe Matаemon (1851–1928), ein schmächtiger Mann, der durch die »Übung des Aalfangens mit bloßen Händen« und die »Beobachtung von Schlangen, die Frösche verschlingen« einen faszinierenden Jujutsu-Stil entwickelt hatte, mit dem er den Schülern des Kodokan peinliche Niederlagen beibrachte. Doch ungeachtet der Tatsache, daß der Kodokan, der seine Mitglieder nur für Kämpfe nach Wettkampfregeln ausbildete, immer wieder nach Judoregeln ausgetragene Kämpfe gegen Jujutsu-Meister verlor, rankten sich bald viele mystische Geschichten um die »unbesiegbaren« Techniken des Judo, und dank der exzellenten Werbung wurden immer mehr Menschen auf Kanos Stil aufmerksam.

Eine Kampfkunst geht auf den Markt

Im April 1888 hielt Jigoro Kano die Zeit für gekommen, sein Konzept in aller Form der Öffentlichkeit vorzustellen und das Judo als Wettkampfsport weltweit zu verbreiten. Zusammen mit Reverend T. Lindsay stellte er für die Asiatic Society of Japan (eine Vereinigung ausländischer Diplomaten, Geschäftsleute und Professoren, die in Japan lebten) eine Informationsschrift zusammen, in der er die Ursprünge, Entwicklungen, Lehren und Philosophien des Jujutsu und des Judo aus seiner Sicht erläuterte.

Über die Präsentation seiner Kunst hinaus lag Kano sehr daran, deutlich machen, daß seiner Meinung nach weder das Jujutsu noch das Judo Verbindungen zum chinesischen Kempo aufwiesen[18], sondern allein japanischen Ursprungs seien. Um diese Theorie zu beweisen, griff er zwei Sagen auf, durch die die Gründung des Jujutsu dokumentiert werden sollte, und fügte sie seinem Schreiben als »Beweis« hinzu.

Die erste Sage erzählte von einem Jungen, der während eines Schneesturms beobachtete, wie sich Weidenzweige unter der schweren Last des Schnees biegen, aber wegen ihrer Flexibilität nicht brechen. Gestützt auf diese Beobachtung, soll der Junge später eine Kampfkunst gegründet haben, die auf dem Prinzip des Nachgebens basierte.

Was Kano nicht hinzufügte, ist, daß diese Sage in abgewandelter Form in vielen Kulturkreisen Asiens erzählt wird. Kanos Anspruch auf japanische Originalität ist mehr als umstritten. In der chinesischen Version derselben Sage heißt der Junge Li Tei Feng, er soll das Prinzip des Siegens durch Nachgeben in die Kampfkünste eingeführt haben, das später in vielen Stilen seinen Niederschlag fand.

Die andere Sage erzählt von dem japanischen Jujutsu-Meister Sekiguchi Jushin[19]*, der des öfteren seinen Fürsten auf Reisen begleiten mußte, um ihn vor etwaigen Gefahren zu beschützen. Auf einer dieser Reisen entschloß sich der Landesherr, den Meister auf die Probe zu stellen, und versetzte ihm einen heftigen Stoß, als sie gerade über eine schmale Brücke gingen. Sekiguchi gab diesem Stoß geschickt nach und blieb sicher auf der Brücke stehen. Der Landesherr jedoch geriet durch das Manöver des Jujutsumeisters aus dem Gleichgewicht und mußte von diesem vor einem Sturz in das kalte Wasser bewahrt werden.*

Etwa zur gleichen Zeit, als Kano sein Schreiben den Mitgliedern der Asiatic Society of Japan übergab und der Kodokan immer mehr an Bekanntheit gewann, beschlossen einige traditionelle Budomeister Japans eine Gegeninitiative zu Kanos höchst wirkungsvollem Propagandafeldzug, mit dem dieser nahezu die gesamte Bevölkerung für seinen Kampfsport begeisterte. Der Widerstand der traditionellen Budomeister wurde vor allem davon genährt, daß Kanos Kampfsport zu diesem Zeitpunkt schon die alten Werte des Bushido eingebüßt hatte. Die Budo-Traditionalisten schlossen sich unter der Leitung von Noguchi Sen ryuken zum *Shindo rokugo kai* zusammen, um der Verfälschung ihrer traditionellen Kunst durch den populären Judomeister entgegenzuwirken. Das Anliegen war ehrenwert, nur verstanden die traditionellen Kampfkunstmeister wenig davon, wie man eine solche Kampagne öffentlichkeitswirksam inszeniert, und so hatten sie gegen Kano von vornherein kaum eine Chance.

Inzwischen – wir schreiben das Jahr 1889 – hatte der Kodokan bereits mehr als 1500 Mitglieder sowie mehrere Zweigdojos in verschiedenen Teilen Tokyos. Er dominierte in der japanischen Zweikampfszene. Mit dem Inhalt der Kampfkünste hatte das schon lange nichts mehr zu tun, aber es kam der Begeisterung der Menschen für spannende Zweikämpfe, für das Messen der Kräfte mit einem Kontrahenten, sehr entgegen.

Exportartikel Judo

Das Zentrum des Judo war inzwischen nach Kanos Willen die Tokyoter Region Kami nibancho, da ihm in dem dort neu erworbenen Dojo mehr Platz für seine Schüler zur Verfügung stand. Diese reisten mittlerweile auch aus dem Ausland an. Nichts schien die weltweite Verbeitung des Judo mehr aufhalten zu können, und so gab Kano ohne Bedenken im August 1889 seine Lehrertätigkeit an der Gakushin-Schule auf, um im Auftrag der Imperial Household Agency nach Europa zu reisen und dort diplomatische Beziehungen zu knüpfen. Die Verantwortung für den Kodokan konnte er während seiner Abwesenheit getrost seinen vertrautesten Mitstreitern, Saigo Shiro und Tomita Tsunejiro, überlassen, die sich schon zuvor um viele wichtige Belange der Institution gekümmert hatten.

Am 15. September startete der Judomeister schließlich in Begleitung eines Beamten aus dem Bildungsministerium zu seiner Reise, die von Yokohama über Shanghai nach Marseille führen sollte. Dort angekommen, besuchte er in einer Mammuttour Lyon, Paris, Brüssel, Berlin, Wien, Kopenhagen, Stockholm, Amsterdam, Den Haag, Rotterdam und London, um im Auftrag seiner Regierung Japans Handelsbereitschaft zu signalisieren, und präsentierte als Zeichen japanisch-europäischer Freundschaft die Kampfkunst Judo als Beispiel für alle alten Systeme des japanischen Bujutsu.

Zurück in Japan, erzählte Kano seinen Schülern, daß ihm während seines Aufenthaltes in Europa drei Dinge besonders aufgefallen wären: erstens die ungeheuer große Anzahl von Kirchen und Kathedralen, die dort überall zu sehen sind, obwohl weder sie noch der Glaube, für den sie stehen, für das Volk eine große Bedeutung haben, zweitens die Angst der Europäer, irgendetwas von ihrer überlieferten Eigenheit zugunsten von Einflüssen aus anderen Kulturen aufzugeben, und drittens die ungeheure Oberflächlichkeit der Menschen, die ihm sogar Briefe auf Japanisch nachschickten, obwohl sie die Sprache nicht kannten und daher viele Fehler machten.

Diese Erkenntnisse dürften den hochintelligenten Kano mit dazu bewogen zu haben, zur Verbreitung seines Sports genau auf die Schwachpunkte der westlichen Lebensweise zu zielen und damit gleichzeitig sich selbst und auch den politischen Interessen seines Landes zu dienen. Sie sollte nicht nur ihn maßgeblich beeinflussen, sondern nach ihm auch viele andere Kampfkunstmeister. Sie gründeten, ähnlich Kano, bald ebenfalls Kampfkunstorganisationen, entledigten zu diesem Zweck die alten Künste weitgehend ihrer traditionellen geistigen und moralischen Werte und stutzten sie für eine möglichst gute Vermarktung zurecht. Ausgenommen wie eine Weihnachtsgans, aber mundgerecht serviert, verkaufte man sie mit Erfolg als »japanisches Budo« in der westlichen Welt.

Doch zunächst unterbrach Kano seine Rückreise in Kairo, um am Nil die viele tausend Jahre alten Pyramiden zu besichtigen. Auf der nachfolgenden langen Schiffsreise nach Japan vertrieben er und seine Mitreisenden sich die Zeit mit kleinen Ringkämpfen gegen die Besatzung. Der stärkste Gegner, mit dem er es dort zu tun bekam, soll ein russischer Seemann gewesen sein, der Kano um gut zwei Kopflängen überragte und bis dahin jede Auseinandersetzung innerhalb weniger Augenblicke durch einen gezielten Schlag beendet hatte. Zu dessen Überraschung gewann der Judomeister den Kampf gegen ihn ohne allzu große Anstrengungen, wobei das Publikum noch viele Tage später von der Leichtigkeit begeistert war, mit der Kano den schweren Seemann warf, ohne ihm die kleinste Verletzung zuzufügen.

Im Januar 1891, nach 16 Monaten Abwesenheit, betrat Kano als erfolgreicher Geschäftsmann wieder heimatlichen Boden. Schon bei seiner Ankunft im Hafen erfuhr er von seinen wartenden Schülern, daß Saigo Shiro während dieser Zeit in große Schwierigkeiten geraten war. Entsetzt mußte sich der Judomeister anhören, daß seine stärkste Kraft, die dank exzellenter technischer Fähigkeiten stets das Aushängeschild des Kodokan gewesen war, aufs schwerste gegen die Regeln des Judo verstoßen hatte. Während Kanos Abwesenheit hatten Saigo und seine Anhänger rivalisierende Schulen zu realistischen Kämpfen herausgefordert, was auf den Marktplätzen Tokyos zu erregten öffentlichen Auseinandersetzungen geführt hatte und die Polizei in beständiger Alarmbereitschaft hielt. Als Saigos Gruppe sich eines Tages schließlich mit mehreren Sumoringern anlegte, eskalierte die Auseinandersetzung zu einer offenen Straßenschlacht. Unglücklicherweise griffen Saigo und seine Mitstreiter in blindem Kampfesrausch auch die heraneilenden Polizisten an, die den Streit schlichten wollten, und warfen einige von ihnen über die Brücke in den Sumida-Fluß. Da Kano selbst das Oberhaupt der polizeilichen Judo-Organisation war, konnte er diesen Vorfall nicht ignorieren. Das hätte zur Folge gehabt, daß der Kodokan ein Objekt behördlicher Sanktionen geworden wäre. Schweren Herzens mußte er seinen stärksten Kämpfer entlassen, der die technische Entwicklung des Kodokan-Judo mehr geprägt hatte als er selbst und dem allein das Image unbesiegbarer Kampfstärke seiner Organisation zuzuschreiben war.

Nachdem Saigo zum Weggang aufgefordert worden war, verließ er den Kodokan und zog nach Nagasaki, wo er als Reporter zu arbeiten begann. Obwohl Kano ihm einige Jahre später als Anerkennung für seine Leistungen den 6. Dan im Judo verlieh, ignorierte Saigo diese Anerkennung, gab sowohl das Judo wie auch das *Daito ryu* für immer auf und widmete sich von nun an der Übung des *Kyudo*[20], in dem er den 9. Dan und damit den Titel eines Hanshi erreichte.

Heirat und Zwischenspiel in der Provinz

Inzwischen war Kano 31 Jahre alt. Zeit zu heiraten, so fand er. Sieben Monate nach seiner Rückkehr nach Japan machte er sich mit Hilfe seiner Freunde auf die Suche nach einer passenden Frau und hatte schon bald in Takezoe Sumako eine gefunden, mit der er sein Leben verbringen wollte. Einer Hochzeit stand nichts im Wege, doch Kanos Leben änderte sich deswegen keinesfalls grundlegend. Schon bald nach der Hochzeit verließ er seine Frau wieder, um im abgelegenen Kumamoto eine Direktorenstelle an der Fifth Higher School anzutreten[21]. Die schlechte Ausbildung der dortigen Lehrer, das viel zu kleine Budget und andere schwierige Umstände stellten eine große Herausforderung dar, die der ehrgeizige Kano um keinen Preis der Welt versäumen wollte. Natürlich wollte der Judomeister in Kumamoto nicht nur Schulunterricht erteilen, sondern sah in seiner neuen Stelle vor allem die Möglichkeit, die Übung des Judo in den abgelegenen Provinzen Japans zu verbreiten. Daher begann er sofort nach seiner Ankunft, Judo zu unterrichten.

Anfangs mußten seine Schüler bei Wind und Wetter im Freien trainieren. Einige wohlgesinnte und nicht unvermögende Eltern ermöglichten es jedoch, daß schon bald ein kleines Dojo errichtet werden konnte.

Zusätzlich zur Einführung des Judo in den Sportunterricht der Schule sorgte Kano dafür, daß besser ausgebildete Lehrer eingestellt wurden, um das Bildungsniveau der Schüler zu erhöhen. Einer dieser neuen Lehrer war Lafcadio Hearn (1850–1904), der sich aufgrund seines Interesses für die alte Kultur Japans und die Kunst des Jujutsu glänzend mit Kano verstand. In einem Buch, das 1892 unter dem Titel »Out of the East« veröffentlicht wurde, präsentierte Hearn eine Abhandlung über das Jujutsu, in der er dem japanischen Volk empfiehlt, sich die alten Ideologien der Kriegskunst zunutze zu machen, wenn sie mit dem Westen verhandeln würden.

Rückkehr nach Tokyo

Nach dreijähriger Amtszeit in Kumamoto kam Kano mehr und mehr zu dem Schluß, daß ihm trotz aller Abwechslungen und Herausforderungen dennoch der Kodokan und seine Schüler in Tokyo fehlten. Daher zögerte er nicht, als ihm 1893 – diesmal an der First Higher School in Tokyo – eine Direktorenstellung angeboten wurde, und kehrte nach langer Abwesenheit schließlich zu seiner Frau Sumako zurück. In den folgenden Jahren sollten die beiden insgesamt acht Kinder bekommen, fünf Mädchen und drei Jungen.

Ungeachtet Kanos Abwesenheit und dank der Bemühungen Tomitas hatte sich der Kodokan weiter vergrößert. 1894 war die Zahl der Mitglieder wiederum so sehr angewachsen, daß auch dieses Dojo inzwischen zu klein und der Judomeister gezwungen war, in Shimo Tomizaka cho eine 100 m^2 große Trainingshalle bauen zu lassen. Trotz zahlreicher Gönner konnten die anfallenden Kosten jedoch nicht gedeckt werden, und zum erstenmal seit der Gründung des Kodokan mußten die Mitglieder monatliche Beiträge entrichten.

Der kurz darauf folgende Ausbruch des chinesisch-japanischen Krieges brachte dem Kodokan einen neuen Aufschwung in den Mitgliederzahlen, wodurch die finanzielle Durststrecke schnell durchschritten war. Vor allem viele junge Leute wurden von dem Kriegsfieber angesteckt und sahen im Judotraining eine Chance, richtiges und effektives Kämpfen zu lernen. Jigoro Kano mißbilligte jedoch als einer der wenigen Budomeister die fanatische Begeisterung der Japaner für diesen Krieg und hörte nie auf, dessen Befürworter zu kritisieren.

Heimliche Blamage

Etwa während dieser Zeit ereignete sich im Kodokan ein Vorfall, der seine Mitglieder in große Verlegenheit brachte. In ganz Japan waren als Folge des Krieges die Lebensmittel knapp geworden, und ein nicht geringer Teil der Bevölkerung sah sich gezwungen, das tägliche Brot zu stehlen. Eines Nachts wurde auch der Kodokan von einem solchen Dieb heimgesucht, doch entdeckten die Schüler erst am nächsten Morgen das Fehlen ihrer Lebensmittel. Voller Empörung mußten sie feststellen, daß der geheimnisvolle Räuber sie auch in den darauffolgenden Nächten heimsuchte, und man beschloß, mehrere fortgeschrittene Schüler als Wachen aufzustellen. Tatsächlich konnten diese in der kommenden Nacht den unverschämten Dieb, der in der Verkleidung eines Ninja steckte, auf frischer Tat zu ertappen. Als sie ihn jedoch ergreifen wollten, schlug dieser sie erbarmungslos zusammen und spottete: »Besitzt der Kodokan nur bemitleidenswerte Schwächlinge, denen es noch nicht einmal gelingt, richtig Wache zu stehen?«

Dieser peinliche Vorfall beunruhigte die Mitglieder des Kodokan sehr – ein Prestigeverlust wäre unvermeidlich, käme diese Sache an die Öffentlichkeit. Daher beschloß man, Yokoyama Sakujiro[22], einen Jujutsu-Meister und treuen Schüler des Kodokan, um Hilfe zu bitten. Seine außergewöhnlichen kämpferischen Fähigkeiten hatten ihm schon vor langem den Spitznamen »Dämon« eingebracht. Nachdem Saigo Shiro den Kodokan verlassen hatte, war es stets Yokoyama gewesen, der das Judo dank seiner Kampfkraft vertreten mußte, und sein unwiderstehlicher *Tengu nage* hatte ihm im Jujutsu zu einem bedeutenden Ruf verholfen. Den Dieb erwartete nach Ansicht der Kodokanschüler in dieser Nacht somit eine böse Überraschung. Tatsächlich kam es zwischen den beiden zu einem harten Kampf, doch gelang es keinem, seinen Gegner zu besiegen. Schließlich gab der Räuber auf, floh aus dem Kodokan und kehrte nie mehr zurück. Yokoyama meinte später, daß sein Gegner ohne Zweifel in den Techniken des chinesischen Kempo ausgebildet gewesen sei.

Seit seiner Gründung im Jahre 1882 hatte das Kodokan-Judo unter Jigoro Kano viele Veränderungen durchgemacht. Die unablässigen Studien des Meisters, seine praktischen Erfahrungen sowie Einflüsse von außen hatten dazu beigetragen, daß sich seine Kampfkunst beständig weiterentwickelte. Im Jahr 1895 hielt Kano schließlich die Zeit für gekommen, ein Unterrichtskonzept zu entwerfen, das die charakteristischen Techniken des Judo enthielt und seinen Übungsleitern als Richtlinie dienen sollte. Zusammen mit den Meistern Nagaoka Hidekatsu, Yamashita Yoshiaki und Yokoyama Sakujiro arbeitete er fünf Unterrichtsformen aus, die als *Gokyo no waza*[23] in das Lehrsystem aufgenommen und bis heute nur geringfügig verändert wurden. Ein Jahr später wurde den täglichen Übungen dann zusätzlich noch das *Shochu geiko* beigefügt, ein Training im Sommer, das in seinem Aufbau den Gegenpart zu dem schon länger existierenden Wintertraining bilden sollte.

Verbreitung in der westlichen Welt

In den folgenden Jahrzehnten begann das Kodokan-Judo sich über die ganze Welt zu verbreiten. Schon 1892 war Judo durch einen Schüler des Kodokan namens Takashima Shidachi in Europa vorgestellt worden, als dieser vor der Japanischen Gesellschaft in London einen Vortrag über die Geschichte und die Entstehung der neu entwikkelten Kampfkunst hielt. Als Jigoro Kano 1902 im Auftrag des japanischen Erziehungsministeriums, für das er seit 1893 arbeitete, nach China reiste, um die dortigen Bildungseinrichtungen zu inspizieren, wurde das Interesse auch vieler chinesischer Studenten am Judo geweckt, die danach als Austauschschüler am Kodokan zu üben begannen. Auch hatten sich zu diesem Zeitpunkt bereits viele Schwarzgurte anderer Schulen dem Kodokan angeschlossen, so daß man beschloß, dafür eine eigene Vereinigung zu gründen, die allen dem Kodokan angeschlossenen Dan-Trägern zu einem offiziellerem Status und damit größerem Ansehen verhelfen und zugleich die Interessen des Kodokan (auch in finanzieller Hinsicht) wahren sollte. Man nannte diese Vereinigung Kodokan Dan Grade Holder Association und meldete sie 1900 bei den zuständigen Behörden an.

Inzwischen war auch die ausländische Geschäftswelt auf die neue Kampfkunst aufmerksam geworden. Die Verwunderung war nicht gering, als im Jahre 1903 ein amerikanischer Geschäftsmann namens Samuel Hill sich an den Kodokan mit der Bitte wandte, einen der Lehrer in die USA zu schicken, um seinen Sohn im Judo zu unterrichten. Die Wahl fiel auf Yamashita Yoshiaki[24], der zu Kanos engsten Schülern gehörte.

Der erste Auslandseinsatz eines Kodokan-Lehrers verlief dann aber ganz anders als erwartet. Yamashita mußte bei seiner Ankunft in Amerika zu seiner größten Überraschung feststellen, daß die Ehefrau Hills seine Anwesenheit nicht duldete, da ihrer Meinung nach Judo »brutal und gewalttätig« sei. Welch peinliche Situation auch für den Auftraggeber, Samuel Hill. Er bemühte sich, die Situation halbwegs zu retten, und ließ seine guten Kontakte zu Präsident Roosevelt spielen. Tatsächlich gelang es ihm, den Präsidenten der USA für das Kodokan-Judo zu begeistern, und Yamashita durfte vor den Mitgliedern des Weißen Hauses eine Demonstration seiner Kunst geben. In einem sehr kurzen Wettkampf besiegte der Judolehrer einen berühmten amerikanischen Ringer und wurde im Anschluß daran von Roosevelt als Nahkampflehrer an der U. S. Naval Academy mit einem Gehalt von 5000 $ im Monat eingestellt. Zwei Jahre lang unterrichtete Yamashita zusammen mit seiner Frau in den USA, kehrte dann jedoch nach Japan zurück, um auch anderen Instruktoren den Weg in den Westen frei zu machen.

Die nächsten beiden Judolehrer, die von Kano ausgewählt wurden, um Yamashitas Arbeit in Amerika fortzusetzen, waren dann Tomita Tsunejiro und Maeda Mitsuo. Kano hatte sich für die beiden entschieden, weil er sich aus der Kombination von Tomitas sanftmütigem Intellekt und Maedas Kampfstärke eine positive Darstellung des Judo versprach. Vorab wurde klar ausgemacht, daß die beiden sich nur entsprechend ihren Fähigkeiten in der Öffentlichkeit präsentieren sollten, das heißt, Tomita sollte keine Herausforderungen annehmen, während Maeda die Gesprächsführung seinem Partner zu überlassen hatte.

Tomita, Kanos ältester Schüler, war auf dem Gebiet der Theorie sehr beschlagen, konnte aber im Kampf gegen Herausforderer des öfteren nicht bestehen. Aus diesem Grund sollte ihn Maeda, einer der stärksten Kämpfer des Kodokan, begleiten, um mögliche Herausforderer in die Schranken zu verweisen. Als Tomita aber, von einem amerikanischen Kämpfer gereizt, dessen Herausforderung nicht ausschlug, nahm das Unheil seinen Lauf: Er erlitt vor den Augen des Präsidenten eine peinliche Niederlage und verließ daraufhin tief gedemütigt und beschämt die USA, um nach Japan zurückzukehren. »Der Judolehrer hatte heute einen schlechten Tag«, soll der Präsident gesagt haben, doch es war klar, daß diese Niederlage das Ansehen des Kodokan-Judo in den USA beschädigte. In der Tat eröffnete diese Begebenheit anderen japanischen Kampfkünsten Tür und Tor – unter anderen dem Aikijutsu[25] – und Jahre später auch dem okinawanischen Karate[26].

Sofort wurde auch Maeda an den Kodokan zurückbeordert, doch sein Ehrgeiz und verletzter Stolz veranlaßten den jungen Judoka, Kano den Gehorsam zu verweigern. Er konnte es nicht ertragen, diesen beschämenden Zwischenfall auf sich beruhen zu lassen, und beschloß, der Öffentlichkeit die Effizienz des Kodokan-Judo auf eigene Faust zu beweisen. Er blieb in den USA und arbeitete intensiv an der Vervollkommnung seiner Kampfkraft. Innerhalb weniger Jahre hatte er sich in hartem Training ein ungeheuer starkes Kampfsystem[27] angeeignet, dank dem er in über 1000 Wettkämpfen nahezu durchweg ungeschlagen blieb und bald unter dem Namen »Conte Comte« (Graf Wettkampf) bekannt wurde.

Im Jahr 1906 hielt die Kampfkunst Kanos schließlich auch Einzug in Deutschland. Zuerst hatten Beamte der japanischen Handelsmarine Jujutsu-Techniken bei einem ihrer Aufenthalte in Kiel vorgestellt und mit ihrer Demonstration großes Aufsehen erregt. Als sie nach dem Namen ihrer Kunst gefragt wurden, antworteten sie zwar »Jujutsu«, doch was sie zeigten, war den Techniken der kurz darauf angereisten japanischen Judomeistern so ähnlich, daß diese kein Problem hatten, die bereits vorhandene Popularität zu ihren Gunsten zu nutzen. Schließlich eröffnete Erich Rahn noch im selben Jahr die erste deutsche Judo- und Jujutsu-Schule und begann, die Kunst im ganzen Land zu verbreiten. Einer seiner besten Schüler, Alfred Rhode, gründete später ebenfalls eine Jujutsu-Schule, und zusammen machten sich beide an die Aufgabe, das Jujutsu systematisch an das wettkampffähige Judo anzupassen.

Natürlich blieb die stets wachsende Verbreitung des Kodokan-Judo auch in Japan nicht ohne Folgen. Aus der ganzen Welt kamen Schüler in den Kodokan, um sich in der mittlerweile populärsten Kampfkunst Japans ausbilden zu lassen. Diesem Ansturm an Schülern war das damalige Dojo in Shimo Tomizaka cho bald nicht mehr gewachsen, und Kano mußte seinen Einfluß geltend machen, um den Kodokan zu erweitern. Während dieser Zeit fiel auch den japanischen Behörden das große internationale Interesse an diesem Kampfsport auf, und nachdem das Judo schon 1890 mit Hilfe von Dr. Baelz in das Bildungs- und Erziehungsprogramm vieler japanischer Schulen aufgenommen worden war, beschloß die Regierung 1908, Judo und Kendo an allen Mittel- und Hochschulen zum Pflichtfach zu machen. 1921 wurde dann eine Gesellschaft

(Judo Medical Research Society) gegründet, deren besondere Aufgabe es war, sich mit den erzieherischen Aspekten des Judo als Schulsport zu beschäftigen. Aufgrund der von dieser Gesellschaft in den folgenden Jahren geleisteteten Arbeit verlieh der japanische Kaiser dem Begründer des Judo, Jigoro Kano, 14 Jahre später den Asahi-Preis als Auszeichnung für seine Verdienste um die Erziehung der japanischen Jugend.

Der Verfall der Kampfkunstideale

Unbeabsichtigt hatte Kano dafür gesorgt, daß durch seine Kreation der erste Schritt zur Verflachung eines alten Ideals getan wurde und Judo, nunmehr massengerecht aufbereitet, seinen Siegeszug um die Welt antrat. Anerkannte Kampfkunstforscher beschreiben rückblickend Kanos Initiative folgendermaßen: »Kanos Beispiel war ein Freibrief für all jene ihm nachfolgenden Budo-Manager, die die hohen Werte der klassischen Kampfkünste als ein für die Masse hergerichtetes Gemisch aus Pseudophilosophie und Sensation zu verkaufen begannen. Oberflächlichkeit machte sich in jenen Kampfkünsten breit, die den gleichen Weg gingen. Kanos Beispiel machte Schule und brachte weltweit Kampfkunstlehrer hervor, die sich den Inhalten und der philosophischen Dimension ihrer Kunst nicht mehr verpflichtet fühlten, die nur Formperfektion und Wettkampfleistung lehrten. Keineswegs erstreckten sich diese Praktiken nur auf das Judo. Es entstanden große Organisationen, die ihre Legitimation durch die große Zahl ihrer Mitglieder erhielten und die eigentlichen Lehrer den Bedingungen der Marktgesetze unterwarfen. Als immer weniger Meister bereit waren, diesen Weg mitzugehen, bildeten die Wettkampforganisationen eigene Lehrer aus und verbreiteten ihre Konzepte ohne Autorisierung durch die Großmeister weiter. Philosophen, Demokraten, Ethiker, Sozialpädagogen und andere begannen, die alte Budolehre mit ihren Ansichten zu unterwandern, und entfernten daraus alles, was für den jeweiligen Markt zu anstrengend, zu schwierig und zu langwierig war. Was übrigblieb, war ein körperliches Training, dessen Resultate im Wettkampf gemessen werden konnten.«

Obwohl Kano erst 35 Jahre alt war, hörte er zu diesem Zeitpunkt mit dem Training auf und widmete sich vollständig der Verbreitung des Judo. Mit seiner Wahl zum Mitglied des Internationalen Olympischen Komitees (IOC) im Jahre 1909[28] – er war damit der erste Japaner, dem diese Ehre zuteil wurde – und seiner Ernennung zum Vorsitzenden der Japan Athletic Association (JAA) im Jahre 1911 zog er sich vollständig aus der Trainingsführung am Kodokan zurück und verbrachte die weiteren Jahre seines Lebens mit Konferenzen, Reisen und Vorlesungen. In seiner Eigenschaft als IOC-Mitglied stellte er bereits 1913 den Antrag, Tokyo zum Austragungsort der Olympischen Sommerspiele 1940 zu bestimmen, und leistete Zeit seines Lebens eine enorme Überzeugungsarbeit mit dem Ziel, Judo in den Rang einer olympischen Sportart zu heben.

Sich waschen, ohne naß zu werden

Trotz seines politischen Einflusses, den er als Sportfunktionär im Auftrag der japanischen Regierung zweifellos besaß, kritisierte er öffentlich in verschiedenen Schreiben immer wieder die wachsende Überbewertung der Wettkampfleistung bei sportlichen Veranstaltungen und wies darauf hin, daß Judo zu einer primitiven Sportart verkommen werde, wenn der Wettkampfgedanke wichtiger als der Inhalt sei. Unverständlich ist in Anbetracht dieser seiner Meinung sein vehementer Kampf um die Integration des Judo in die olympischen Sportarten. Seine permanenten Mahnungen widersprachen seinen ehrgeizigen Handlungen, durch die er selbst das verfolgte, was er bei anderen kritisierte.

Die Klassiker der japanischen Kampfkünste betrachteten ihn Zeit seines Lebens als einen Scharlatan, der Werte predigte, die in der Praxis weder er noch der Kodokan respektierten, und sie letztlich zugunsten des Erfolges opferte. Obwohl er wußte, daß der Geist eines in die Olympischen Spiele integrierten Judo unwiederbringlich sterben würde, gab es für ihn kein Ziel, das er so enthusiastisch verfolgte wie dieses.

Tatsächlich sollten jene von vielen klassischen Meistern geäußerten Bedenken schon wenige Jahre nach Kanos Tod wahr werden. Kurz nachdem Judo 1960 olympische Sportart geworden war, sorgten die Wettkampfregeln des internationalen Sportbetriebs dafür, daß Judo zu einem reinen Sport wurde. Als der Holländer Anton Geesink den fassungslosen Japanern zum erstenmal bei olympischen Wettkämpfen demonstrierte, daß überragende sportliche Leistungen im Ergebnis effektiven Technik-, Taktik- und Konditionstrainings von Vertretern jeder Nation erreicht werden können und dazu weder ein Meister noch Budowerte notwendig sind, war es für eine Umkehr schon zu spät. Das Judo hatte sich als Kampfkunst aufgegeben und war zum Sport geworden.

Heute gibt es weltweit kaum ein Judo-Dojo, das sich über die sportliche Ertüchtigung und den reinen Wettkampfgedanken hinaus noch alten Traditionen und Idealen widmet.

Eine ähnlich gespaltene Einstellung wie später zum IOC hatte Kano zu den Kriegen Japans gegen China (1894–1895) und Rußland (1904–1905), in dem viele seiner Schüler starben. Prinzipiell war er gegen jede Art von Krieg. Doch sein Herz schlug für ein starkes und nationalistisches Japan – eine Haltung, die zu jener Zeit bei der gesamten japanischen Bevölkerung Allgemeingut war. Aus diesem Grund versuchte er auch, den geschichtlich bewiesenen chinesischen Einfluß auf die japanischen Kampfkünste zu leugnen, und folgte damit einer politischen Strömung, die später alle traditionellen Budo-Arten (insbesondere das okinawanische Karate) als durch und durch japanisch hinstellen wollte. Dennoch kritisierte er bei jeder Gelegenheit die Begeisterung der Japaner für die Kriege auf dem asiatischen Festland und sagte einmal öffentlich: »Verzehrt euch nicht im Rausch der Siege über Rußland und China. China besiegte sich aufgrund einer hoffnungslos korrupten Regierung und schlecht ausgebildeter Armeen selbst. Rußland konnte die weit entfernte Front im fernen Osten nicht versorgen – wenn der Krieg in der Nähe Moskaus geführt worden wäre, hätte das Ergebnis ein völlig anderes sein können. Krieg ist niemals eine gute Sache, und endloses Kämpfen wird letztendlich zur Niederlage Japans führen.«

Mit dieser Ablehnung von Aggression und Unterwerfung blieb Kano den geistigen Traditionen des Budo treu.

Aus vielen Aussagen, die Kano in seinen letzten Lebensjahren machte, in denen er sich um die Verbreitung und Anerkennung des Judo in der Welt bemühte, ist klar zu erkennen, daß sich der Judomeister sehr wohl der Gefahr der Verflachung der Kampfkunstinhalte bewußt war und keineswegs unwissentlich gehandelt hat. Wenn man heute auf die damalige Situation zurückblickt, wird deutlich, daß der Preis für die Verbreitung des Judo zwangsläufig der Verlust vieler seiner kampf*kunst*spezifischen Werte sein mußte. Im Bestreben, dennoch beiden Seiten gerecht zu werden, war Kano immer wieder zu Kompromissen gezwungen. Er ging sie aber nur dann zugunsten der alten Werten ein, wo der persönliche Erfolg nicht gefährdet war. So errichtete er für seine Kunst ein ansehnliches Gebäude ethischer Verhaltensregeln, die jedoch zu seinen Lebzeiten nur wenig Anwendung fanden und heute kaum einem Judolehrer bekannt sind. Hier zeigt sich ein entscheidender Unterschied zu Funakoshi, der Demut nicht predigte, sondern vorlebte, und zu Ueshiba, der Kampfkunstphilosophie auf geradezu fanatische Weise durch sich selbst bezeugte.

Kano, der nüchterne Pragmatiker, hinterließ ein Lebenswerk, das im japanischen Budo bis heute unerreicht ist. Wohl in Würdigung dieser Tatsache wurde im Jahre 1922 die Kodokan Bunkakai (Kodokan Culture Association) gegründet, deren Hauptziel es war, die Forschungen Kanos zu unterstützen und die Lehre des Kodokan für alle Zeiten zu bewahren. In der Satzung dieser Vereinigung heißt es:

»Unsere Vereinigung strebt das Ziel an, das Wohl aller Menschen in völliger Übereinstimmung mit den Prinzipien des *Seiryuko*[29] zu fördern. Basierend auf diesem Vorsatz, lehren wir:

Persönlich: eine Methode, dem Körper zu einer robusten Konstitution durch Training zu verhelfen, den Intellekt und das Moralempfinden zu kultivieren und insgesamt danach zu streben, ein wertvoller Teil der Gesellschaft zu sein.

National: die nationale Einheit unserer Nation zu respektieren und gewissenhaft zu fördern, ihre Geschichte zu achten und alles zu tun, was für das Wohlergehen unserer Nation notwendig ist.

Gesellschaftlich: in der Gesellschaft eine vollkommene zwischenmenschliche Harmonie durch gegenseitige Hilfe und Verständnis zwischen den einzelnen und innerhalb der Gemeinschaft zu schaffen.

Kosmopolitisch: die Welt von rassistischen Vorurteilen zu befreien und alle Menschen dazu anzuhalten, ihre jeweiligen Kulturen zu bewahren und zur Weiterentwicklung der gesamten Menschheit beizutragen.«

Im Judo blieb es allerdings weitgehend bei der Proklamation dieser hohen Ziele. Sie wurden in der Praxis nicht untrennbarer Bestandteil des Judo und, ganz anders als zum Beispiel im Aikido, nie Inhalte einer tatsächlichen Lehre. Daher ist es eigentlich auch nicht verwunderlich, daß sie heute keine Rolle mehr spielen. Obwohl auch die meisten anderen japanischen Kampfkünste durch den Einfluß der auf weite Verbreitung und auf Sportbetrieb ausgerichteten moderner Organisationen ihre Inhalte aufgegeben haben, leben diese doch in einzelnen Kampfkunstübenden fort und sind sogar im Begriff, sich neu zu definieren. Das Judo hingegen hatte seinen Weg zu einer *Sport*art bereits unumkehrbar beschritten. Daran konnte auch die Vision seines Begründers nichts ändern, der sagte: »Der ureigentliche Sinn des Judo ist zugleich auch der ureigentliche Sinn der Menschheit – geistig zu reifen, um der Allgemeinheit von Nutzen zu sein. Diese beiden Wege scheinen sich auf den ersten Blick nicht miteinander zu vereinbaren, doch in Wirklichkeit ergänzen sie sich sehr gut. Nur jener, der die Perfektion in bezug auf sich selbst erreicht hat, kann für die Gesellschaft von Nutzen sein.« (*Yuko no katsudo*, 1919)

Kanos Beziehungen zu anderen Kampfkunstmeistern

Schon in den Jahren der Entwicklung des Kodokan-Judo interessierte sich Kano, und zwar zunehmend stärker, für andere klassische Kampfkunstkonzepte und deren gleichsam im Hintergrund vorhandenen Inhalte. Die Begegnung mit **Saigo Shiro** hatte ihm gleich zu Anfang gezeigt, daß viele Prinzipien aus anderen Kampfkünsten das unreife Konzept des Judo verbessern und bereichern konnten, und daher versuchte der Judobegründer anhaltend, Verbindungen zu klassischen Lehrern zu knüpfen, die seine Sichtweise erweitern und ihm helfen konnten, sein Systeme zu stabilisieren. Was Saigo anbelangt, so war dieser ein Kämpfer, aber kein Meister des *Daito ryu* und konnte Kano auf allen anderen Gebieten der Technik, die nur Stilvorständen zugänglich waren, keinerlei Hilfen geben.

Funakoshi

Besonders die Mythen um die geheimnisumwitterten Vitalpunkttechniken des okinawanischen Karate hatten es Kano angetan. Das Wissen um diese Prinzipien hätte seiner Ansicht nach das Judokonzept ungemein bereichern können. Kano hatte sich schon längere Zeit mit dem Studium solcher und ähnlicher Prinzipien befaßt, doch da ihm aufgrund seiner nur kurzen Anwesenheit in klassischen Dojo nie der Zugang zu Hintergründen ermöglicht wurde, kam er schon bald an einen Punkt, an dem er ohne Anweisung nicht weiterstudieren konnte. Doch er wußte sehr wohl, daß seine System leer, hohl war und trotz seiner Bemühungen um philosophische Ideale im Vergleich mit den klassischen Stilen nie überleben würde.

Tatsächlich hat Kano zeit seines Lebens keinen Lehrer gefunden, der bereit war, ihm diese Geheimnisse preiszugeben. Seine Position als politisch hochgestellter Kampfkunstvertreter erlaubte ihm kein Schülerdasein mehr – doch eben dieses ist eine Grundbedingung, die seit 2000 Jahren in allen asiatischen Weg-Ausbildungen gilt. Nüchtern betrachtet, ließen ihm der frühzeitige Abbruch seines Schülertums, seine ehrgeizige Konfrontation um Recht und Unrecht mit seinem Lehrer und sein Schritt zum Unterricht ohne Lizenz keinen anderen Weg offen als den der Wandlung seines Systems zu einem Kampf*sport*.

Obwohl Ueshiba scheinbar einen ähnlichen Weg ging, unterschied er sich von Kano dadurch, daß er einen unerschütterlichen Glauben hatte und ein Konzept, durch das er seine Lehre vertrat. Auch war er sein Leben lang ein Schüler Deguchis, der ihm den notwendigen Halt und Inhalt gab. Und nicht zuletzt gab es im Kodokan auch nicht im entferntesten für Ueshiba einen ebenbürtigen Gegner.

All diese Gründe bewogen Kano schließlich dazu, sich um die Bekanntschaft eines bestimmten okinawanischen Karatemeisters zu bemühen und ihn in den Kodokan einzuladen, um vielleicht auf diesem Weg die langbegehrten Anleitungen zu erhalten – Gichin Funakoshi. Zu Kanos großem Bedauern lehnte es Funakoshi zu diesem Zeitpunkt jedoch ab, Okinawa zu verlassen, da er, wie er sagte, neben der eigenen Übung momentan keine Zeit für andere Studien habe. Doch wenige Jahre danach, 1921, gelang es Kano schließlich, Funakoshi zu einer Demonstration seiner Kunst im Kodokan zu bewegen. Meister Funakoshi hielt sich zu diesem Zeitpunkt anläßlich einer großen Kampfkunstdemonstration gerade in Tokyo auf, wo er als Vertreter des okinawanischen Karate zum Zeichen der neugeborenen Freundschaft mit den japanischen Besatzern seines Landes die lange geheimgehaltene Kunst des Kämpfens mit der leeren Hand vorgestellt hatte.

Kano, der an dem Spektakel teilnahm, war von der Darbietung Funakoshis fasziniert und sprach den Karatemeister im Anschluß an die Vorführungen an. Im Laufe des Gespräches bat er Funakoshi darum, einer Vorführung seiner Kunst am Kodokan zuzustimmen.

Diesesmal nahm Funakoshi die Einladung an und versprach, zusammen mit seinem Assistenten Gima Shinken am Kodokan die Prinzipien seiner Kampfkunst zu erläutern. Zur großen Überraschung des Karatemeisters sollte sich dieses Treffen jedoch als eine Großveranstaltung vor über 250 geladenen Gästen entpuppen, da Kano Persönlichkeiten aus Politik, Wirtschaft und anderen Kampfkunststilen eingeladen hatte.

Wie nicht anders zu erwarten, fanden Meister Funakoshis Erklärungen so großen Anklang, daß die beiden Meister im Anschluß noch mehrere Tage miteinander mit gemeinsamen Studien verbrachten.

Im Laufe dieser Zeit sollte sich zwischen Funakoshi und Kano eine innige Freundschaft entwickeln, die bis zum Tode Kanos und darüber hinaus andauerte. Für den bescheidenen Funakoshi war Kano das Sinnbild des japanischen Budo, und selbst nach Kanos Tod ließ Funakoshi es sich nie nehmen, wann immer er am Gebäude des Kodokan vorüberging, sich in Respekt und Demut vor dem Lebenswerk seines Freundes zu verneigen.

Miyagi Chojun

Im Jahr 1927 fand Kano endlich genügend Freiraum zwischen seinen offiziellen Reisen, um eine Fahrt nach Okinawa zu unternehmen. Dort wollte er sowohl sein Wissen über die Prinzipien des Karate vertiefen als auch die okinawanische Kultur studieren. Die dortige Mitgliederorganisation des Kodokan, der Okinawa Judo Yudansha kai, hatte den Judomeister eingeladen, um von ihm zu lernen und die guten Verbindungen der Insel zum Festland zu fördern.

Die Einladung Kanos nach Okinawa schloß als Gegenleistung zu dessen dortigem Judounterricht auch das Angebot ein, daß verschiedene okinawanische Kampfkunstmeister ihre Stile und dabei ihr Können demonstrieren. Das verschaffte ihm die Gelegenheit, das Karate endlich besser kennenzulernen und die okinawanische Kampfkunstszene ebenfalls. Einer der Vorführenden war Miyagi Chojun[30], dessen Darstellung des okinawanischen Karate auf Kano einen großen Eindruck machte. Schon während der Studien mit Funakoshi hatte der Judomeister erkannt, daß das Karate, ganz im Gegensatz zu seiner ursprünglichen Meinung, viel mehr Prinzipien in sich verband als das bloße Schlagen und Treten. Miyagi unterstrich und vertiefte mit seiner Demonstration diese Erkenntnis, und der faszinierte Judomeister eilte bei der ersten Gelegenheit, die sich ihm bot, zu Miyagi, um ihn über seine Prinzipien zu befragen.

An den darauffolgenden Tagen verbrachte Kano seine gesamte freie Zeit damit, um sich von Miyagi die Techniken der *Ne waza* (Bodentechniken), *Nage waza* (Wurftechniken), *Shime waza* (Würgetechniken) und *Gyaku waza* (Hebeltechniken) erklären zu lassen. Für den Judomeister waren diese neuen Prinzipien von so großem Wert, daß er beschloß, nicht, wie ursprünglich geplant, nach Taiwan weiterzureisen, sondern einen Abstecher nach Shanghai zu machen, um sich dort intensiv mit dem Karate-Ursprung aus chinesischer Perspektive zu beschäftigen. Später schrieb der Judomeister einen äußerst herzlichen Brief an Miyagi, in dem er ihm für seine unermeßliche Großzügigkeit dankte, die ihm neue Perspektiven in seinem eigenen Konzept ermöglicht hatten.

Morihei Ueshiba

Kurz nach seiner Rückkehr aus China kamen dem Judomeister schließlich Gerüchte von einem höchst bemerkenswerten Kampfkunstmeister namens Morihei Ueshiba zu Ohren, dessen Aikijutsu die Verkörperung der unbesiegbaren Kampfkunst schlechthin sei. Von der Effektivität des Aikijutsu wußte der Judomeister von seinem Schüler Saigo Shiro – war es doch der im Aikijutsu ausgebildete Saigo, der dem Kodokan den Ruf der Unbesiegbarkeit verschafft hatte. Eine Kontaktaufnahme mit Ueshiba erschien Kano also als ideale Gelegenheit, endlich einen tieferen Einblick in die Hintergründe einer klassischen Kampfkunst zu erhalten. Mit diesem Hintergedanken versuchte er, Ueshiba zu einem Besuch im Kodokan zu bewegen.

Doch der unnahbare Ueshiba lehnte diese und alle weiteren höflichen Einladungen Kanos schroff ab und kümmerte sich nicht im entferntesten darum, daß der Judobegründer nach gesellschaftlichem Rang und Einfluß weit über ihm stand, sondern strafte ihn mit Nichtachtung.

Nach Jahren vergeblichen Bemühens um Kontakt mit Ueshiba entschloß sich Kano, den Aikidomeister kurzerhand unangekündigt aufzusuchen. Im Oktober 1930 reiste er zu Ueshibas Meijirodai dojo, einer provisorischen Trainingshalle, die dieser damals benutzte, bis das Gebäude des Kobukan fertiggestellt wurde. Entgegen allen Erwartungen, die man nach Ueshibas sonstigem Verhalten hegen mußte, gestattete der Aikidomeister Kano, bei einem Training zuzusehen, und gab sogar eine kleine Demonstration seiner Kunst.

Der Judomeister war begeistert. Die Art und Weise, wie sich Ueshiba bewegte, die Prinzipien seiner Techniken und die Ausführung seiner Formen waren genau das, was Kano seit Jahren zu realisieren versuchte, und er sagte in Anwesenheit aller Schüler: »Dies ist mein ideales Budo« – ein Satz, der in die Kampfkunstgeschichte eingehen sollte.

Diesem Besuch bei Ueshiba folgten noch einige andere, und immer wieder betrachtete Kano voller Euphorie und Faszination das System des Aikijutsu. Auch viele seiner Schüler waren von der Kampfkunst Ueshibas begeistert.

In späteren Jahren traf Kano einige Judoka, die den Kodokan verlassen hatten, in Ueshibas Dojo wieder (unter anderem Mochizuki Minoru[31], Tomiki Kenji[32], Sugino Yoshio und Shioda Gozo[33]). Doch trotz der Begeisterung Kanos und seiner steten Besuche im Kobukan wahrte Ueshiba Distanz zu dem Judomeister, verweigerte ihm die Freundschaft und seinen Schülern eine vollständige Ausbildung im Aikido. Nach Ansicht Ueshibas hatte das Judo keinerlei Wert, und Kanos Bemühungen um Kontakt zu ihm wertete er als Versuch, sein Wissen und seine Erfahrungen abzuschöpfen, um sie zu eigennützigen Zwecken verwenden zu können.

Die späten Jahre

Die zweite Hälfte seines Lebens widmete Jigoro Kano der Mehrung seines sportpolitischen Ansehens, das er auf insgesamt 13 Weltreisen in Vorlesungen und Konferenzen zur Verbreitung des Judo ausbaute. Bereits 1938 hatte der Kodokan weltweit über 100 000 Danträger, und 1964 sollte Judo zum ersten Mal olympische Disziplin werden. Unermüdlich wirkte der Judomeister für dieses Ziel und reagierte zunehmend aggressiv, wenn jemand ihn fragte, ob ihn seine unablässigen Auslandsreisen nicht zu sehr anstrengten und er es nicht endlich auf sich beruhen lassen wolle. Ganz im Gegenteil genoß Kano die verschiedenartigen Kulturen, das fremdartige gute Essen und erwies sich als Liebhaber eines guten Glases Wein. Rauchen haßte er, und es wird erzählt, daß er manch wichtiger Konferenz fernblieb, wenn die Veranstalter das Rauchen nicht explizit verboten hatten.

Kurz vor seinem Tod mußte Kano feststellen, daß sich das Judo in Zukunft zu einem reinen Wettkampfsport entwickeln würde. In Erinnerung an seine einst einem Ideal verpflichtete Jugend blickte er voller Wehmut auf das Judo, wie es inzwischen weltweit geübt wurde, und sagte gegen Ende seines Lebens: »Das heutige Judo hat zwei Wege eingeschlagen: Es existiert ein sehr engstirniges Judo und ein sehr breites Judo. Das engstirnige Judo beschreibt die Übung im Dojo. Das breite Judo beinhaltet daneben auch die Anwendung der Prinzipien dieser Kampfkunst im alltäglichen Leben. In dieser Welt gibt es viele, die lehren, aber nur wenige, die diese Lehren verstehen. Und diejenigen, die diesen Lehren tatsächlich folgen, sind sehr selten.« Am 4. Mai 1938 starb Kano im Alter von 78 Jahren an einer Lungenentzündung. Er befand sich auf der Rückreise von Kairo nach Tokyo an Bord der S. S. Hikawa Maru.

Kanos Lehre

Schon seit frühen Jahren war Jigoro Kano auf der Suche nach einer Kampfkunst, die es dem, der sie beherrscht, ermöglicht, einen physisch stärkeren Gegner ohne übermäßigen Kraftaufwand auszuschalten. Als er 1877 schließlich mit dem Üben des *Tenshin Shinyo ryu* (Jujutsu) begann, war er überzeugt, das richtige Mittel gefunden zu haben. Doch schon nach kurzer Zeit des Übens mußte er feststellen, daß die kriegerischen Akzente des Jujutsu nicht ganz seinen Vorstellungen entsprachen. Auch der Wechsel zum *Kito ryu* nach dem Tod seines Meisters ließ ihn noch nicht finden, wonach er suchte. Zwar verliehen die vielen philosophischen Gesichtspunkte im *Kito ryu* diesem Stil eine neue Dimension, er war jedoch immer noch stark von der kämpferischen Mentalität des alten *Jujutsu* geprägt. Aus diesem Grund entschloß sich Kano nach einigen Jahren der Übung, eine Synthese dieser beiden Stile zu finden, bei der neben der Technik auch der Lebensweg in den Kampfkünsten unterrichtet werden sollte.

Die Wahl des Namens für diesen Stil (*Ju-do* – sanfter Weg) sollte die neue Richtung charakterisieren, die er einschlug: Charakter- und Persönlichkeitsbildung durch das Üben des Judo. Das Streben nach Idealen und die Erziehung des Geistes waren gleichrangig mit dem Training im *Dojo* und damit Aufgabe eines jeden Schülers. Grundlage für jede Übung, ob innerhalb oder außerhalb des normalen Trainings, waren die Prinzipien des *Ju* (Nachgiebigkeit), die Kano schon im *Kito* und *Tenshin Shinyo ryu* kennengelernt hatte und die er nun bewußt in das Judo übernahm. Die drei wichtigsten Aspekte waren für ihn hierbei:

***Ju no ri* (Prinzip der Nachgiebigkeit):** Der Schüler lernt, wie er sich in seinem Auftreten und seinem Handeln gegebenen Situationen anpassen kann. In einer Konfrontation bedeutete dies für Jigoro Kano, daß man sich der Kraft seines Gegners nicht widersetzen, sondern dessen Handlungen derart zu seinem Vorteil nutzen sollte, daß dieser aus dem Gleichgewicht gebracht wird.

Weiterhin lehrt *Ju no ri* ein bestimmtes Verhalten des einzelnen innerhalb der Gesellschaft. Nur Flexibilität, Kompromißbereitschaft und der Verzicht auf egoistische Ziele machen laut Kano die Integration in eine Gemeinschaft erst möglich und damit ein Zusammenleben mit vielen Menschen. In einer seiner selbstgegründeten Kata *(Koshiki no kata)* hat der Judomeister dieses Prinzip zum Ausdruck gebracht.

***Seiryoku zenryo* (rationelle Verwendung der Energie):** Dieses Prinzip war damals auch in allen anderen Kampfkünsten die Basis der Systeme. Es lehrt, die eigene Energie so zu nutzen, daß mit dem geringsten Aufwand die bestmögliche Effizienz entwickelt werden kann. Kano hat dieses Prinzip aus dem *Kito ryu* übernommen und auch auf das alltägliche Leben übertragen.

***Jita-kyoei* (gegenseitige Hilfe und Unterstützung):** Auf den Urkunden, die Kano seinen Schwarzgurten nach ihrer Prüfung übergab, stand ein Leitsatz, der dieses wichtige Prinzip seinen Schülern stets vor Augen führen sollte:

»Nur durch gegenseitige Hilfe und Zugeständnisse kann ein Organismus, bestehend aus einer größeren Anzahl von Menschen, seine Harmonie finden, bewahren und Fortschritte machen.«

Alle diese Richtlinien beinhalten ein Konzept (Nachgeben und Widerstehen), das Kanos eigentliche Lehre charakterisierte. In den Techniken offenbarte sich sein Prinzip in *Nage waza* (Wurftechniken), *Ukemi waza* (Techniken des Fallens) und *Ne waza* (Bodentechniken), die Kano zuerst mit Hilfe Saigo Shiros und später zusammen mit Meister Isogai Hajime[34] in unzähligen Studien und Testphasen perfektionierte. Sich dem Gegner zunächst anzupassen und dessen Kraft bei der folgenden Gegenreaktion auszunutzen – das waren die Hauptaspekte der praktischen Lehre, deren wesentlichen Inhalt der Judomeister in vereinfachter Form seinen Schülern einmal folgendermaßen erklärte:

»Nehmen wir einmal an, wir schätzen die Stärke eines Mannes auf zehn Einheiten, wobei meine eigene, die geringer als die seinige ist, sieben Einheiten beträgt. Wenn er mich jetzt mit all seiner Kraft stößt, sollte ich eigentlich zurückgedrängt oder niedergeworfen werden, und das sogar dann, wenn ich all meine Kraft gegen ihn aufwende. Dies würde geschehen, wenn man Kraft mit Kraft begegnet. Aber anstatt mich ihm entgegenzustellen, biete ich ihm keinen Widerstand und bewege meinen Körper exakt in die Richtung, in die er mich stößt, halte aber gleichzeitig mein Gleichgewicht, und er wird sich automatisch nach vorn lehnen und seine Balance verlieren. In dieser neuen Stellung kann er so schwach werden (...), daß ich seine Stärke für diesen Augenblick von zehn auf drei Einheiten reduziert habe. Wenn ich dabei mein Gleichgewicht halte, verfüge ich für alle Fälle über meine ganze Stärke.

Wenn mein Gegner jedoch zum Beispiel mein Handgelenk ergreift und ich jetzt keinen Widerstand leiste, gibt es keine Möglichkeit, aus seinem Griff zu entkommen. (...) Das Prinzip des Nachgebens ist also nicht in allen Situationen anwendbar.

Gibt es also überhaupt ein Prinzip, das immer gilt? Ja, und das ist das Prinzip der größten Effizienz im Gebrauch des Geistes und des Körpers. Die Regel des Nachgebens ist nur ein möglicher Teil der Anwendung dieser grundlegenden Lehre.«

Im Bereich des *Do* (Lebensweg) zählte vor allem die Übung des Geistes, der dank systematischer Ausbildung so souverän und flexibel sein sollte, daß er in der Lage ist, rein körperliche Kraft zu kontrollieren. Kano bezeichnete diesen Aspekt als *Rentai ho*.

Ganz im Sinne dieser Philosophie sprach sich Kano wiederholt gegen die Überbetonung des sportlichen Wettkampfes aus, der im klaren Gegensatz zu diesen Prinzipien stehe. Der Hinauswurf seines besten Schülers, Saigo Shiro, aus dem Kodokan ist ein beredtes Beispiel für die Abneigung des Judomeisters gegenüber Prestigekämpfen – und dennoch kämpfte er für die Anerkennung des Judo als olympische Sportart.

Immer wieder sah er sich nach einem Turnier, in dessen Verlauf er erleben mußte, daß erneut das Gewinnen im Vordergrund stand, wütend genötigt, seine Schüler zusammenzurufen und sie zurechtzuweisen: »Ihr habt gekämpft wie junge Bullen, die ihre Hörner aneinander stoßen. Ich habe keine einzige saubere und würdevolle Technik gesehen. Niemals habe ich gelehrt, das Kodokan-Judo so auszuüben. Wenn ihr denkt, daß man nur durch brutale Härte gewinnen kann, wird der Geist des Kodokan-Judo sterben.«

Um 1909, als Kano für das IOC zu arbeiten begann, gerieten die geistigen Inhalte des Judo noch mehr in Gefahr, durch die starke Betonung des sportlichen Charakters verlorenzugehen. Einen Wettkampf erfolgreich zu bestreiten wurde mit der Zeit wichtiger als die Übung des Judo als Lebensweg. Tatsächlich läßt sich sagen, daß das Judo seit dem Zeitpunkt, da Saigo Shiro den Kodokan verließ, unbeabsichtigt immer mehr zum Sport wurde. Die Kampfkraft Saigos und dessen Erfahrung auf dem Gebiet des *Daito ryu* hatten dem Kodokan-Judo den Ruf der Unbesiegbarkeit eingebracht, der nach Saigos Weggang aber nicht mehr gehalten werden konnte. Das führte zu einer allmählichen Verflachung der Lehren Kanos.

Gegen Ende seines Lebens zeigte sich der Werteverlust des Kodokan-Judo immer deutlicher, und Kano, der schon seit längerer Zeit voller Sorge diese Entwicklungen beobachtet hatte, entschloß sich, sechs Regeln aufzustellen, die seine ursprüngliche Vorstellung des Judo erhalten sollten:

Kanos sechs Regeln

1. *Chikara hittatsu* – Bemühen führt immer zum Ziel.
2. *Jita kyoei* – gegenseitige Hilfe und Kooperation.
3. *Jundo seisho* – der rechte Weg führt zum Ziel.
4. *Seiki ekisei* – Fortschritt verpflichtet zum Lehren.
5. *Seiryoku saizen katsuyoi* – geistige und körperliche Kraft.
6. *Shin shin jizai* – geistige und körperliche Geschmeidigkeit.

Der Judomeister wußte aber sehr wohl, daß das Aufstellen dieser Regeln allein nicht genügte, um dem Kodokan-Judo seine alten Inhalte wiederzugeben. Daher ging er dazu über, bei seinen Reisen durch die ganze Welt neben der Werbung für das Judo auch Vorträge über die tiefere Bedeutung seiner Kampfkunst zu halten. In einem dieser unzähligen Referate ermahnte Kano die anwesenden Übungsleiter, sich in ihrem Unterricht nicht nur auf das Training im Dojo zu beschränken, sondern mit ihren Schülern auch auf die philosophischen Aspekte des Judo einzugehen: »Judo wird über zwei Methoden gelehrt. Die eine bezeichnet man als Randori, die andere als Kata. (…) Ihr solltet dabei jedoch bedenken, daß es nicht möglich ist, die Fähigkeit zu größter Effizienz in jeder Bewegung allein durch die Übung der Kata und des Randori im Dojo zu entwickeln. Man muß sich immer ins Bewußtsein rufen, diese Prinzipien auch in den Handlungen des täglichen Lebens zu üben, denn nur dann kann man die Fähigkeit erlangen, wie selbstverständlich die eigene Energie am effektivsten einzusetzen.« (*Yuko no katsudo*, 1921)

Die Anerkennung des Judo als olympische Sportart durch das IOC – Kanos großes Ziel – leitete schließlich das Ende des ursprünglichen Kodokan-Judo ein. Kano hatte schon in der Entwicklungsphase nach der Gründung seiner Kampfkunst viele Veränderungen vorgenommen, um das Judo wettbewerbsfähiger zu machen. Es wurden bestimmte Formabläufe *(Kumi kata)* entwickelt, die die Art und Weise vorschrieben, wie man seinen Gegner zu fassen hatte, eine Grundstellung eingeführt, die vor jedem Kampf eingenommen werden mußte, und die verschiedenen Würfe den Bedingungen des sportlichen Wettkampfes angepaßt. Damit hatte der Judomeister natürlich die realistische Anwendung seiner Kampfkunst erheblich geschmälert, und als man ihn einmal zum kämpferischen Wert des Judo befragte, gab Kano offen zu, daß er die gefährlichen Techniken aus der allgemeinen Übung entfernt hatte, um Judo für den Schulsport und Wettkampf tauglich zu machen. Tatsächlich verlagerte der Judomeister alle Prinzipien des *Kyushu* (Techniken gegen Vitalpunkte des Gegners) in die Kata, um so sicherzustellen, daß die kämpferischen Aspekte, die er aus dem Jujutsu übernahm, teilweise erhalten blieben, aber nicht mehr direkt am Partner erübt werden mußten. Gleichzeitig wurden Atemitechniken (Schlagtechniken zu Vitalpunkten), Fußtritte und Gelenkhebel aus dem Randori herausgenommen und nur höheren Rängen, die Kano besonders nahe standen, zur Übung freigegeben.

Durch diese Veränderungen hatte das Judo zwar seinen elitären Charakter aufgegeben, war nun vielen Menschen zugänglich und für diese interessant, es hatte dadurch aber viel an Realitätsbezogenheit verloren und war im Gegensatz zum Jujutsu für die Selbstverteidigung kaum noch geeignet. Die strengen Vorschriften des IOC machten zudem den Erhalt der geistigen Werte des Judo, die Kano so wichtig gewesen waren, unmöglich. Das Ziel eines Judo-Übenden ist heutzutage der Sieg, der Erfolg im sportlichen Wettkampf, fast nie aber die Charakter- und Persönlichkeitsbildung, wie es noch zu Kanos Zeit der Fall war.

Trotz dieser bedauerlichen Entwicklung des Judo und vieler anderer Kampfkünste hat Jigoro Kano in seiner Zeit Großes geleistet. Durch die Gründung des Judo und dessen Einführung als Schulsport in Japan hatte er das allgemeine Interesse der Bevölkerung und der Behörden an den Kampfkünsten geweckt und so einen großen Teil dazu beigetragen, daß diese überhaupt aus dem engen Kreis der wenigen Eingeweihten in Japan heraustreten und eine weltweite Verbreitung erfahren konnten. Zugleich sorgte sein Kampf für die Erhaltung der Kampfkünste, für das Verständnis der Bedeutung von Kampfkunstphilosophie und für die

Prinzipien zur Erübung einer »Einheit von Körper und Geist« dafür, daß die alten Traditionen des Do nicht in Vergessenheit gerieten.

Ungeachtet dessen werfen viele Kritiker (damals wie heute) Kano vor, daß er bei der Verbreitung einer eigentlich ineffektiven und fehlerhaften Kampfkunst die Namen und Fähigkeiten anderer benutzt habe, um seine persönlichen Ziele zu erreichen. Schließlich hatte Jigoro Kanos gesamte Ausbildungszeit im Jujutsu nicht wesentlich länger als vier Jahre gedauert und dazu noch unter drei verschiedenen Lehrern stattgefunden, die unterschiedliche Stile unterrichteten. In den Augen eines Kampfkunstlehrers war Kano daher eigentlich noch ein Anfänger, als er seine eigene Schule eröffnete und dort seine Auffassung des Jujutsu zu unterrichten begann. Alle später entwickelten Prinzipien des Judo hatte sich Kano mühsam selbst erarbeitet, und es ist daher nicht verwunderlich, daß das Judo jahrelang viele Mängel aufwies und vielen Veränderungen unterlag.

Das hatte bei näherem Hinschauen das Judo zur damaligen Zeit mit vielen der in Japan beheimateten Kampfkünste gemein. Der eigentliche Kritikpunkt war demnach ein anderer: Der Judomeister hatte eine Kampfkunst entwickelt, die fast gar nichts mehr mit den kämpferischen Prinzipien des alten Jujutsu gemein hatte und aufgrund der ihr anhaftenden Fehler von den Budomeistern nicht anerkannt wurde. Zudem hatte Kano von keinem seiner Meister eine Lehrerlaubnis erhalten und besaß auch nicht genügend Autorität, um dennoch Zweifelnde überzeugen. Um Schüler zu gewinnen und seine Kampfkunst in Japan verbreiten zu können, waren aber sowohl der Nachweis einer nach altem Brauch verliehenen Lehrerlaubnis als auch ein hohes Maß an Autorität, die im Verlaufe vieler Jahre erworben wurde, unabdingbar. Viele behaupten daher, daß Kano sich nicht ohne einige Berechnung um die Freundschaft bekannter Kampfkunstmeister (Funakoshi, Miyagi, Ueshiba und andere) der damaligen Zeit bemüht habe, um mit deren Namen das Prestige des Judo zu heben. Auch soll sein bester Kämpfer, Saigo Shiro, dem allein der Kodokan seinen Ruf der Unbesiegbarkeit verdankte, nicht aus Überzeugung von Kanos Kampfkunst, sondern aus Liebe zu dessen Tochter Mitglied des Kodokan geworden sein.

Kanos Schüler

Im Laufe seines Lebens hatte Jigoro Kano unzählige Schüler unterrichtet und sie in das System seiner Kampfkunst eingeführt. Viele hatten aus seiner Hand den Schwarzgurt erhalten und waren zu bekannten Vertretern des Kodokan-Judo geworden; andere hatten ihm den Rücken gekehrt, um sich einer anderen Kampfkunst zu widmen, die ihnen ihrer Meinung nach besser zusagte (vor allem im *Aikido* trafen sich viele ehemalige Schüler Kanos wieder). Einer der wichtigsten und herausragenden Schüler des Judomeisters war wohl **Saigo Shiro**. Er hatte mit seiner Aikijutsu-Ausbildung neben Kano entscheidend zur Entwicklung des Kodokan-Judo beigetragen, und seinem hohen Können war es zu verdanken, daß diese Kampfkunst einen so guten Ruf erhalten hatte. Viele Meister aus anderen Stilen hatten Jigoro Kano um eine Ausbildung im Judo gebeten, nachdem sie von Saigo im Zweikampf besiegt worden waren, und bei jedem öffentlich ausgetragenen Wettkampf fügte Saigo Vertretern rivalisierender Schulen schmerzliche Niederlagen bei, die das Renommee des Kodokan-Judo immer weiter vergrößerten. – Um so größer mußten später, nachdem Saigo zum Verlassen des Kodokan genötigt wurde, die Schwierigkeiten des Kodokan sein, dieses Renommee zu erhalten.

Einer der bedeutendsten und treuesten Schüler Jigoro Kanos und später auch dessen Meisterschüler war **Mifune Kyuzo** (1883–1965), der beste Techniker des Kodokan nach dem Ausscheiden Saigos. Er wurde 1883 in Kuji geboren und kam zum erstenmal im Sportunterricht am Gymnasium in Kontakt mit dem Judo. Die Eleganz dieser Kampfkunst faszinierte ihn auf Anhieb so sehr, daß er sich im Alter von zwanzig Jahren am Kodokan einschreiben wollte. Zu dieser Zeit war es im Kodokan jedoch noch üblich, daß diejenigen, die von Kano als Schüler aufgenommen werden wollten, einen hochgraduierten Judoka als Fürsprecher brauchten, der sich für sie bei Kano einsetzte. Mifune bat also Yokoyama Sakujiro, den damals stärksten Kämpfer des Kodokan, für ihn bei dem Judomeister vorzusprechen. Angeblich weigerte sich Yokoyama zunächst, und ließ sich erst erweichen, für Mifune zu

Mifune Kyuzo

sprechen, nachdem dieser mehrere Tage vor der Türschwelle seines Hauses übernachtet hatte.

Schon wenige Jahre nach Mifunes Aufnahme in den Kodokan zeigte sich immer deutlicher, daß dieser der beste Schüler Kanos werden sollte. Bereits 1905 erhielt er den 2. Dan, 1907 den 4. Dan. Und 1912, im Alter von 29 Jahren, war er als 6. Dan einer der herausragenden Lehrer des Kodokan[35].

Von Mifune erzählt man, daß seine überragende Kampfkraft vor allem auf eine spezielle Technik zurückzuführen war: einen Wurf (*Kuki nage* – Luftwurf), dessen Timing und technische Ausführung Mifune so gut beherrschte, daß kein Gegner auch nur die geringste Chance hatte, länger als ein paar Augenblicke auf den Beinen zu bleiben.

Der eigentliche Nachfolger Kanos war jedoch **Nango Jiro**, einer der wenigen 10. Dan des Kodokan. Er übernahm nach dem Tod seines Meisters die Leitung des Kodokan und hatte diese bis 1946 inne. In diesem Jahr zog er sich wegen seiner schlechten Gesundheit aus dem Vorstand zurück und übertrug die Leitung Kanos Adoptivsohn **Kano Risei**, der später auch der 1952 gegründeten International Judo Federation[36] vorstand und 1949 die All Japan Judo Federation ins Leben rief.

Jigoro Kano, der wohl mächtigste und einflußreichste Mann in der Geschichte des japanischen Budo, war nach den Gesetzen des traditionellen Budo nie ein wirklicher Meister. Vielmehr war seine überragende Begabung die eines exzellenten Managers, und zwar eines mit Idealen. Er verstand es wie kein anderer, die weltweite Öffentlichkeit für sich und seine Ziele zu gewinnen, denn er hatte die Gabe, die sich bietenden Möglichkeiten der neugeordneten japanischen Gesellschaft zu nutzen. Vor allen anderen hatte er erkannt, daß Inhalt und Sinn in dieser modernen Welt oftmals zweitrangig sind, während vor allem oder gar allein die Form zählt, in der etwas präsentiert wird.

Sein Beispiel machte Schule – zuerst in Japan, wo großartige Manager verschiedener Kampfkünste es verstanden, durch ein ähnliches Konzept weltbekannt zu werden und Formen als Inhalte verkauften. Kano vermochte es als erster in der Kampfkunstszene, Massen zu mobilisiert.

Bibliographie zum Judo

Corcoran, John/Farkas, Emil
– The Original Martial Arts Encyclopedia. Pro-Action Publishing
Lind, Werner
– Okinawa Karate. Sportverlag, Berlin 1997
– Ostasiatische Kampfkünste – Das Lexikon. Sportverlag, Berlin 1996
Lombardo, Patrick
– Dictionnaire Encyclopédique des Arts Martiaux. Editions SEM,
Stevens, John
– Three Budo Masters. Kodansha International

Anmerkungen

1 Die Kaisei-Akademie wurde 1877 in »Kaiserliche Universität (Todai) von Tokyo« umbenannt.

2 Fukuda Hachinosuke (1829–1880) war ein Schüler von Iso Mataemon und später selbst Meister des *Tenshin Shinyo ryu*. Von 1877 bis zu seinem Tod unterrichtete er Jigoro Kano in dieser Kampfkunst und legte damit den Grundstein für das Judo.

3 Das *Tenshin Shinyo ryu* stellte die Synthese zweier Jujutsu-Stile (*Yoshin ryu* und *Shin no shindo ryu*) dar und folgte den Prinzipien des waffenlosen Kampfes. Das Üben richtet sich vor allem auf Vitalpunkt-(*Atemi*-), Immobilisations-(*Osae*-) und Würgetechniken *(Shime)*. Vor der Meiji-Restauration bedienten sich hauptsächlich Fußsoldaten und niedere Krieger dieser Kunst, um sich im Kampf Mann gegen Mann behaupten zu können. Dabei verließen sie sich weniger auf ihre Geschicklichkeit und technisches Können, sondern vertrauten vor allem auf ihre Körperkraft. Dies führte zu einer Verrohung des *Tenshin Shinyo ryu*.

4 Iso Mataemon alias Yanagi Sekisai Minamoto Masateri wurde in Osaka geboren und begann im Alter von 15 Jahren mit dem Üben des *Yoshin ryu* und des *Shin no Shindo ryu*. Später verband er diese Stile und entwickelt ein neues Konzept, das er *Tenshin Shinyo ryu* nannte. Bis zu seinem Tod 1862 hatte der Kampfkunstmeister über 5000 Schüler unterrichtet und mehr als 500 Techniken in seinen Stil aufgenommen.

5 Das *Kito ryu* (Schule des Steigens und Fallens) ist ein altes Jujutsu-System, das sich zwischen dem 17. und 18. Jahrhundert entwickelt hatte. Es beinhaltet fünf Kata, die später von Kano im Kodokan weiterentwickelt wurden. Der Stil erwies sich als Basis vieler neugegründeter oder abgeleiteter Konzepte. Unter dem 5. Großmeister Terada Kanemon erfuhr das *Kito ryu* die größten Veränderungen. Kanemon differenzierte und verringerte die große Anzahl der Techniken, machte den

waffenlosen Kampf zur Basis des Stils, führte das *Randori* in den Unterricht ein und sorgte für ein ästhetisches Erscheinungsbild der Techniken, indem er das optische Bild über die Effektivität stellte. Schließlich gründete er das *Jikishin ryu*, dessen Konzept sich strikt auf die Techniken der leeren Hand beschränkte und vor allem die geistige Erziehung betonte. Zur Charakterisierung dieses Systems wählte Kanemon den Begriff *Judo*, mit dem er schon zuvor alle nicht tödlichen Techniken des Jujutsu bezeichnet hatte.

[6] Das *Yoroi kumi uchi* ist ein japanisches System des Nahkampfes, das im 15. Jahrhundert gegründet und in verschiedenen Stilen geübt wurde. Da es den Gebrauch verschiedener Waffen und deren Verwendung im Nahkampf lehrt, zählt es auch zum *Jujutsu*. Die Techniken wurden früher von Samurai verwendet, da sie speziell für das Kämpfen in vollständiger Rüstung geeignet waren.

[7] »Buch der Wandlungen« aus dem antiken China.

[8] Die *Koshiki no kata* ist eine alte Judo-Kata, die sich aus den Techniken des *Yoroi kumi uchi* des Stils *Kito ryu* zusammensetzt und von Jigoro Kano zur Übung der Selbstverteidigung entwickelt wurde. Sie enthält 21 Techniken, die in zwei Gruppen geübt werden, und kann langsam oder schnell ausgeführt werden.

[9] *Seiryoku-zenyo* ist ein zentrales Prinzip aller Kampfkünste. Es bezeichnet das rationale Nutzen der Energie von *Wa* (Harmonie) und *Ki* (innere Kraft) zur maximalen Wirksamkeit und stammt ursprünglich aus dem *Kito ryu*, von wo es Kano ins Judo brachte (*Seiryoku-zenyo kokumin tai iku no kata* – Formen der nationalen Kultur, basierend auf den Prinzipien der maximalen Wirksamkeit). Dort unterteilt es sich in zwei Übungsgruppen: 1. *Tandoku renshu* – allein ausgeführte Übungen zur Lehre von den gegnerischen Vitalpunkten, bestehend aus 28 Bewegungen, 2. *Sotai renshu* – aus 20 sanften Bewegungen bestehende Übungen, die die Entschlußkraft und die Entschlossenheit in der Ausführung lehren.

[10] Erwin Baelz (1849–1913) war ein deutscher Professor der Medizin, der von 1876–1902 an der Universität von Tokyo unterrichtete und entscheidend zur Verbreitung des Judo beitrug. Baelz hatte sich schon seit längerem für die alten Kampfkünste interessiert und bereits kurz nach seiner Ankunft in Japan mit dem Training des *Kenjutsu* unter Meister Sakakibara begonnen. Später lernte er in Tschiba den 70jährigen Jujutsulehrer Totsuka kennen und war auf Anhieb von dessen Kampfkunst begeistert. Daher entschloß er sich, selbst das Jujutsu zu lernen, um seine Studenten darin unterrichten zu können. Als der Professor schließlich hörte, daß einer seiner Studenten (Kano) sich ebenfalls im Jujutsu übte, sah er endlich eine Möglichkeit, gemeinsam mit diesem jene fast vergessene Kampfkunst zu beleben. Auch nachdem Kano später seine eigene Kampfkunst gegründet hatte, weil ihm die kämpferischen Aspekte, die große Verletzungsgefahr und die Vernachlässigung der weichen Prinzipien durch das Jujutsu mißfielen, war Baelz einer der engagiertesten Fürsprecher dieser Neuerung und unterstützte seinen ehemaligen Studenten, wo er nur konnte.

11 *Kodokan* (Schule zum Studium des Weges) ist die Bezeichnung für die erste Judo-Schule Japans, die Kano Jigoro1882 im Tempel Eisho ji in Tokyo gegründetet hatte. Die Bezeichnung Kodokan stammt ebenso wie Judo nicht von Kano. Bereits zu Anfang des 19. Jahrhunderts wurde in Mito (Präfektur Ibaragi) ein Institut zur Förderung akademischer Studien von dem Daimyo Tokugawa Nariaki gegründet und Kodokan genannt. Gelehrte wie Aizawa Seishisai und Fujita Toko entwickelten dort jenes nationalistische Gedankengut, das zum Sturz des Shogunats führte und die ideologische Basis der Meiji-Periode bilden sollte.

12 *Kyudan* ist die Bezeichnung für das Graduierungssystem (*Menkyo, Menkyo kaiden*) des damaligen *Butokukai* und späteren *Budokan* in den japanischen Kampfkünsten. Es unterteilt sich in die Kyu-Grade der Schüler *(Mudansha)* und in die Dan-Graduierungen der Schwarzgurte (*Yudansha* und *Kodansha*). Die Zuerkennung eines Kyu oder Dan erfolgt durch ein Diplom *(Gaku)*, das vom Lehrer *(Sensei)* an den Schüler *(Deshi)* verliehen wird.

13 Saigo Shiro (alias Shida Shiro und Sanshiro Sugata) war eines der bedeutendsten Mitglieder des Kodokan. Von seinem Adoptivvater Saigo Tanomo wurde er schon früh in der Kunst des *Daito ryu Aikijutsu* ausgebildet und sollte darin die Nachfolge des Stilvorstandes antreten. Als er jedoch 1881 in einem Dojo des *Tenshin Shinyo ryu* Jigoro Kano kennenlernte, der gerade dabei war, das Kodokan-Judo zu entwickeln, entschloß er sich, das *Daito ryu* aufzugeben und dem Judomeisters zu helfen. Erbe des *Daito ryu* wurde daraufhin Takeda Sogaku. Saigo war Zeit seines Lebens der beste Kämpfer des Kodokan (er erhielt von Kano schon im Alter von 21 Jahren den 5. Dan) und konnte alle anderen Judoka einschließlich Kano leicht besiegen. Einzig seiner Kampfkraft ist es zu verdanken, daß dem Kodokan-Judo der Ruf der Unbesiegbarkeit anhing und es dadurch schnell bekannt wurde (besonders eine Technik aus dem *Daito ryu* (!) mit dem Namen *Yama arashi* verhalf Saigo zu seinen unzähligen Siegen und sollte ihn später berühmt machen). Zudem trug die Ausbildung Saigos im *Daito ryu* viel dazu bei, daß Kano Schritt für Schritt alle Mängel des Kodokan-Judo entdecken und ausmerzen konnte. Dank Saigos hohem Können vermochte der Kodokan viele Mitglieder aus anderen Stilen zu gewinnen (u. a. Yokoyama Sakujiro und Tobari Takisaburo), die von der Effizienz des Judo begeistert waren und einen Einblick in diese Kampfkunst erhalten wollten. Tatsächlich aber übernahm Kano nur wenige Techniken aus dem *Daito ryu* und entfernte zu einem späteren Zeitpunkt sogar die von Saigo eingeführten Erfolgsrezepte. Es ist daher nicht verwunderlich, daß der Kodokan nach Saigos erzwungenem Weggang stark an Kampfkraft verlor und immer neue und schmählichere Niederlagen einstecken mußte.

14 Das *Daito ryu* ist einer der Hauptstile des *Aikijutsu* und wird im Kapitel über Ueshiba Morihei ausführlich erläutert.

15 *Wabi* ist ein Begriff, der sich auf die sensible Aufmerksamkeit für die einfachen und kleinen Dingen des Lebens und die tiefempfundene Achtung vor ihnen be-

zieht. Zusammen mit *Sabi* und *Yugen* unter dem Begriff *Fu ryu* zusammengefaßt, bezeichnet *Wabi* einen der wichtigsten Erziehungswerte des japanischen *Budo* und mahnt zu einer Haltung, durch die Arroganz und Überheblichkeit überwunden werden können.

16 Die alte Tradition, Verhaltensregeln *(Dojokun)* für Schüler aufzustellen, um ihnen eine Verbindung der angeeigneten Technik mit der Philosophie der Kampfkünste zu vermitteln, existierte schon seit einigen Jahrhunderten. Man sagt, der Mönch Bodhidharma habe die erste Dojokun aufgestellt, um seinen Schülern zu helfen, persönliche Hindernisse in ihrem Leben aus dem Weg zu räumen.

17 Diese Angelegenheit wurde über die Jahrzehnte vom Kodokan hochgespielt und als Werbemaßnahme benutzt. Fairerweise muß man dazu sagen, daß die Wettkämpfe unter den entschärften Bedingungen der Kodokan-Regeln stattfanden und die Jujutsukas ihre ureigensten, eigentlich zu Zwecken der Selbstverteidigung angelegten Techniken nicht verwenden durften. Sie kämpften außerhalb ihrer Kampfkunstauffassung gegen die Kodokan-Leute nach den Regeln des neu etablierten Kodokan-Wettkampfsports.

Als Totsuka Meister Kano um Kodokan-Übungsleiter bat, erwartete er keine Anleitungen im Bereich Kampfkunst, sondern lediglich eine Hilfe im Aufbau einer Wettkampfgruppe, die – wie er glaubte – in Zukunft für die Erhaltung aller Stile notwendig sein wird. Die daraufhin vom Kodokan bewußt veranstaltete Werbung suggerierte, daß das Judo dem Jujutsu überlegen sei, was natürlich nur im Rahmen der sportlichen Wettkämpfe stimmt. Denn Judo ist ein Kampfsport, während Jujutsu eine Kampfkunst ist und nach wie vor in allen Belangen der Selbstverteidigung dem ersteren haushoch überlegen.

18 Diese Behauptung Kanos ist nicht nur umstritten, sondern in Anbetracht geschichtlicher Tatsachen schlichtweg falsch. Sie ist vor dem Hintergrund der damaligen Abgrenzung Japans von China zu sehen, auch wenn man Kano vorhalten muß, daß er im Sog der nationalistischen Euphorie Japans persönlichen Vorteilen den Vorzug vor der Wahrheit gegeben hat.

19 Sekiguchi Jushin (1597–1670) aus Suruga gründete ein japanisches System des *Jujutsu* mit der Bezeichnung *Sekiguchi ryu* und auch den Vorläufer des späteren *Battojutsu* (Bajonettkampf). Neben dem unbewaffneten Kampf enthält das System Techniken für Schwert, Speer und Reitkunst. Doch seine Schule war wie alle anderen japanischen Schulen des *Jujutsu* von chinesischen Vorläufern geprägt, die bereits in frühesten Zeiten von emigrierten *Quanfa*-Meistern nach Japan gebracht worden waren.

20 *Kyudo* (Weg des Bogenschießens) ist eine Kampfkunst, die zu Beginn des 20. Jahrhunderts aus dem *Kyujutsu* entwickelt wurde. Neben der Technik steht hier vor allem die Übung des Geistes nach den Prinzipien des *Do* (Weg) im Vordergrund. Seit 1936 ist das *Kyudo* Teil des Lehrplans an allen japanischen Mittel- und Hochschulen.

21 Nur wenig später nahm Kano die Stelle des Direktors an der Tokyo Higher Normal School an, an der er bis zu seiner Pensionierung im Alter von 60 Jahren arbeitete.

22 Yokoyama Sakujiro (1862–1912) war ein Meister des *Tenshin shinyo ryu*, wechselte aber zum *Kodokan-Judo*, nachdem er von Saigo Shiro mit *Yama arashi* besiegt worden war. Von diesem Zeitpunkt an war er ein treuer Schüler Kanos und übernahm nach Saigos Weggang dessen Aufgabe, den Kodokan bei Wettkämpfen und Herausforderungen zu vertreten.

23 Das *Gokyo no waza* war die erste Version des heutigen *Gokyo no kaisetsu* und galt als Grundlage für die Gürtelprüfungen und die Ausbildung der Kodokan-Schüler. Es enthielt fünf Komplexe mit je acht Techniken (Würfe, Beinfeger und Fallübungen), deren Schwierigkeitsgrad sich steigerte. Die von Kano 1920 überarbeitete Version wird bis heute unverändert im Kodokan und der Zen Nihon Judo Renmei geübt. Eine ähnliche Form wurde von Kawaishi Mikinosuke, einem Meister des *Butokukai*, entwickelt. Sie besteht aus 40 Grundwürfen, 20 Haltegriffen, 30 Würgegriffen und 25 Hebelgriffen und wird als *Kawaishi no waza* bezeichnet. Bei jeder Technik werden drei Phasen unterschieden: 1. *Kuzushi* – Brechen des Gleichgewichts des Gegners, 2. *Tsukuri* – Hineingehen in die Technik und 3. *Kake* – Durchführung der Technik.

24 Yamashita Yoshiaki (1865–1935) war ein japanischer Judolehrer des Kodokan und einer der wenigen Träger des 10. Dan. Die Effizienz seiner Spezialtechniken *Ippon seoi nage, Sasae tsuri komi ashi* und *Tani otoshi* verhalf ihm zu vielen Siegen und verführte ihn schließlich zu dem Versuch, innerhalb eines Jahres 10 000 Wettkämpfe zu bestreiten (bei 9617 gab er allerdings auf).

25 Präsident Roosevelt bemühte sich daraufhin um Takedas *Daito ryu*, dieser aber lehnte einen Besuch in den USA ab, und erst einige Schüler Ueshibas brachten *Aikido* in die Staaten.

26 Obwohl es in den USA viele Auffassungen über *Karate* gibt, wurde diese Kampfkunst in den USA weit mehr von Okinawa als von Japan geprägt. Wie in Europa, gibt es auch dort große Organisationen mit flachen Inhalten, doch im Gegensatz zu Europa auch tiefgründig forschende Meister.

27 Maeda Mitsuo (1880–1941) lieh sich von Geschäftsfreunden 1000 Dollar und setzte sie für im Untergrund ausgetragene Herausforderungskämpfe ohne Regeln ein. Er verlor nur zweimal, jeweils gegen professionelle Ringer. Maeda initiierte mit seiner Kampfauffassung letztendlich in Amerika die Zweikampfvariante des Ultimate Fight, die heute im *Gracie Jiujitsu* vertreten wird. Auslöser für diese Entwicklung war sein Unterricht in Brasilien. Auf dem Weg zu seinem eigenen hocheffektiven Kampfstil orientierte er sich an dem Stil eines professionellen Ringers namens Ed Santeru. Dabei verließ er weitgehend die Konzepte des Kodokan. Santeru hatte bei Wettkämpfen ohne Regeln viele Kodokan-Meister besiegt und angeblich sogar die besten Kämpfer des Kodokan geschlagen (sein letzter offizieller Kampf fand 1924 gegen den Kodokan-Judoka Ota statt und endete unentschieden).

[28] Kanos Ernennung zum Vertreter Japans im IOC kam dadurch zustande, daß der damalige französische Botschafter, M. Gerard, zusammen mit dem japanischen Außenministerium sich für den Judomeister wegen dessen politischen Einflusses engagiert hatte. Kano war, obwohl als Kampfkunstmeister Japans unbedeutend, trotzdem der Repräsentant des japanischen Budo beim IOC und hatte diese Position bis zu seinem Tode inne.

[29] *Seiryoku* bedeutet wörtlich »Energie«, »Einfluß« oder »Macht« und bezieht sich auf *Seiryoku zenyo*, ein zentrales Prinzip der Kampfkünste, das das rationale Nutzen der inneren und äußeren Energien zur maximalen Wirksamkeit bezeichnet.

[30] Miyagi ist der Begründer des Karatestils *Goju ryu.*

[31] Mochizuki Minoru wurde 1907 in Shizuoka geboren und entstammt einem Samuraigeschlecht. Er lernte *Judo* unter Takebe, Toku Sanpo und Jigoro Kano. Später studierte er auf Kanos Rat noch verschiedene andere Kampfkünste, unter anderem *Karate* unter Meister Funakoshi und *Aikido* unter Meister Ueshiba.

[32] Tomiki Kenji (*1900) studierte lange Zeit *Judo* unter Kano Jigoro und wechselte auf dessen Empfehlung zum *Aikido* unter Meister Ueshiba. Nach langer Zeit der Übung gründete er das *Tomiki ryu Aikido*, eine Synthese von *Judo* und *Aikido*.

[33] Shioda Gozo (1915–1994) war ein 10. Dan des *Aikido* und lange Zeit engerer Schüler Meister Ueshibas. Als das *Aikido* nach dem 2. Weltkrieg zu verflachen begann, trennte er sich von seinem Meister und gründete einen eigenen kämpferischen und traditionelleren Stil, das *Yoshinkan ryu Aikido*.

[34] Isogai Hajime war Judo-Lehrer am Kodokan und einer der wenigen 10. Dan in der Geschichte des Judo.

[35] Nach Yamashita Yoshiaki, Isogai Hajime und Ngaoka Hidekazu erhielt er im Alter von 62 Jahren den 10. Dan. Mifune starb am 27. Januar 1965 im Alter von 82 Jahren und hinterließ vier bekannte Schüler: Ito Kazuo, Sato Shizuya, Walter Todd und Anton Geesink.

[36] Die IJF wurde gegründet, um einen Dachverband für alle weltweit bestehenden nationalen Judo-Verbände zu schaffen. Ihre Aufgabe ist es, internationale Wettkämpfe auszurichten und zu überwachen, technische Standards festzulegen und alle weltweiten Aktivitäten zu lenken.

Gichin Funakoshi

Der Begründer des modernen Karate

Gichin Funakoshi ist als »Vater und Begründer des modernen Karate« eine der bedeutendsten Figuren in der Geschichte der japanischen Karate-Stile. Auch wenn er die okinawanische Kampfkunst der »leeren Hand« keinesfalls selbst gegründet hat, ist es doch seinem Wirken und seinem Engagement zu verdanken, daß sie – wenn auch nicht in ihrer ursprünglichen Form – ihren beispiellosen Siegeszug um die Welt antrat. Zeit seines Lebens versuchte Funakoshi, die traditionellen Lehren und Werte des Karate-do zu erhalten, und unterrichtete es stets in diesem Sinne. Er spürte jedoch, daß die nach der Meiji-Restauration mehr und mehr veränderte Mentalität der Japaner, die sich unter anderem in der Freude am Konsum und am Wettkampf äußerte, ein Weiterexistieren der traditionellen Kampfkunst Karate als Weg *(Do)* mit ihrer tiefen Bedeutung und den reichen Hintergründen unmöglich machen würde. Man kann es als Ironie des Schicksals auffassen, daß die Kampfkunst, die heute mit seinem Namen in Verbindung gebracht wird, keineswegs seine ist, sondern ein genaues Abbild dessen, was Funakoshi zu verhindern suchte.

Lehrjahre unter Azato und Itosu

Ein aufgeweckter, zarter Junge

Als Gichin Funakoshi im Jahr 1869 das Licht der Welt erblickte, glaubte niemand ernsthaft daran, daß er die ersten Jahre seines Lebens überstehen würde. Der spätere Karatemeister war eine Frühgeburt und in der Tat beängstigend schwach. Seine Eltern, Angehörige einer verarmten Samuraifamilie, lebten auf Okinawa im Bezirk Yamakawa cho, und Gichin Funakoshi war ihr einziger Sohn. Da die Erziehung eines so schwächlichen und kränklichen Kindes für die Eltern nahezu unmöglich gewesen wäre, gab man ihn zu seinen Großeltern in Pflege.

Funakoshis Großvater Gifu war ein auf Okinawa bekannter konfuzianistischer Gelehrter, der einst die königliche Familie unterrichtet und als Gegenleistung von der Regierung eine hohe Pension erhalten hatte. Der junge Funakoshi sollte von diesem relativen Wohlstand allerdings nichts mehr spüren, denn sein Vater Gisu, ein alkoholkranker und spielsüchtiger Mann, hatte das Familienvermögen durchgebracht.

Entgegen allen Erwartungen entwickelte sich Gichin Funakoshi jedoch zu einem normalen gesunden Jungen, der für sein Alter zwar immer recht klein blieb, aber dennoch robust und zudem ungeheuer lebhaft war. Auch sein Großvater, der gemäß den alten Traditionen schon früh damit begonnen hatte, seinen Enkel in den vier großen klassischen Schulen der chinesischen Philosophie[1] auszubilden, bemerkte bald, wie begabt und begeisterungsfähig sein Schüler war. Diese geradezu enthusiastische Freude am Lernen, verbunden mit einer großen Offenheit, sollte ihn während seines ganzen Lebens nie verlassen. Selbst kurz vor seinem Tod behauptete der Kampfkunstmeister niemals, daß er seine Lehre abgeschlossen hätte.

Gichin Funakoshis Interesse für die Kampfkünste war schon in frühen Jahren geweckt worden; was vermutlich daher rührt, daß sein Vater ein guter Kämpfer im Umgang mit dem *Bo*, dem okinawanischen Stock, war, und somit wahrscheinlich in der Lage, seinen Sohn in dieser Kunst auszubilden. Es dauerte nicht lange, bis dem lerneifrigen Jungen die bisherige Schulung nicht mehr genügte und er nach Neuem, möglichst noch Interessanterem Ausschau hielt.

Erster Kontakt mit dem Karate

Noch während seiner Grundschulzeit lernte der junge Funakoshi schließlich Anko Azato kennen, einen Meister des sagenumwobenen Karate. Es dauerte nicht lange, und er bat den Meister darum, ihn als persönlichen Schüler aufzunehmen. Daß Azato einwilligte, muß als ungewöhnliche Fügung bezeichnet werden, denn dieser großartige Karatemeister hatte es in seinem Leben überhaupt nur zwei Lernwilligen gestattet, seine Schüler zu werden.

Anko Azato Peichin (Yasuzato) lebte von 1827 bis 1906 und gehörte einem der berühmtesten Samuraigeschlechter Okinawas an. Als Tonochi (Gutsherr) bekleidete er hohe Ämter am königlichen Hof und besaß ein großes Vermögen, das es ihm ermöglichte, nur ganz wenige Schüler anzunehmen. Da er nicht gezwungen war, mit dem Kampfkunstunterricht für seinen Lebensunterhalt zu sorgen, war Azato nie öffentlich aufgetreten und hatte während seiner gesamten Zeit als Karatemeister nur zwei Karateschüler unterrichtet: Gichin Funakoshi und Ogusuku Chogo.

Azato war ein innerer Schüler *(Uchi-deshi)* Sokon Matsumuras, des Gründers des *Matsumura ryu*[2]. Als einer seiner besten Schüler und enger Freund Matsumuras erhielt Azato nach Jahren der intensiven Ausbildung die Lehrerlaubnis von seinem Lehrer und durfte fortan eigene Wege gehen. Später begann Azato, die erlernte Kunst nach eigenen Studien weiter zu verfeinern. (Heute vermutet man, daß die Version des modernen Shotokan-Karate von Yoshitaka Funakoshi – dem Sohn des Meisters – stark an Azatos Karate angelehnt ist.)

Man erzählt sich, daß Azato einmal mit seinem Kampfstil den berühmten Schwertmeister des Jigen ryu, Kirino Toshiaki, besiegte. In diesem denkwürdigen Kampf trat der Karatemeister mit bloßen Händen der scharfen Klinge des bekannten Schwertkämpfers gegenüber. Toshiaki, der für seine Unbesiegbarkeit und Furchtlosigkeit bekannt war, mußte zu seinem größten Erstaunen feststellen, daß Azato der Schwertklinge kaltblütig und äußerst gewandt auswich und ihn schließlich mit zwei gezielten Fauststößen zu Boden streckte.

Als der Karatemeister später zu diesem ganz außergewöhnlichen Kampfausgang befragt wurde, sagte er: »Toshiaki hat zu sehr auf seine eigene Stärke vertraut. DieTatsache, daß er noch nie einen Kampf verloren hatte, machte ihn zu selbstsicher, und das schadete seiner Aufmerksamkeit. Wenn er mich genauer beobachtet hätte, wäre ihm aufgefallen, daß ich nicht wie seine bisherigen Gegner durch seinen Ruf eingeschüchtert war, sondern ihn genau beobachtete, um seine Schwäche zu entdecken, die ihm zum Verhängnis wurde. Das Wissen um die eigenen Stärken und Schwächen und die deines Gegners werden dich niemals verlieren lassen.«

Da Azato niemals in der Öffentlichkeit auftrat und nur zwei Schüler hatte, spielt er in der okinawanischen Kampfkunstgeschichte eigentlich nur eine geringe Rolle, und es gibt über ihn nur wenige Aufzeichnungen. Doch war er ohne Zweifel der große »Meister im Schatten«.

Die Kampfkünste mußten in der damaligen Zeit noch im geheimen geübt werden, und jeder Meister verlangte von einem Schüler, ehe er ihn aufnahm, grenzenlose Loyalität und Verschwiegenheit in bezug auf die

Übung seiner Kunst. Auch Funakoshi stand, nachdem er von Meister Azato als Schüler aufgenommen worden war, unter diesem Siegel der Verschwiegenheit. Das Üben fand ausschließlich nachts im Garten seines Lehrers statt und dauerte oft bis in die frühen Morgenstunden. Meister Azato war ein unerbittlicher Lehrer, der seinen Schüler getreu dem Grundsatz *Hito kata san nen*[3] über mehrere Jahre hinweg immer wieder dieselbe Kata üben ließ, und ihm erst dann eine neue Form zeigte, wenn er der Meinung war, daß die alte gut gemeistert wäre. So mußte Funakoshi zum Beispiel über einen Zeitraum von zehn Jahren sein Training ausschließlich der Übung der *Tekki kata* widmen, ehe der strenge Azato mit seinem Schüler zufrieden war. Nichts konnte den Meister von seiner Vorstellung des *Kata geiko*[4] abbringen, und sooft Funakoshi ihn auch drängte, ihm eine neue Form beizubringen, Azato blieb hart. Der Karatemeister erinnert sich an jene Jahre als an eine Zeit zurück, die ihm sowohl den bitteren Geschmack von Entbehrung und Demütigungen als auch die Bedeutung von gegenseitigem Vertrauen und Freundschaft vermittelte: »Immer wieder, wenn ich meinen Meister fragend anschaute, waren die einzigen Worte, die er sagte ›Nicht gut‹, und ich wußte, daß ich die Kata noch weiter zu üben hatte. In diesen Momenten empfand ich ein Gefühl tiefster Verbitterung und Erniedrigung, doch heute weiß ich, daß dies zu meiner Ausbildung gehörte.«

Immer wieder wies Meister Azato seinen Schüler an: »Betrachte deine Arme und Beine als Schwerter«, um ihm zu verdeutlichen, daß Hände und Füße im Karate tödliche Waffen sein können, deren Wirkprinzipien im Üben der Kata geschult wurden. Nach dem körperlichen Training erhielt Funakoshi oftmals noch Unterricht in der Psychologie und Philosophie des Karate. Ein angemessenes Benehmen, würdige Verhaltensformen und eine gute Beobachtungsgabe gehörten für Azato zur Essenz seiner Kampfkunst. »Das Geheimnis des Sieges«, betonte er immer wieder, »ist, sowohl dich selbst als auch deinen Gegner genau zu kennen. Auf diese Weise wirst du niemals überraschend besiegt.« Er selbst verfügte über ein detailliertes Wissen über alle bedeutenden Kampfkunstmeister Okinawas, kannte ihre Stärken und Schwächen und konnte ihren Namen und den Wohnort nennen.

Auch in der Politik war Azato sehr bewandert, und Funakoshi bewunderte immer wieder den Scharfsinn und die Weitsicht seines Lehrers in bezug auf zukünftige politische Veränderungen. Meister Azato war zum Beispiel auch einer der wenigen seines Standes, der die Unausweichlichkeit der Meiji-Reform anerkannte und befürwortete, indem er sich ohne zu zögern seines Haarknotens entledigte. Azato lud regelmäßig Freunde zu sich ein, mit denen er des Nachts, während Funakoshi draußen übte, über aktuelle Themen und Geschehnisse diskutierte. Einer dieser Besucher war Yasutsune Itosu. Er hatte ebenfalls unter Matsumura Sokon trainiert und war daher seit Jahren mit Anko Azato befreundet. Nahezu jeden Abend verbrachte Meister Itosu in Azatos Haus, und wenn die beiden Meister nicht gerade in ernsthafte Gespräche vertieft waren, beteiligte sich Itosu an der Ausbildung Funakoshis, indem er ihm eigene Anweisungen gab.

Yasutsune Itosu (die »heilige Faust des Shuri-te«) wurde 1830 in Shuri no Tobaru als Sohn eines Samurai geboren. Im Alter von 16 Jahren brachte sein Vater ihn zu »Bushi« Matsumura Sokon, einem der größten Kampfkunstexperten des Shuri-te jener Zeit, um ihn durch die strenge Hand des Lehrers erziehen zu lassen. Matsumura lehrte nach shaolinischem Vorbild einen kampfbetonten Karatestil, und der junge Itosu mußte acht Jahre lang unter seiner Anleitung hart und diszipliniert arbeiten.

Nach dieser Zeit verließ er seinen Lehrer, um bei verschiedenen anderen Kampfkunstmeistern Unterricht zu nehmen (unter anderen Shiroma Gusukuma aus Tomari, Nakahara und Yasuri, einem direkten Schüler Iwahs). Der Zuwachs an Erfahrungen und Fähigkeiten, den er aus den verschiedenen Kampfkunststilen der Meister gewann, ermöglichten es ihm schließlich, zu einem unbesiegbaren Kämpfer zu werden. Die eigentliche Lehre Matsumuras, die auch Azato erhielt, ging dabei jedoch verloren. Anstatt seinen Stil des Kämpfens auf Ausweichbewegungen zu gründen, betonte Itosu seine Idee der starken Techniken und das Prinzip, daß der Körper in die Lage versetzt werden müsse, jeden Schlag hinzunehmen. Matsumura sagte zu dieser Auffassung einmal: »Du kannst mit deinem Faustschlag alles niederschlagen, doch mich kannst du nicht einmal berühren.«

Ob Matsumura der Überlegene war oder Itosu – wir wissen es nicht.

Über Itosus geradezu unheimliche Stärke gibt es zahlreiche Legenden. So wird berichtet, daß er mit bloßer Hand einen dicken Bambusstab zerquetschen konnte. Eines Nachts, so wird erzählt, wachte Itosu auf, weil er an seiner Haustür verdächtige Geräusche gehört hatte. Als der Meister an die Tür ging und nachschaute, was ihn in seinem wohlverdienten Schlaf störte, mußte er erkennen, daß ein Dieb versuchte, sein Schloß aufzubrechen. Ohne viel Federlesens schlug Itosu mit seiner Faust durch das zentimeterdicke Holz der geschlossenen Tür und packte das Handgelenk des Einbrechers. Soviel dieser sich auch sträubte, es gelang ihm nicht, sich aus dem schraubstockartigen Griff zu befreien. Endlich lockerte der Karatemeister seinen Griff und ließ den völlig erschöpften Mann frei.

Im Gegensatz zu Azato war Itosu keineswegs wohlhabend. Als 1879 der okinawanische König abgesetzt wurde, verlor Itosu seinen Posten als Privatsekretär des Monarchen. Da seine neue Arbeit als Beamter im Büro der Präfektur so schlecht bezahlt war, daß er sie freiwillig niederlegte, war er gezwungen, seinen Lebensunterhalt von nun an mit dem Karateunterricht zu verdienen.

Nachdem er die meisten Kata des *Shorin ryu* in einem System konzentriert, sie überarbeitet, abgeändert oder vereinfacht hatte, trat er mit ihnen an die Öffentlichkeit. Seiner Meinung nach war »Karate eine Art zu leben, ein Weg, um absolute Sicherheit und Furchtlosigkeit zu erreichen. Ein Mensch, der die Kata übt, kann durch bestimmte Schwerpunktlegungen in ihnen seine individuellen Fähigkeiten bis zur äußersten Grenze verbessern.« Diese wertvollen Inhalte, insbesondere der gesundheitliche Aspekt des Trainings, sollten laut Itosu nicht weiter geheimgehalten werden. Als er dann 1901 endgültig mit dem alten Tabu brach, indem er erstmals an der Grundschule in Shuri Karate unterrichtete, verärgerte er viele der alten Meister. Sie bezichtigten ihn des Verrats an den alten Traditionen und waren erbost, als es ihm 1905 mittels eines Briefes an das Erziehungsministerium endgültig gelang, Karate als allgemeinen Schulsport in ganz Japan einzuführen.

Nachdem Karate jahrhundertelang im geheimen nur ausgesuchten Schülern unterrichtet worden war, sollten diese Lehren nun der breiten Masse zugänglich gemacht werden. Dazu mußten viele Techniken unter kämpferischem Aspekt entschärft und sportgerecht gemacht werden. Die okinawanischen Kata wurden dabei zum größten Teil verfälscht, und der Wert der Lehre verlor gegenüber der Technik an Bedeutung. Obwohl dies nie Itosus Absicht gewesen war, legte er mit seinem Karatekonzept den Grundstein für den späteren Werteverlust der Kampfkünste.

1916 starb Itosu im Alter von 86 Jahren. Bis zu seinem Tod lebte er seine Idee des Karate, und seine Schüler berichten, daß er selbst im Alter von 80 Jahren eine Brust wie ein Faß, einen Körper wie Granit und Arme wie Säulen besessen habe.

Trotz dieser vielen Gegensätze, die Meister Azato und Meister Itosu voneinander unterschieden, verstanden sich die beiden Lehrer jedoch prächtig. Der damals übliche Konkurrenzkampf und die Eifersucht, die zwischen den einzelnen Kampfkunstmeistern bestand, berührten keinen der beiden. Ganz im Gegenteil, immer, wenn sie sich in Azatos Haus trafen, unterhielten sie sich über die philosophischen Aspekte der Kampfkunst, und schon nach kurzer Zeit beteiligte sich auch Itosu an Funakoshis Ausbildung. Zwar untersagte Azato seinem wißbegierigen Schüler, an den Gesprächen teilzuhaben, und wies ihn jedesmal an, weiter seine Kata zu üben, doch hatte Funakoshi in seinen elf Lehrjahren bei Azato auch eine gründliche Ausbildung in der Karateauffassung Meister Itosus erhalten.

Beruf und Familie

Die konservative Einstellung seiner Eltern bezüglich der Meiji-Reformen hatte anfangs verhindert, daß Funakoshi sein Vorhaben, Medizin zu studieren, in die Realität umsetzte. Was stand diesem Studium im Wege? Die Universität für Medizin in Tokyo verbot das Tragen von Haarknoten, und so zwangen die Eltern ihren Sohn, den schwer erarbeiteten Studienplatz wieder aufzugeben. Doch Funakoshi erkannte bald, daß das Festhalten an den alten Privilegien nicht mehr zeitgemäß war, und so legte er im Jahr 1888 entgegen dem Willen seiner Eltern eine Prüfung zum Hilfslehrer an der Grundschule in Shuri ab. Als Lehrer und somit Beamteter der Regierung war Funakoshi selbstverständlich verpflichtet, seinen Haarknoten zu entfernen, und die schwer enttäuschten Eltern entschlossen

sich, ihrem Sohn jegliche weitere materielle Unterstützung zu versagen. Doch war dies nicht die einzige bitter Pille, die Funakoshi nach seiner Entscheidung, Lehrer zu werden, schlucken mußte.
Mit Antritt seiner Lehrerstelle an der Schule in Shuri mußte sich der junge Lehrer schweren Herzens von seinen Meistern Anko und Itosu trennen. Die Entfernung zwischen seinem Heimatort und Shuri war viel zu groß, als daß er jeden Abend zu Azato gehen konnte, um unter ihm weiter zu üben. Da Funakoshi das Üben des Karate jedoch nicht aufgeben wollte, bat er die Meister Matsumura Nabe[5] und Kiyuna[6], die in der Gegend um Shuri wohnten, um Unterricht. Da die beiden Meister ebenfalls Schüler Matsumura Sokons gewesen waren, hoffte Funakoshi, keinen allzu großen Unterschied in ihren Lehrmethoden anzutreffen. Lange Zeit war im Leben des jungen Funakoshi nun jede Minute verplant. Tagsüber verdiente er als Lehrer das nötige Geld für seinen Lebensunterhalt, und spät abends ging er zum Haus seiner Meister, um weiter Karateunterricht zu erhalten.

Derselbe Enthusiasmus, den Funakoshi bei der Übung des Karate an den Tag legte, zeigte sich auch in seinem Berufsleben. Ungeachtet der wenigen Stunden an Schlaf, die ihm das nächtliche Üben ließ, engagierte er sich voller Schwung und Hingabe für seine Schüler und sorgte daneben für seine eigene Weiterbildung. Schließlich bot sich Funakoshi 1891 mit der Beförderung zum Hauptschullehrer eine weitaus besser bezahlte Stelle. Diese Beförderung war jedoch mit einer Versetzung nach Naha verbunden, und so mußte der junge Lehrer auch von seinen neuen Lehrern Abschied nehmen. Nach kurzer Suche konnte er in Naha sein Üben unter der Leitung von Meister Higashionna (Toonno) Kanryo[7] und Meister Aragaki (Niigaki)[8] fortsetzen.

Trotz des Lehrerwechsels brach Funakoshis Kontakt zu seinen eigentlichen Meistern Azato und Itosu nie ab, und auch seine Kampfkunst wurde, wenn überhaupt, nur geringfügig von den Auffassungen seiner nachfolgenden vier Lehrer geprägt.

Bereits 1890 hatte Funakoshi sich entschlossen zu heiraten. Seine Gattin war eine recht selbstbewußte Frau, und ihr großes Durchhaltevermögen half der Familie später oft, in Krisensituationen nicht den Mut zu verlieren. Gerade in den Jahren nach der Hochzeit war es oft allein ihrer

Tatkraft und Energie zu verdanken, daß die zehnköpfige Familie Funakoshis (dazu gehörten neben Funakoshi und seiner Frau noch drei Söhne, eine Tochter, die Eltern und der Großvater) ausreichend versorgt werden konnte. Schon nach wenigen Wochen hatte sich nämlich herausgestellt, daß die so freudig erwartete Beförderung und das höhere Gehalt doch nicht so viel mehr an Geld einbrachten, wie ursprünglich geplant, und so war seine Frau gezwungen, ebenfalls zum Familienbudget beizutragen. Das bedeutete, Gemüse anzubauen und Stoffe zu färben. So schwierig die momentane Lage für den späteren Karatemeister auch war und so wenig Zeit er für persönliche Studien neben der Schule und den familiären Verpflichtungen hatte, so wenig tat dies doch seiner Hingabe an das Karate Abbruch. Ganz im Gegenteil verstärkte Funakoshi sein Üben noch und begann seine Familie bei jeder Gelegenheit in die Kunst des Karate einzuweisen. Er selbst schreibt, daß seine Söhne ihn bis zum Tod von Azato und Itosu oft bei seinen Besuchen der beiden Lehrern begleiteten und von ihnen selbst Unterricht erhielten.

In die Jahre 1901 und 1902 fällt ein Ereignis, das Funakoshis weiteres Leben rigoros verändern sollte. Ein japanischer Schulkommissar aus der Provinz Kagoshima war von der Regierung nach Okinawa entsandt worden, um dort den Bildungsstand der Schulen zu überprüfen. Die Hauptschule in Naha, an der Funakoshi unterrichtete, war eine der Hauptstationen der Inspektionsreise, und da man den Kommissar gebührend empfangen wollte, sollte Funakoshi ihm zu Ehren eine kurze Demonstration seiner Kunst geben. Die über Generationen streng befolgte Tradition der okinawanischen Karatemeister, ihre Kunst nur im Verborgenen und nur ausgewählte Schüler zu unterrichten, hatte in den letzten Jahren aufgrund der Meiji-Reformen immer mehr an Aktualität verloren, und inzwischen wußte man zumindest von einigen Meistern, daß sie eine Kampfkunst betrieben. Auch Funakoshi war schon vor einiger Zeit dazu übergegangen, bei Tageslicht zu üben und daraus kein Geheimnis zu machen. Ganz im Gegenteil sah er den Besuch des Kommissars sogar als passende Gelegenheit, um die faszinierende Kunst des Karate publik zu machen – was ihm auch gelang.

Shintaro Ogawa, der Kommissar, war von der Darbietung Funakoshis so begeistert, daß er in seinem Bericht an das japanische Kultusministerium die Kunst des Karate in den höchsten Tönen lobte, wiederholt dessen einzigartigen Vorzüge betonte und ausdrücklich empfahl, es in den Lehrplan des allgemeinen Sportunterrichts aufzunehmen. Tatsächlich erhielten die okinawanischen Schulen nur wenig später die Weisung aus Japan, Karate als Teil der Schulausbildung in den Unterricht aufzunehmen. Zu diesem Zweck gründete Itosu die *Pinan-(Heian-) Kata*.

Nur wenige Jahre später, 1906, waren auf Okinawa öffentliche Demonstrationen im Karate ein gewohnter Anblick. Da aber kein Karatelehrer bis zu diesem Zeitpunkt mehr als zehn Schüler auf einmal ausgebildet hatte, stand die alte Tradition des Kampfkunstunterrichts zwischen einem Lehrer und seinem Schüler vor einer folgenreichen Neuerung. Die alten Lehrmethoden mußten massentauglich gemacht und neue Wege für eine zeitlich deutlich kürzere Ausbildung gefunden werden. Auch sah man sich gezwungen, Techniken zu entschärfen, um die Verletzungsgefahr im Sportunterricht und außerhalb desselben so niedrig wie möglich zu halten und um der Ausbildung einen mehr sportlichen Charakter zu geben.

Zu den anfangs noch wenigen Meistern, die diese Neuerungen im okinawanischen Karate unterstützten, gehörte neben Meister Funakoshi auch dessen Lehrer Itosu Yasutsune, der bereits vor Funakoshis Demonstration vor Ogawa mit einigen kleineren Karatedarbietungen an zwei okinawanischen Schulen für Erstaunen gesorgt hatte. Nachdem schließlich beschlossen worden war, Karate als Schulsport einzuführen, war es vor allem Itosu, der intensiv an der Entschärfung der Kampfkunst arbeitete. Um 1905 entwickelte er schließlich die fünf *Pinan Kata*[9], die in ihrem Ablauf die wichtigsten Bewegungsprinzipien und fundamentalen Techniken des *Shorin ryu* schulen sollten. Zwei Jahre später wurden die Kata dann an allen Grundschulen Okinawas als Lehrstoff eingeführt, um als grundlegende Basis des Karateunterrichts zu dienen.

Somit hatte das Karate weitgehend seine alte Tradition des Unterrichtens im Verborgenen aufgegeben. Immer mehr Meister tauchten aus der Versenkung auf, um vereinzelte Darbietungen ihres Könnens zu geben. Diese neue Ära der okinawanischen Kampfkunst wurde allerdings nicht nur mit Wohlwollen betrachtet. Vor allem viele alte Meister lehnten entschieden jeden Schritt an die Öffentlichkeit ab und warnten vor übereilten Handlungen. Der Anfang für die weltweite Verbreitung des Karate war jedoch schon längst getan und trotz vieler Proteste nicht mehr rückgängig zu machen.

In den folgenden Jahren begannen sich immer mehr japanische Kampfkunstexperten für die so lange geheimgehaltene okinawanische Kunst des Karate zu interessieren, und angesichts der entspannten politischen Lage war es endlich möglich, engere Kontakte mit Okinawa zu knüpfen.

Meister Funakoshi spielte während jener Zeit, in der Okinawas »Geheimnis« endlich an Japan preisgegeben wurde, eine herausragende Rolle. Von seinem alltäglichen Leben als Hauptschullehrer abgesehen, widmete er alle nur verfügbare Zeit fast ausschließlich dem Studium, dem Unterricht des Karate und seiner Vorstellung vor anderen Kampfkunstexperten. Im Jahr 1913, nach dreißigjähriger Schullehrerzeit, hatte ihn die Ausübung seiner Kunst schließlich so sehr in Beschlag genommen, daß er sich entschloß – auch um einer weiteren Versetzung in einen abseits gelegenen Schuldistrikt aus dem Weg zu gehen –, den Lehrerberuf an den Nagel zu hängen und mit einer Demonstrationsgruppe[10] durch Okinawa zu ziehen. Seine zahlreichen Darbietungen machten Meister Funakoshi schnell zum bekanntesten Karatemeister Okinawas und damit zu der Person, mit der man in Kontakt trat, wenn man etwas über diese Kunst erfahren wollte.

Nach und nach wurden dann auch die japanischen Behörden und Vertreter der japanischen High-Society auf Funakoshi aufmerksam. 1916 entschloß man sich, den Karatemeister zu einer Demonstration seiner Kunst nach Kyoto in den Butokuden[11] einzuladen, damit der letzte Schleier dieses Geheimnisses gelüftet würde. Wie erwartet, waren die Zuschauer, unter denen sich auch viele hochgestellte Persönlichkeiten befanden, von den Darbietungen und Erläuterungen des Meisters begeistert, und der Ruf dieser faszinierenden Kampfkunst verbreitete sich wie ein Lauffeuer innerhalb der japanischen Bevölkerung.

Nachdem Funakoshi und seine Demonstrationsgruppe schließlich auch am 6. März 1921 mit ihrer Darbietung zu Ehren des japanischen Thronfolgers Hirohito, der zu Besuch auf Okinawa weilte, für wahre Begeisterungsstürme unter der Bevölkerung gesorgt hatte, wurde der japanischen Regierung endgültig klar, welche Bedeutung die Kampfkünste für die Massen hatten. Als Schule der Disziplin, des Kampfesmutes und des Gehorsams schien Karate die ideale Ausbildung für das Volk eines Landes zu bieten, das einen ausgeprägten Nationalismus mit gefährlichem Drang nach militärischer Macht und Vorherrschaft hegte. Daher sollte die japanische Regierung später, nach der Einführung des Karate auf den japanischen Inseln, mit Hilfe des Butokukai[12] auch dafür sorgen, daß die eigentlichen Meister im Unterrichten dieser Kunst ihrer Selbständigkeit beraubt und den politischen Zielen untergeordnet wurden.

Funakoshi in Japan

Historische Geste

Das Interesse der japanischen Regierung an den okinawanischen Kampfkünsten und speziell natürlich am Karate hatte sich nach Funakoshis aufsehenerregender Demonstration vor Thronfolger Hirohito beträchtlich erhöht. Und da die politische Lage einen engeren Kontakt zwischen Japan und Okinawa geradezu erforderlich machte, beschloß man 1921 kurzerhand, in Tokyo eine große Kampfkunstgala mit Demonstrationen aller Stile Japans abzuhalten, zu der auch eine Delegation des Okinawa Shobukai (okinawanische Kampfkunstorganisation) eingeladen werden sollte.

Lange Zeit war man sich in Okinawa nicht einig, ob man dieses Angebot annehmen sollte, da man schon einmal mit dem Versuch, das Karate außerhalb Okinawas zu verbreiten, kläglich gescheitert war[13]. Doch waren viele Karatemeister der Meinung, daß man diese Vorführung als Gelegenheit benutzen könne, ihre Kunst »als Botschaft des Friedens« in Japan vorzustellen, um sie auf diesem Weg schließlich in der ganzen Welt zu verbreiten. Nachdem die Entscheidung gefallen war, suchte man nun einen Karatemeister, der Okinawa und seine Kampfkunstkultur würdig vertreten könne. Die erste Wahl des Shobukai fiel auf Motobu Choki[14], einen okinawanischen Meister, der sich vor allem wegen seiner ausgezeichneten kämpferischen Fähigkeiten einen großen Namen gemacht hatte. Man war sich sicher, daß Motobu mit einer seiner spektakulären Kumite-Demonstrationen sowohl das Publikum begeistern als auch gegen mögliche Herausforderer bestehen würde.

Dem stand allerdings im Wege, daß der okinawanische Kampfkunstexperte den Japanern nicht gerade wohlgesinnt war, ja rigoros alles ablehnte, was auch nur im entferntesten etwas mit Japan zu tun hatte. Auch mit Meister Funakoshi stand Motobu auf dem Kriegsfuß, was sich einige Jahre später sogar zu einer offenen Feindschaft von seiten Motobus entwickeln sollte. Die Art und Weise, wie Funakoshi das okinawanische Karate veränderte und später in Japan unterrichtete, betrachtete Motobu (und mit ihm auch viele andere okinawanischen Karatemeister) als Verrat an den traditionellen Prinzipien des Karate. Immer wieder versuchte er, Funakoshis Bemühungen, in Japan anerkannt zu werden, zunichte zu machen, indem er die fehlende Kampfkraft von Funakoshis entschärftem Karate anprangerte oder ihn aufgrund seiner Beziehungen zu japanischen Budomeistern (vor allem zu Jigoro Kano) verurteilte. Tatsächlich hatte es sich Motobu zur Gewohnheit gemacht, japanische Budomeister zum Kampf herauszufordern, um ihre Kompetenz auf die Probe zu stellen – dies hielt er für den einzig richtigen Weg zur Verbreitung des Karate –, und in der Tat verlor er keinen einzigen Kampf. Nachdem Funakoshis Karate schließlich doch durch den Butokukai in Japan anerkannt worden war, kehrte Motobu 1938 enttäuscht nach Okinawa zurück.

Angesichts der großen Abneigung Motobus gegen Japan, die sich bis zum blanken Haß steigern konnte, kamen die Mitglieder des Shobukai schnell darin überein, daß Motobu trotz seiner Fähigkeiten nicht der geeignete Mann für eine Repräsentation Okinawas sei. Schließlich fiel die Wahl nach langwierigen Meinungsverschiedenheiten auf Meister Gichin Funakoshi. Zwar war dieser in technischer Hinsicht nicht herausragend, doch garantierten sein edler Charakter und seine ausgezeichneten rhetorischen Fähigkeiten einen würdigen Auftritt in Tokyo. Zudem war er auch ein Meister der Kalligraphie und der Dichtkunst, war in der japanischen und auch chinesischen Sprache und Philosophie bestens bewandert und kannte die okinawanische Kultur bis ins Detail. Kurzum, Funakoshi war ein sanfter, gebildeter und kultivierter Mensch, der mit Sicherheit ein gutes Bild abgeben würde, und dies war den Okinawanern besonders wichtig. Da eine jahrhundertealte Feindschaft immer noch die Beziehung beider Länder belastete, sollte diese Preisgabe der geheimen Kampfkünste an Japan einem Friedens- und Freundschaftsangebot gleichkommen.

Die Demonstration fand in Ochanu-mitsu in Tokyo statt und sollte eine ganze Woche dauern. Alle japanischen Budodisziplinen waren vertreten und mit ihnen viele der japanischen Kampfkunstmeister. Sie folgten der Darbietung Funakoshis mit kritischem Blick. Doch seine dynamischen Techniken und begeisternden Vorträge hatten am Ende jeden in ihren Bann gezogen.

Karate-Demonstration im Kodokan

Einer der Teilnehmer und Zuschauer dieses Kampfkunstspektakels war Jigoro Kano, der sich vor allem für die Atemitechniken[15] des okinawanische Karate interessierte. Die Vorstellung Funakoshis begeisterte ihn derart, daß er den Meister anschließend in den Kodokan einlud und ihn bat, die Prinzipien seines Karate näher zu erläutern. Schon einige Jahre zuvor hatte Kano mit Funakoshi Kontakt aufgenommen und ihn gefragt, ob er am Kodokan unterrichten wolle, doch der Meister hatte damals abgelehnt. »Ich befinde mich selbst noch im Lernprozeß«, hatte er zurückgeschrieben.

Dieses Mal willigte Funakoshi jedoch ein, und er nahm als Assistenten Gima Makoto Shinkui[16] mit, einen seiner ersten Schüler, der sich später als sein bester erweisen sollte. Mit einiger Skepsis, aber in dem festen Glauben, daß sie nur vor einigen wenigen Judolehrern eine kleine Vorstellung ihrer Kampfkunst geben sollten, begaben sich die beiden in den Kodokan. Als sie dort eintrafen, mußten sie jedoch feststellen, daß Kano an die 220 Zuschauer eingeladen hatte, die alle mehr über das okinawanische Karate erfahren wollten. Angesichts der Tatsache, daß so viele Menschen gekommen waren, um der Demonstration beizuwohnen, und da der Kodokan damals eine Schlüsselposition im japanischen Budo einnahm, war sowohl Funakoshi als auch Gima nicht mehr sonderlich wohl bei dem Gedanken an den bevorstehenden Auftritt. Doch ihre kurze Darbietung wurde von dem Publikum begeistert aufgenommen. In einem Interview meinte Gima dazu: »Als ich mit Funakoshi Sensei im Kodokan ankam, waren dort nicht nur die Judo-Instruktoren und Kano Jigoro, sondern auch etwa 80 Mitglieder des Tominshinsoku Kodokan-Zweiges. Insgesamt waren es über 200 Menschen, die sich für die Demonstration zusammengefunden hatten. Wir waren beide tief beeindruckt und etwas aufgeregt, weil der Kodokan als Mekka des japanischen Budo galt. Kano Sensei war eifrig darum bemüht, Näheres über Karate zu erfahren, und er stellte so detaillierte Fragen, daß Funakoshi Sensei manchmal Schwierigkeiten hatte, sie zu beantworten. Ich glaube, es lag an unserer Demonstration im Kodokan, daß Karate später in Japan eingeführt werden konnte. Die Tatsache, daß Kano Sensei Karate anerkannte, öffnete dem Karate Tür und Tor für die gesamte japanische Budo-Welt. Danach veranstalteten Funakoshi Sensei und ich Karatevorführungen im Hekki-Stukan Dojo des *Yagyu ryu*, im Neihaido-Taisojuku und im Haus des alten okinawanischen Königs in Tokyo. Ich erinnere mich, daß wir auch das Haus von Professor Tomari Shinju von der Keio-Universität besuchten, der ebenfalls lebhaft daran interessiert war, etwas über Karate zu erfahren. Unter denen, die uns unterstützten, waren vor allem Kano Jigoro, der Judo-Begründer, Nakayama Hiromachi, der berühmte Kendo-Meister, Yashiro Yakuro, der Vizeadmiral der japanischen Flotte, und der Baron Shimpei.«

Tatsächlich war Funakoshi Kano für dessen schon zu Anfang erwiesene Hilfe und die große gegenseitige Freundschaft, die die beiden später verband, so dankbar, daß er sich auch nach dem Tod des Judomeisters immer in Richtung des Kodokan verbeugte, wenn er daran vorbeikam. Seiner Meinung nach ragte Kano besonders mit seinem Charakter und seiner menschlichen Größe aus der ihn umgebenden Gesellschaft hervor.

Nachdem die Festlichkeiten anläßlich der Budo-Gala beendet waren und Funakoshi noch einige Zeit mit Kano verbracht hatte, war es für den Karatemeister an der Zeit, nach Okinawa zurückzukehren. Entgegen allen Erwartungen entschloß sich Funakoshi jedoch, in Japan zu bleiben und sich der Verbreitung des Karate zu widmen. Noch in den nächsten Tagen schickte er nach seiner Frau und bat sie, ihm nach Tokyo nachzureisen. Doch da sie in Okinawa einerseits für ihre Familie sorgen mußte und andererseits fest in die alten Traditionen und Bräuche eingebunden war, weigerte sie sich, ihrem Ehemann zu folgen. Warum Funakoshi dennoch trotz schlechtester Bedingungen und völlig auf sich allein gestellt einen Neuanfang auf der japanischen Hauptinsel wagte, ist nicht bekannt. Später behauptete er, mehrere Interessierte hätten ihn um Unterricht im

Karate gebeten, tatsächlich aber hatte der Karatemeister in den ersten Jahren stets um Schüler kämpfen müssen. Was Funakoshi wohl damals nicht wußte, ist, daß dieser Abschied von Okinawa ein Abschied für immer sein sollte. Funakoshi kehrte nie mehr in sein Heimatland zurück.[17]

Einer wichtigen Tatsache war sich Funakoshi allerdings nicht recht bewußt: Es war zur damaligen Zeit so gut wie unmöglich, eine Kampfkunst in Japan unter Umgehung des Dai Nippon Butokukai einzuführen und populär zu machen, denn diese 1895 von der Regierung geschaffene Institution – sie sollte die verschiedenen Kampfkunststile kontrollieren und standardisieren – lehnte jede Kampfkunst ab, die sich ihren Regeln nicht unterwarf, und verweigerte ihr somit jeglichen offiziellen Charakter. Jeder Kampfkunstmeister, der einen Stil in Japan verbreiten wollte, mußte dem Butokukai angehören, sollte sein Bemühen überhaupt eine Chance erhalten. Damit hatte sich der Meister in seinen Lehren jedoch auch den sportlichen Regeln dieser Institution zu unterwerfen, was Funakoshi verständlicherweise in einen tiefen Konflikt stürzte: Seine traditionellen Lehren vertrugen sich in fast keinem Punkt mit den Wettkampfprinzipien des Butokukai. Der einzige Ausweg aus diesem Dilemma bestand darin, Funakoshis Karate wohl oder übel den Butokukai-Prinzipien anzupassen. Was der Karatemeister letztendlich auch tat.

Schwerer Anfang in Tokyo

Die ersten Monate sollten für Funakoshi eine der größten Herausforderungen seines Lebens werden. Da Okinawa jahrhundertelang eine Art japanische Kolonie war, deren »Eingeborene« den japanischen Herren Abgaben leisten mußten, galten die Inselbewohner in den Augen der Japaner als Menschen zweiter Klasse. Besonders in Tokyo war diese Form von Rassismus stark ausgeprägt, und man sah voller Überheblichkeit, ja Verachtung auf alles herab, was okinawanischen Ursprungs war.

Zu der bedrückenden feindseligen Haltung der Tokyoer kamen für den Karatemeister noch die erheblichen Schwierigkeiten bei der Wohnungssuche. Das aufblühende Japan wurde zu dieser Zeit geradezu überschwemmt von Einwanderern, die hier, und insbesondere in Tokyo, ihre

Glück zu finden glaubten. Nach langem, entwürdigendem Suchen gelang es Funakoshi schließlich, sich im Meiso-juku, einem Wohnheim für okinawanische Studenten im Suidobata-Bezirk Tokyos, einen kleinen Raum zu sichern. Die Miete für dieses winzige Zimmerchen betrug 10 Yen. Da der Karatemeister zu diesem Zeitpunkt noch keine Schüler hatte, mußte er sich das Geld durch verschiedene Hilfsarbeiten verdienen, die im Wohnheim anfielen. Er arbeitete als Pförtner und Nachtwächter und mußte dennoch dem Koch der Herberge Karatestunden als Gegenleistung für sein tägliches Mittagessen anbieten. Schließlich war er sogar gezwungen, die wenigen Wertgegenstände, die er besaß, zu verpfänden.

Der erste »Schüler«, der in das Meiso-juku kam, um von Funakoshi Karate zu lernen, war Otsuka Hironori[18], ein hochrangiger Lehrer des *Yoshin ryu Jujutsu*. Der dreißigjährige Jujutsumeister hatte sich schon seit langem für die Kunst des Karate interessiert und wollte ursprünglich gerade zu der Zeit, da Meister Funakoshi seine Demonstration in Japan gab, nach Okinawa reisen, um dort einen tieferen Einblick in das Karate zu erhalten. Selbstverständlich hatte sich Otsuka die einmalige Gelegenheit, einen Karatemeister bei der Darbietung seines Könnens zu erleben – und das in Tokyo –, nicht entgehen lassen und die Informationen, die der Meister während seiner Vorführung gab, geradezu in sich aufgesogen. Konnte er ahnen, daß der Meister nicht nach Okinawa zurückgekehrt war, sondern ganz in der Nähe auf Schüler hoffte? Erst ein Zufall führte ihn zu Funakoshi. So konnte er Kontakt zu ihm aufnehmen und ihn um Unterricht bitten. Schon bei dieser ersten Bekanntschaft, so erzählte Otsuka später, sei ihm das »überraschend offene, freimütige und geradezu unschuldige« Wesen Funakoshis aufgefallen, das sich auch in seinen späteren Jahren nie ändern sollte. Unglücklicherweise mußte der Karatemeister ihn zu diesem Zeitpunkt als Schüler jedoch ablehnen, da er noch keine weiteren Schüler hatte, geschweige denn über geeignete Trainingsmöglichkeiten verfügte.

Erst im Juli 1922 gelang es Funakoshi, eine kleine Gruppe von Schülern um sich zu versammeln, die über Mund-zu-Mund-Propaganda von seiner Bereitschaft, Unterricht im Karate zu erteilen, erfahren hatten. Der Leseraum des Meiso-juku diente ihm als provisorisches Dojo, und nach und nach kamen immer mehr Schüler, die von ihm erfahren hatten.

Karatetechnik

Dem Leiter des Wohnheims war diese Veränderung nicht entgangen, und er witterte eine neue Einnahmequelle. So hatte er nichts Besseres zu tun, als schleunigst Funakoshis Miete auf 15 Yen heraufzusetzen. Dieser ließ sich davon jedoch nicht beirren, sondern fuhr neben seinem Karateunterricht fort, sich mit unqualifizierten Hilfsarbeiten etwas dazuzuverdienen. Otsuka gehörte während dieser Zeit bereits zu den wichtigsten Schülern Funakoshis. Seine Vorkenntnisse als Jujutsumeister gestatteten es ihm, innerhalb kürzester Zeit die Prinzipien des Karate zu erlernen und umsetzen zu können[19]. Schon bald sollte Otsuka in seinen Techniken so ausgereift sein, daß er Funakoshi zu jeder seiner Demonstrationen begleiten und ihn als Assistenzlehrer unterstützen konnte.

Einige Jahre später begann Otsuka zu Funakoshis großem Leidwesen jedoch, das Karate, das er bei ihm gelernt hatte, insofern weiterzuentwickeln, als er es mit Elementen des Jujutsu vermengte. Immer wieder unternahm er Versuche, die Übung des Kumite stärker herauszustreichen und solcherart Neuerungen in das Shotokan einzuführen. Verständlicherweise stieß dies nach und nach immer stärker auf den Widerstand der anderen Schüler, die sich zunehmend über Otsukas eigenwillige Unternehmungen beschwerten, sowie auf den Unwillen seines Senseis Funakoshi. Zwischen 1930 und 1931 sollte die Abneigung der engsten Schüler um Funakoshi gegen Otsuka schließlich so groß werden, daß dieser seinen Meister verließ, um drei Jahre später einen eigenen Stil zu gründen, der Elemente des *Shotokan*, des *Motobu ryu* und des *Shindo Yoshin ryu* miteinander verknüpfte – das *Wado ryu*[20].

Neben Otsuka waren unter Funakoshis ersten Schülern auch Gima Makoto Shinkui und Konishi Yasuhiro[21], die sich beide später noch oft daran erinnerten, wie improvisiert das Training zur damaligen Zeit ablief: Man trainierte in Gruppen von drei bis acht Schülern, trug keine richtige Trainingskleidung und übte ausschließlich Kata. Trotz dieser, wie Konishi erzählte, »elementaren Methode«, war es Funakoshi bereits nach einem Jahr gelungen, ungefähr zehn Schüler um sich zu versammeln, und er konnte endlich mit den lästigen Hilfsarbeiten aufhören.

Ein einziger Tag machte dann all seine Mühen zunichte. Es war der 1. September 1923, der Tag des großen Kanto-Erdbebens, bei dem 100 000 Menschen getötet wurden und fast ganz Tokyo in einen Trümmerhaufen verwandelt wurde. Es zerstörte auch das Meiso-juku. Funakoshi hingegen blieb unversehrt. Viele seiner Schüler starben oder wurden schwer verletzt, so daß der Meister das Üben für geraume Zeit aussetzen mußte. Nun stand Funakoshi wieder ganz am Anfang. Er hatte weder ein Dach über dem Kopf, noch besaß er genügend Geld, um sich zu versorgen. Schließlich nahm er notgedrungen Arbeit in einer Fabrik an, in der er in Akkordarbeit Druckschablonen herstellte.

Als Hakudo Nakayama[22], der beste Kendo-Meister jener Zeit, wenig später von Funakoshis Schwierigkeiten erfuhr, bot er ihm sofort sein Dojo als Trainingsstätte an. Voller Dankbarkeit nahm Funakoshi an, und schon nach kurzer Zeit unterrichtete er wieder eine größere Zahl von Schülern. Nach einigen Anlaufschwierigkeiten war das okinawanische Karate endlich bekannt geworden. Schließlich wurde 1924 an der Keio-Universität der erste Karateklub Tokyos eröffnet, andere Universitäten folgten diesem Beispiel (1926 die Ichiko-Universität und 1927 die Takushoku-, Waseda-, Hosei-, Meiji-, Nihon- und Shodei-Universitäten, die Medizinische Hochschule, die Kaiserliche Universität, die Wirtschaftshochschule und die Landwirtschaftshochschule). Nach Jahren der Entbehrung war es dem Karatemeister endlich möglich, eine eigene Wohnung zu mieten und seinen Sohn Yoshitaka (Gigo) zu sich zu holen.

Funakoshis Konflikt

Die veränderte Mentalität in der japanischen Gesellschaft, mit der Funakoshi konfrontiert wurde, als er 1922 nach Japan kam, sollte ihn in bezug auf sein Karate in einen persönlichen Konflikt stoßen. Mit dem anbrechenden Zeitalter des japanischen Imperialismus und dem Streben Japans nach weltweitem Ansehen und militärischer Macht, wurden die alten Traditionen und Werte durch ein sich ausbreitendes Konsumdenken und ausgeprägten Nationalismus abgelöst. Auch die Kampfkünste blieben davon nicht verschont. Um sein Karate verbreiten zu können, mußte Funakoshi viele der alten Lehren schweren Herzens verändern, anpassen.

Bis zu jener Zeit war es auf Okinawa verpönt, aus eigenen Auffassungen von Teilen des übergreifenden, viele Spielarten zulassenden Kampfkunstsystems Karate einen neuen Stil zu gründen, der dann gar den Anspruch erhob, eine Verbesserung gegenüber dem alten System darzustellen. Zwar vereinbarte das okinawanische Karate in sich so viele verschiedene Gruppen von Techniken sowie Technikvarianten und Prinzipien, daß es keinem einzelnen Menschen möglich war, sie alle zu beherrschen, doch war es möglich und legitim, aus dem große Gebäude »Karate« bestimmte Schwerpunkte auszuwählen und diese zu lehren (ohne aber gleich einen eigenen Stil zu gründen!). Jede persönliche Auffassung blieb den überlieferten Inhalten des Hauptsystems untergeordnet, neue und wertvolle Erkenntnisse waren nicht verboten – sie wurden ohne Schwierigkeiten vom Hauptsystem übernommen. Man unterschied das okinawanische Karate lediglich nach dem Gebiet, in dem die Meister wohnten (Shuri, Tomari und Naha).

Meister Funakoshi hatte dreißig Jahre lang von Meistern des *Shuri te* und des *Tomari te* Unterricht erhalten und kannte daher den ungeheuren Reichtum des okinawanischen Karate besser als jeder andere. Die Unantastbarkeit des Hauptsystems war ihm heilig, und er dachte niemals daran, sich davon zu entfernen oder es durch seine persönliche Auffassung zu ersetzen. Als er jedoch nach Japan kam, traf er auf ein ihm völlig ungewohntes, dem okinawanischen Karate fremdes Denken: Die Achtung vor dem Überlieferten war gering, die Profilierungssucht der Meister dagegen groß. Und wer es irgend ermöglichen konnte, kreierte eine eigene

Stilrichtung und erklärte sich zum Stilvorstand. All das machte die Bewahrung der alten Lehren der okinawanischen Kampfkünste unmöglich. Im Gegenteil, man war gerade dabei, die Kampfkünste von ihren geistigen Inhalten zu entkleiden, um auf diese Weise ein möglichst breites Publikum zu erreichen. Dazu mußten die einzelnen Kampfkünste konkurrenzfähig sein, also marktorientiert zurechtgestutzt und einfach strukturiert.

Funakoshi mußte gleich zu Beginn seines Aufenthalts in Japan feststellen, daß das Karate, wie er es gelernt hatte, diesen Anforderungen nicht gerecht wurde. Das gesundheitsfördernde Karate, wie er es unterrichtete, war nicht spektakulär genug und stellte an die eigene Charakterbildung zu hohe Ansprüche. Seine einzige Chance, akzeptiert zu werden und zu begeistern, bestand unter diesen Umständen darin, daß er den sportlichen Aspekt und den Wettbewerbsgedanken aufgriff. Doch diese Umstrukturierung des Karate würde, dessen war sich Meister Funakoshi sicher, einen Verlust der alten Inhalte bedeuten. Daher suchte er angestrengt nach Möglichkeiten, die es ihm erlauben würden, die einstigen Lehren mit der neuen Mentalität zu verbinden. Nach langen inneren Kämpfen gestattete er schließlich, daß *neben* dem Unterricht der Kata und deren Anwendungen noch andere Formen des Kämpfens in das Üben eingeführt wurden. Auch übernahm der Karatemeister ein Gürtelrangsystem, das von seinem langjährigen Freund Jigoro Kano eingeführt wurde, um die unterschiedlichen Fortschrittsstufen seiner Schüler äußerlich sichtbar zu machen.

Doch in einem Punkt blieb der Meister unerbittlich: Das freie *Kumite (Jiyu kumite)* nach den Prinzipien des Wettkampfes war seinen Schülern strikt verboten. Immer wieder wies Funakoshi jeden, der ihn fragte, darauf hin, daß es nicht möglich sei, einen Karate-Wettkampf zu organisieren, da die verwendeten Techniken den Gegner bei einem Treffer töten würden. Für ihn war der freie Kampf als feste Trainingseinheit in der Realität völlig nutzlos, da nach seiner Karateauffassung der Sieg durch die psychische Beherrschung der Situation entschieden wurde und nicht durch Üben des Kämpfens an sich. – Diese traditionelle Methode des Kampfes übte der Meister sein Leben lang und lebte sie mit jeden Atemzug. Zu jeder Tageszeit war er voller Wachsamkeit gegenüber möglichen

Angriffen und registrierte instinktiv jede Bewegung in seiner Umgebung. Er achtete darauf, unübersichtliches Gelände zu umgehen, hielt sich immer den Rücken frei und machte um Ecken einen großen Bogen. Selbst beim Essen hielt er die Eßstäbchen so, daß er sie sofort als Waffe benutzen konnte, sollte ihn jemand attackieren. Unaufmerksamkeit, mangelnde Konzentration, provokatives Verhalten und Unsensibilität waren das Schlimmste, was sich ein Schüler leisten konnte.

Gründung des Shotokan

Der sich ausbreitende japanische Nationalismus hatte zur Folge, daß man immer öfter versuchte, westliche Errungenschaften als kulturelles Eigentum zu deklarieren. Man begann auch, fremdländische Begriffe zu »japanisieren« sowie fremdländische Traditionen zu übernehmen, sie aber der japanischen Mentalität anzupassen und bei dieser Gelegenheit ungeeignet erscheinende Inhalte auszumerzen.

Diese Entwicklung machte auch vor den Kampfkünsten nicht halt.

Ein typisches Beispiel betrifft den Begriff *Karate*. Fast alle der alten Karate-Kata trugen chinesische Namen, und die Schriftzeichen für *Karate* selbst übersetzte man damals mit »chinesische Hand« (Kara = chinesisch, Te = Hand). Im Zuge des euphorischen Kehraus bei allem Althergebrachten und nicht ausdrücklich Japanischen machte Chomo Hanashiro 1905 schließlich den Vorschlag, das Schriftzeichen für *Kara* (= chinesisch) durch ein anderes japanisches Zeichen für *Kara* (= leer) zu ersetzen. Doch die okinawanischen Meister waren sich uneinig, ob sie dieser Veränderung zustimmen sollten. Erst als Gichin Funakoshi 1935 in seinem neuen Buch »Karate-do Kyohan« diese Veränderung eigenmächtig vornahm, akzeptierte man die neue Schreibweise. Funakoshi selbst bestreitet, daß seine neue Version der Schriftzeichen ein Ergebnis des japanischen Nationalismus sei. Ganz im Gegenteil sollte die Interpretation von Karate als »Leere Hand« die Inhalte dieser Kampfkunst betonen: »Leer von Selbstsucht und schlechten Gedanken, leer wie der hohle Bambus, der trotzdem gerade, biegsam und unzerbrechlich ist und ohne Sein des Selbst, gleichbedeutend mit der Wahrheit des Universums«.

Kurz nach diesen Neuerungen, die, ohne daß dies Funakoshis Absicht war, später mit dazu führen sollten, daß das Erbe des okinawanischen Karate verlorenging, war es dem Karatemeister endlich möglich, ein richtiges Dojo zu eröffnen. Das war 1936. Auf der Suche nach einem treffenden Namen entschlossen sich die Schüler Funakoshis, das Dojo zu Ehren ihres Meisters »Shotokan« zu taufen, da *»Shoto«* (Pinienrauschen[23]) das Pseudonym ihres Lehrers war. Bald sprach man, wenn man Funakoshis Kampfkunst meinte, nur noch von »Shotokan Karate«, und schon wenig später hatte sich die Bezeichnung *Shotokan ryu* unter den Kampfkunstübenden Japans eingebürgert. Der Karatemeister selbst jedoch weigerte sich, diese Bezeichnung für seine Kampfkunst anzuerkennen, da es auf Okinawa gegen die Tradition verstieß, einen eigenen Stil zu gründen.

Zwei Jahre, nachdem der Shotokan eröffnet wurde, war die Anzahl der Schüler bereits so weit gestiegen, daß Funakoshi sich im Jahr 1938 gezwungen sah, seinen Sohn Yoshitaka in die Trainingsführung einzubeziehen. Schon vorher hatten verschiedene fortgeschrittene Schüler dem Karatemeister im Training geholfen, doch nun wurde Yoshitaka offiziell zum Hauptübungsleiter erklärt und mit einem Großteil der Verantwortung versehen. Tatsächlich war er seinem Vater noch nicht einmal Rechenschaft darüber schuldig, was er im Shotokan lehrte und veränderte.

Der Sohn des Meisters war ein paar Zentimeter größer als sein Vater, um einiges schwerer und ungeheuer stark. Auch war Yoshitaka technisch sehr talentiert und hatte offensichtlich, ehe er von seinem Vater unterrichtet wurde, schon in Okinawa mit dem Karatetraining begonnen. Seine Schüler nannten ihn bald den »jungen Meister«, während Funakoshi selbst respektvoll als der »alte Meister« gesehen wurde.

Tauziehen um das Shotokan ryu

Schon nach kurzer Zeit machten sich sowohl in der Trainingsführung als auch in der Lehre zwischen den beiden Lehrern deutliche Unterschiede bemerkbar. Nachdem sein Vater 20 Jahre lang versucht hatte, Karate getreu den Prinzipien seines Lehrers Yasutsune Itosu zu unterrichten, führte Yoshitaka bei seinen Schülern eine sehr kampfbetonte Version des Karate ein, die den Prinzipien des von Azato vertretenen *Matsumura ryu* ähnelte[24]. Yoshitaka war damit der allgemeinen Mentalität gefolgt und hatte zugunsten der Verbreitung des Karate ein lang gehütetes okinawanisches Geheimnis an Japan preisgegeben[25].

Mit der Eroberung der Mandschurai 1932 hatte des japanische Militär begonnen, alle Kampfkunstschulen nach ihrer Effizienz in bezug auf die Nahkampfausbildung in der Armee zu beurteilen. Der Butokukai hatte die Anweisung erhalten, Schulen, in denen keine »kriegstaugliche« Kampfkunst unterrichtet wurde, nicht aufzunehmen und somit ihrer Legitimität zu berauben. Verständlicherweise befanden sich die japanischen Budo-Schulen dadurch in einem unerbittlichen Konkurrenzkampf, in dem der größte Rivale das okinawanische Karate war, den man mit allen Mitteln loszuwerden versuchte. Hätte Yoshitaka dem Karate des Shotokan zu diesem Zeitpunkt nicht schon eine mehr kämpferische Note gegeben, wäre es gut möglich gewesen, daß der Butokukai das okinawanische Karate nicht akzeptiert und somit dem Untergang geweiht hätte.

Von den Rivalitäten unter den Kampfkunstschulen Japans einmal abgesehen, hatte Funakoshis Sohn ohnehin ein reges Interesse an den Aktivitäten des japanischen Militärs. In der Tat sollte Yoshitaka bis zu seinem Tod als inoffizieller Ausbilder von militärischen Eliteeinheiten, Kamikaze-Piloten und Spionagekommandos fungieren. Ohne das Wissen seines Vaters (nach Ansicht der meisten auf diesem Gebiet tätigen Historiker hatte Funakoshi tatsächlich keine Ahnung, wie sein Sohn hinter seinem Rücken die Ideale seines friedfertigen Karates mit Füßen trat) hatten Yoshitaka und Egami Shigeru[26], einer seiner besten Schüler, sich auf Anfragen des Militärs bereit erklärt in der Nakano-Schule – einer Einrichtung zur Ausbildung von Geheimdienstmitarbeitern, Guerillakämpfern und militärischen Spionen – die Nahkampfausbildung der dortigen Soldaten zu übernehmen.

Ehe das Militär sich entschieden hatte, das *Shotokan ryu* in ihr Ausbildungsprogramm aufzunehmen, war es Morihei Ueshiba gewesen, der sein Aikido als Nahkampfmittel anbot und auf Geheiß der Militärs einsetzte. Doch konnten die Schüler trotz der ans Phantastische grenzenden kämpferischen Qualitäten ihres Lehrers keines der in der Ausbildung gelehrten Prinzipien effektiv einsetzen, und so mußte man sich schließlich nach einer anderen Kampfkunst umschauen. Karatestile, wie das *Goju ryu*, das *Wado ryu* und das *Shito ryu*, erwiesen sich ebenfalls als nicht geeignet. Als die Wahl schließlich auf Yoshitakas Karate fiel, brachte das dem Shotokan einen neuen Aufschwung. Yoshitaka und Egami hatten innerhalb kürzester Zeit ein damals hochangesehenes Nahkampfsystem für das Militär entwickelt und damit ihr Ansehen in der japanischen Bevölkerung unerhört gesteigert. Heute wird diese dunkle Stelle in der Geschichte des Shotokan gern verschwiegen, doch war es eben diese Zeit, in der das *Shotokan-Karate*, wie wir es heute kennen, seinen Ursprung hatte.

Vor diesem Hintergrund ist es nicht verwunderlich, daß sich zwischen den Idealen und Technikprinzipien von Vater und Sohn eine immer größer werdende Diskrepanz auftat. Nach der Einführung von Azatos Technikprinzipien in den Shotokan ging Yoshitaka als nächstes daran, »sein« Karate Stück um Stück so zu verändern, daß man es schließlich ohne Schwierigkeiten zur militärischen Ausbildung von Soldaten verwenden konnte. Meister Funakoshi war selbstverständlich mit dem Karate seines Sohnes nicht einverstanden, doch immer mehr Schüler wollten von Yoshitaka unterrichtet werden, und so mußte der Meister diese Veränderungen wohl oder übel akzeptieren. Im Gegensatz zu Funakoshis Kata-Üben, neben dem es nur selten Raum für freies Kämpfen gab, verwendete Yoshitaka – auch unter dem Einfluß der angespannten Atmosphäre in der damaligen Zeit, die den bevorstehenden Krieg ankündigte – in seinem Unterricht den Kampf auf Leben und Tod *(Shinken shobu)* als Basis für seine Techniken. Die friedfertigen Prinzipien der Verteidigung, wie sie Funakoshi lehrte, mußten aggressiven Angriffsmethoden weichen, in denen starke Fußtechniken eine große Rolle spielten. Die Stellungen Yoshitakas waren sehr viel tiefer und fester als die seines Vaters und suggerierten dem Gegenüber eine nahezu unerschütterliche Stärke. Selbst als Yoshitaka 1945 todkrank wurde und nicht mehr in der Lage war, das Training am Shotokan weiterzuführen, soll er sich gelegentlich immer wieder einen der fortgeschrittenen Schüler aus dem Training gegriffen haben, um gegen diesen zu kämpfen. Einige ältere Schwarzgurte des Shotokan erinnern sich, daß Yoshitaka diese Kämpfe immer mit offenen Händen bestritt und trotz seines geschwächten Zustands gefährliche Treffer landen konnte[27]. Diese Auffassung von Karate sprach natürlich die aktuelle Mentalität der jungen Japaner an, und viele Schüler wechselten vom Vater zum Sohn.

Funakoshi aber hielt weiter an seiner Lehre fest und gestattete nur wenige Änderungen in seinem Trainingskonzept. Sein »entschärftes« Karate, das die gesundheitlichen Aspekte und das aktive Streben nach menschlichen Idealen in den Vordergrund stellte, stieß bei den Anhängern des freien Kampfes immer mehr auf Ablehnung. Ein damaliger Schüler des Shotokan, Oyama Masutatsu, äußerte sogar einmal voller Unmut in aller Öffentlichkeit: »Funakoshi ist nicht in der Lage, etwas anderes außer Gymnastik zu unterrichten.« Mit der Zeit fielen immer mehr Schüler von ihm ab, und später mußte man die jungen Karateka sogar dazu zwingen, an »langweiligen« Trainingsabenden teilzunehmen, die nur aus der Übung der Kata bestanden.

Bis zu seinem Tod war Gichin Funakoshi dennoch der festen Überzeugung, daß Karate, als Wettkampf und Sport betrieben, seine Werte verlieren würde. Für ihn waren die Kampfkünste ein Weg zur eigenen Vervollkommnung und durften nur im absoluten Notfall angewendet werden. Auf der anderen Seite veränderten sich durch Yoshitakas Betonung des Kampfes die Techniken des Karate allmählich, und es bildeten sich Ideale und Prinzipien heraus, die nur noch wenig mit Funakoshis ursprünglicher Lehre gemeinsam hatten.

Die Kriegsjahre

Seit 1938 hatte sich die Zahl von Yoshitakas Schülern immer weiter vergrößert, und sein Karate wurde in ganz Japan geübt. Als Japan schließlich 1940 mit dem Angriff auf Pearl Harbour in den 2. Weltkrieg eintrat, erlebte der kämpferische Stil Yoshitakas einen weiteren Aufschwung. Viele damalige Schüler des Shotokan kamen einzig mit dem Gedanken zu Yoshitaka, sich mit einer Ausbildung im Nahkampf eine größere Überlebenschance zu sichern. Suzuki Tatsuo, ein damaliger Schüler Yoshitakas, erzählt, daß der drohende Tod dazu beitrug, dem Training einen vollständig anderen Charakter zu geben. Der realistische Zweikampf nahm den größten Teil eines Trainings ein, und fast alle Schüler erkannten instinktiv, daß zwischen dem technischen Sieg über einen Partner und dem Überleben gegen einen feindlichen Soldaten Welten lagen.

Gegen Ende des Krieges wurden sogar Frauen angewiesen, Karate zu lernen, damit sie nach der drohenden Niederlage die amerikanischen Besatzer bekämpfen konnten. Meister Funakoshi erzählte von diesen Tagen: »Oft hörte ich einen jungen Mann sagen, während er sich vor mir niederkniete: ›Sensei, ich wurde zum Militär gerufen und muß gehen, um meinem Land und meinem Kaiser zu dienen.‹ Jeden Tag hörte ich meine Schüler in dieser Weise reden. Sie hatten unermüdlich Tag für Tag Karate geübt. Viele taten es nur, um sich auf den Krieg vorzubereiten, und sie glaubten, sie wären bereit … Natürlich starben die meisten im Kampf – so viele, daß ich sie nicht mehr zählen konnte. Ich hatte das Gefühl, mein Herz würde brechen, als ich eine Nachricht nach der anderen bekam, die mir vom Tod so vieler vielversprechender junger Männer berichtete. Dann stand ich allein im Dojo, widmete der Seele des Dahingegangenen ein Gebet und erinnerte mich an die Tage, an denen er so fleißig Karate geübt hatte.« Funakoshi sah diese Entwicklung als einen Verrat an der Lehre des Karate an, doch konnte er sie nicht aufhalten und mußte voller Enttäuschung mit ansehen, wie seine Kampfkunst allmählich verlorenging.

Als das Shotokan-Dojo 1945 während eines Luftangriffs auf Tokyo völlig zerstört wurde und kurz darauf Funakoshis Sohn Yoshitaka an Tuberkulose starb, war dies das vorläufige Ende der Shotokan-Bewegung. Die US-amerikanischen Bomber hatten Tokyo und Okinawa fast vollständig eingeäschert, und kaum einer dachte noch daran, Karate zu üben. Schließlich beschloß Funakoshi, nach 23 Jahren der Trennung von seiner Frau, Japan zu verlassen und nach Okinawa zu ihr zurückzukehren.

Vor dem Angriff der Amerikaner auf Okinawa hatte man einen Großteil der Bevölkerung evakuiert und in Lager, die in unterschiedlichen Provinzen lagen, gebracht. Funakoshi mußte seine Frau suchen und fand sie schließlich in einem Lager in Oite in der Provinz Kyushu. Obwohl der Krieg inzwischen zu Ende war, konnten die beiden nicht in ihre Heimat zurückkehren, und so mußten sie zusammen mit anderen Kriegsflüchtlingen ihr Leben in bitterster Armut fristen.

1947 starb zu allem Unglück auch noch Funakoshis Frau, der Karatemeister war nun sehr einsam. Er wußte sich in seiner Verzweiflung nicht anders zu helfen und kehrte nach Tokyo, seiner einzigen Anlaufstelle, zurück. Bis 1948 lebte er dort völlig abgeschieden von der Außenwelt bei seinem ältesten Sohn Yoshihide. Die Beziehung zwischen den beiden war sehr kompliziert, und obwohl Yoshihide schon lange vor seinem Vater nach Japan ausgewandert war, standen die beiden bis dahin kaum miteinander in Kontakt. Zwar hatte Yoshihide ebenfalls Karate geübt und sogar eine Zeitlang am Shotokan unterrichtet, doch hatten sein schlechter Umgang und seine hohen Spielschulden dazu geführt, daß er sich mit seinem strengen Vater überwarf. Die Tatsache, daß sich sein Sohn immer wieder Geld von seinen Schülern lieh, es aber nie zurückzahlte, hatte so viel Unruhe in den Shotokan gebracht, daß Funakoshi sich gezwungen sah, ein ernstes Wort mit Yoshihide zu sprechen.

Der Verlust seiner Frau nach dem Tod seines Sohnes, das schreckliche Kriegsende mit den massiven Zerstörungen, darunter auch des Shotokan, nahmen Funakoshi fast den Lebensmut. Doch es kam die Zeit, da der Idealismus des Meisters über seinen Schmerz siegte, und er begann nach einem Jahr wieder an den Universitäten von Keijo und Waseda zu unterrichten. Dort hatten einige Übungsleiter (Egami, Hironishi und Noguchi) des ehemaligen Shotokan eine größere Gruppe von Schülern versammelt und lehrten Yoshitakas Karate. Erneut war die Diskrepanz zwischen Funakoshis und Yoshitakas Lehre deutlich zu sehen. Nur wenige Schüler nahmen freiwillig am Training des alten Meisters teil, und hätte man dieses Training nicht als Pflichtübung für die nächste Gürtelprüfung angesetzt – Funakoshi hätte bald keine Schüler mehr gehabt.

Trotz dieser Tatsache war Gichin Funakoshi immer noch der bedeutendste und anerkannteste Karatemeister jener Zeit. Bei einer großen Budo-Gala in Tokyo 1954 erhielt der 86jährige Funakoshi nach seiner Karate-Demonstration stehende Ovationen. Dennoch war Meister Funakoshis Karate zu diesem Zeitpunkt schon ohne echte Erben. Noch zu seinen Lebzeiten gab es keinen Schüler, der sich an die Prinzipien seines Meisters hielt. Statt dessen waren nach dem Krieg an den Universitäten viele Splittergruppen des Shotokan entstanden, die sich gegenseitig bekämpften und als alleinige Erben des Karatemeisters bezeichneten.

Meister Nango schrieb über dieses Desaster in seinem Buch: »Meister Funakoshi hinterließ das *Shotokan ryu*, doch seltsam daran ist, daß keiner in diesem Stil die Technik korrekt weitergegeben hatte – wahrhaftig keiner. Am Ende von Meister Funakoshis Leben hatten seine Schüler alle Techniken verändert. Sein gesamtes Karate ist verändert worden, als wäre sein eigener Eindruck verschwunden. Alles was blieb, ist der Name Shotokan und die Namen, die er den alten Kata gab … Ich kann mir die Traurigkeit vorstellen, die er am Ende seines Lebens empfunden haben muß, als er sah, daß die Techniken, die er so lange Zeit hindurch weitergeben wollte, verloren waren.«

Funakoshi und die JKA

Im Jahr 1946 kehrte Masatoshi Nakayama, ein Schüler Meister Funakoshis der dritten Generation, aus China zurück. Er hatte in der Mandschurei für die Regierung gearbeitet und sich in seiner freien Zeit mit den chinesischen Kampfkünsten (Kempo) beschäftigt. Bei seiner Rückkehr nach Japan mußte er feststellen, daß das Shotokan-Karate, wie er es kannte, durch den Einfluß Yoshitaka Funakoshis bedeutende Veränderungen erfahren hatte, und er begann unter Minoru Miyata (einem Schüler Yoshitakas) dieses veränderte Karate zu erlernen.

Schon nach kurzer Zeit begann Nakayama an der Takushoku-Universität damit, Karate für den Wettkampfsport tauglich zu machen. Er begeisterte einige Meister des Shotokan (unter anderem Hidetaka Nishiyama und Isao Obata) für seinen Plan und gründete schließlich 1949 die JKA (Japan Karate Association). Mit Hilfe dieser Organisation wollten die Meister ein Konzept ausarbeiten, mit dem Karatewettkämpfe abgehalten und die verschiedenen Gruppen des Shotokan an den Universitäten vereint werden konnten. Als man jedoch beschloß, daß Karate nicht mehr unentgeltlich unterrichtet werden sollte, verließen viele Meister die JKA und suchten bei Egami Shigeru an der Waseda-Universität Unterstützung.

Der Altmeister war mit den Plänen Nakayamas von Anfang an nicht einverstanden und kritisierte immer wieder die Verbandsmentalität und das Machtstreben der JKA. Als Nakayama 1949 Funakoshi um seine Zustimmung zu den Wettkampfregeln bat, verweigerte der Meister diese und wies darauf hin, daß diese Veränderungen die alten Inhalte des Karate endgültig zerstören würden. Doch für die JKA war Funakoshi nur noch ein wehrloser alter Mann, dessen guten Ruf man für eigene Zwecke mißbrauchen konnte, und so schlugen sie die Warnung des Karatemeisters in den Wind. Mehr noch, man isolierte alle Karateschulen um Gichin Funakoshi und Shigeru Egami, die sich weiterhin weigerten, Mitglied in der JKA zu werden, und erteilte ihnen an allen der JKA angeschlossenen Schulen Trainingsverbot. Damit hatte man das den okinawanischen Traditionen verpflichtete Karate, wie es Funakoshi gelehrt hatte, endgültig aus der offiziellen Karatewelt verbannt.

All das hinderte die JKA-Oberen nicht daran, Funakoshi – ohne seine Zustimmung eingeholt zu haben – zum Ehrenausbilder zu ernennen. Schließlich war sein Name in der Karatewelt immer noch von Bedeutung und daher werbewirksam.

Die Bezeichnung Shotokan-Karate verwendete man weiter.

Funakoshis Lehre

Obwohl Gichin Funakoshi eigentlich von Meister Azato unterrichtet und von Meister Itosu nur als Gastschüler betreut wurde, war es doch Itosu, der Funakoshis Karate hauptsächlich prägte. Selbst in den Kata, die Funakoshi später lehrte, ist der Einfluß Azatos nur schwer wiederzufinden; statt dessen ließ der Meister in seinem Unterricht sowohl die Itosu-Versionen der *Naihanchi*, *Passai*, *Chinto*, *Jion* und *Jitte* als auch die von Itosu gegründeten *Pinan-Kata* üben. Auch die kämpferischen Prinzipien von Azatos *Matsumura ryu* wurden nie offiziell verwendet. Und doch betonte Funakoshi immer wieder, daß »der größte Teil meines Wissens über Karate auf dem Unterricht beruht, den ich von Azato erhielt«.

Bis zu seinem Tod lehrte Gichin Funakoshi getreu den Prinzipien von Itosus *Shuri te*. Der Unterricht des Meisters basierte im wesentlichen auf der Übung von 15 Kata[28], deren Anwendung *(Bunkai)* und dem Üben in der Grundschule *(Kihon)* und am Makiwara[29]. Den Wettkampf lehnte er von Anfang an ab, da er seiner Meinung nach dem Grundgedanken des

Karate widersprach und im klaren Gegensatz zu seiner Lehre stand: »Im Karate gibt es keinen ersten Angriff« *(Karate ni sente nashi)*. Vor allem das *Bogu kumite* – ein Vollkontakt-Kampf, bei dem Schutzkleidung verwendet wurde – war Funakoshi verhaßt, da es einen vollkommenen Wertverlust der Techniken sowie der geistigen Aspekte des Karate zur Folge hatte. Ichizo Otake, ein Schüler Funakoshis, erzählte einmal: »Eines Tages habe ich den Zorn des Meisters erregt. Zu jener Zeit begann ich mit einigen Schülern, Karate mit Schutzausrüstung zu üben. Meine Kollegen erzählten mir, daß Meister Funakoshi darüber sehr wütend war und vorhatte, uns aus seinem Dojo auszuschließen. Ich suchte ihn auf, und als ich ihn daraufhin ansprach, sagte er ganz ruhig: ›Ich bin nicht überrascht, daß gerade du mit der Kata unzufrieden bist. Dies ist so, weil du keine Selbstdisziplin besitzt. Im Karate bezeichnet der Kampf – wie in allen Budô-Disziplinen – einen Kampf auf Leben und Tod *(Shinken-shobu)*. Das Boxen ist als Sport gedacht und führt zu einem anderen Ergebnis. Wenn ihr mit Schutzausrüstungen übt, wird Karate zum Wettkampf, und ein Weg *(Do)* ist nicht mehr möglich.‹ Und nach einer kurzen Pause fügte er hinzu: ›Ich denke, daß auch die Übung mit Schutzausrüstung ihre guten Seiten hat und daß es sich lohnt, sie zu studieren. Wenn es das ist, was du willst, dann gehe zum Kempo in die Todai. Doch verwechsle diese Methode nicht mit Karate.‹ Erst viel später verstand ich, was Meister Funakoshi damit meinte.«

Neben der rein körperlichen Ausbildung spielte in der traditionellen Lehre Funakoshis auch das Streben nach menschlichen Idealen eine große Rolle. Viele seiner Schüler verließen ihn, weil sie mit Funakoshis Kritik an ihrer Person nicht zurechtkamen und im aktiven Streben nach einem edlen Charakter keinen Sinn sahen. Statt ihrem Üben einen tieferen Sinn zu geben, zum Beispiel nach eigener Vervollkommnung und nach Harmonie mit der umgebenden Natur und Menschengemeinschaft zu streben, waren viele auf persönlichen Ruhm und Prestige bedacht. Es zeigte sich, daß die traditionelle Lehre *Hito kata sannen* (»mindestens drei Jahre für eine Kata«), nach der Funakoshi selbst noch übte, für den okinawanischen Karatemeister in Japan nicht mehr in die Tat umzusetzen war. Eine Kata zu studieren und mit ihr das Verständnis für die eigene Technik zu vertiefen war geradezu verpönt. Bereits 1922 schrieb Funakoshi dazu in seinem Buch *Ryukyu kempo karate*: »Die alten Meister hatten nur ein kleines Feld, doch sie pflügten tiefe Furchen. Heutige Schüler haben ein großes Feld, doch sie pflügen flache Furchen.«

Schon zu Beginn seines Unterrichts in Japan war sich der Karatemeister dessen bewußt, daß die alten Lehren dieser Kampfkunst, wie sie jahrhundertelang überliefert wurde, nicht übertragen werden können. Dennoch versuchte er sein ganzes Leben, Karate als Weg zu unterrichten und seinen hohen Wert an einen würdigen Erben weiterzugeben. Im Laufe der Jahre stellte er 20 Leitsätze auf, die sogenannte Shotonijukun, die seinen Schülern als Richtlinien und Hilfe für die Übung dieses Weges dienen sollten und die Ideale des Karate in kurze Worte faßte:

- *Karate dô wa rei ni hajimari, rei ni owaru koto wo wasuruna* – Karate beginnt mit Respekt und endet mit Respekt.
- *Karate ni sente nashi* – Im Karate macht man nicht die erste Bewegung.
- *Karate wa gi no tasuke* – Karate ist ein Helfer der Gerechtigkeit.
- *Mazu jikô wo shire, shikoshite tao wa shire* – Erkenne dich selbst zuerst, dann den anderen.
- *Gijutsu yoi shinjutsu* – Intuition ist wichtiger als Technik.
- *Kokoro wa hanatan koko wo yosu* – Lerne deinen Geist zu kontrollieren und befreie ihn erst danach.
- *Wazawai wa getai ni shozu* – Unglück geschieht immer durch Unachtsamkeit.
- *Dojo nomino karate to omou na* – Glaube nicht, daß Karate nur im Dojo stattfindet.
- *Karate no shûgyô wa isshô de aru* – Karate üben heißt ein Leben lang zu arbeiten; darin gibt es keine Grenzen.
- *Arai yuru mono wo karate ka seyo, soko ni myo mi ari* – Verbinde dein alltägliches Leben mit Karate, dann wirst du »Myo« finden.
- *Karate wa yu no goto shi taezu netsudo wo ataezareba moto no mizu ni kaeru* – Wahres Karate ist wie heißes Wasser, das abkühlt, wenn du es nicht beständig erwärmst.
- *Katsu kangae wa motsu na makenu kangae wa hitsuyo* – Denke nicht ans Gewinnen, doch denke darüber nach, wie du nicht verlierst.
- *Tekki ni yotte tenka seyo* – Verändere deine Verteidigung gegenüber dem Feind.

- *Tattakai wa kyo jitsu no soju ikan ni ari* – Der Kampf entspricht immer deiner Fähigkeit, mit Keyo und Jitsu umzugehen (Keyo – unbewacht, Jitsu – bewacht).
- *Hito no te ashi wo ken to omoe* – Stelle dir deine Hand und deinen Fuß als Schwert vor.
- *Danshi mon wo izureba hyakuman no tekki ari* – Wenn du den Ort verläßt, an dem du zu Hause bist, machst du dir zahlreiche Feinde. Ein solches Verhalten bringt dir Ärger ein.
- *Kamae wa shoshinsha ni ato wa shizentai* – Anfänger müssen alle Haltungen ohne eigenes Urteil annehmen, um danach einen natürlichen Zustand des Verstehens zu erreichen.
- *Kata wa tadashiku jissen wa betsu mono* – Die Kata muß ohne Veränderung korrekt ausgeführt werden, im wirklichen Kampf gilt das Gegenteil.
- *Chikara no kyojaku* (hart und weich) *Karada no shinshuku* (Spannung und Entspannung) o *Waza no kankyu wo wasaruna* (langsam und schnell) – alles in Verbindung mit der richtigen Atmung.
- *Tsune ni shinen kufu seyo* – Erinnere dich und denke immer an Kufu – lebe die Vorschriften jeden Tag.

Funakoshis Bücher

Meister Funakoshi hatte sich schon früh entschlossen, seine Lehren in Büchern darzulegen, um sie der Kampfkunstwelt zugänglich zu machen. Insgesamt schrieb er fünf Bücher, und bis auf eines befassen sich alle ausschließlich mit der technischen Seite des Karate.

Bereits 1922, kurz nachdem Funakoshi nach Japan gezogen war, konnte der Meister mit Hilfe einiger Anhänger sein erstes Buch veröffentlichen. Es trug den Titel *»Ryukyu Kempo Karate«*, hatte etwa 300 Seiten und enthielt im wesentlichen eine Beschreibung der 15 Karate-Kata Funakoshis. Das Interessante an diesem Buch waren die zahlreichen Vorworte verschiedener bedeutender Persönlichkeiten Japans, die sich über die Vorteile dieser neuen Kampfkunst aus Okinawa äußerten. Leider waren die Abbildungen zu den einzelnen Techniken sehr undeutlich und daher nicht verwertbar. Doch allein die Tatsache, daß es das erste japanische Buch war, das über Karate veröffentlicht wurde, machte es zu einer reizvollen Lektüre.

Unglücklicherweise wurden die Druckplatten bei dem großen Erdbeben 1923 zerstört, so daß diese Ausgabe nie wieder aufgelegt wurde. Aus diesem Grund präsentierte Funakoshi schon wenig später (1925) eine überarbeitete Version seines Werkes unter dem Titel *»Rentan Goshin Karate Jutsu«*.

Auch diese Neuauflage beschäftigt sich – von einigen Erläuterungen zu Würfen abgesehen – fast ausschließlich mit den 15 Kata des Shotokan-Karate. Doch waren die Illustrationen und Fotos der einzelnen Techniken von viel besserer Qualität als drei Jahre zuvor, und auch Funakoshi hatte in dieser Zeit sein Karate verfeinert. Seine Techniken waren viel natürlicher, und der Meister hatte eine Ausstrahlung entwickelt, die selbst auf den Fotos noch wirkte.

1935 veröffentlichte Funakoshi dann ein Buch, das für einige Aufregung sorgte: *»Karate-do Kyohan«*. Der Meister hatte die Schriftzeichen für Karate so verändert, daß sie nun nicht mehr mit »chinesische Hand«, sondern mit »leere Hand« übersetzt werden mußten. Viele Kampfkunstmeister standen diesem Austausch skeptisch gegenüber, aber es dauerte nicht lange, bis diese Schriftzeichen als allgemeiner Standard akzeptiert wurden.

Auch der Inhalt des Buches selbst wies einige Veränderungen auf. Obwohl die Bücher von Meister Funakoshi immer die 15 Shotokan-Kata getreu ihrem Ursprung zeigten, während sein Sohn sie im Laufe der Zeit immer mehr veränderte, bewirkten die von Yoshitaka eingeführten Neuerungen auch bei dem Karatemeister eine Entwicklung. So enthielt sein Werk neben den Erläuterungen zu den 15 Kata diesesmal auch einige Techniken und Beschreibungen zur Selbstverteidigung gegen Angriffe mit einem Schwert, Messer und Stock aus einer sitzenden Position sowie Beispiele für abgesprochene Kumite-Kombinationen.

Die zweite Auflage dieses Buches sollte erst 1958, ein Jahr nach dem Tod des Meisters, erscheinen. Da Funakoshi damals schon zu alt war, um die Kata zu demonstrieren, ist fast auf allen Bildern der Schüler seines Sohnes, Shigeru Egami zu sehen. Vergleicht man die Abbildungen mit denen in den früheren Büchern des Meisters, wird die große Diskrepanz zwischen Funakoshis *Shotokan-Karate* und dem *Shotokan ryu*, wie wir ihn heute kennen, deutlich. Die Techniken des Meisters waren alle viel kürzer, die Stellungen um einiges höher und die Hüft- sowie Beinbewegungen weniger ausgeprägt, als es bei Egami der Fall war, der fast vollständig das Karate Yoshitakas übte.

Kurz vor seinem Tod veröffentlichte Funakoshi noch eine Autobiographie mit dem Titel *»Karate-dô Ichi-rô«*, doch sind viele Geschichten und Fakten, die der Meister nennt, entweder falsch oder zumindest ungenau widergegeben, was wohl auf sein Alter und das stark verschlechterte Erinnerungsvermögen zurückzuführen ist.

Das letzte Buch von Gichin Funakoshi *»Karate-dô Nyumon«* stammt nicht von dem Meister selbst, sondern wurde von seinen Schülern aus seinem Nachlaß zusammengestellt und zu Ehren ihres Lehrers veröffentlicht.

Bibliographie zum Karate

Lind Werner
- Okinawa Karate. Sportverlag Berlin, 1997
- Ostasiatische Kampfkünste – Das Lexikon. Sportverlag Berlin, 1996

Funakoshi Gichin
- Karate-do – Mein Weg. Kristkeitz, 1986
- Karate-do Kyohan. Kodansha

Tokitsu Kenji
- Histoire du Karate-do. Editions SEM

Anmerkungen

[1] *Jia* bezeichnet die Schule des Konfuzius, Schule des Mo-odi, Schule des Gesetzes und Schule des Dao

[2] Das *Matsumura ryu* ist die Kampfkunst des berühmten Sokon (Bushi) Matsumura, der Lehrer Itosus, Azatos, Kyunas und Matsumura Nabes war. Sein Kampfstil basierte auf dem *Shaolinquan* und enthielt außer den Basistechniken der leeren Hand einige Prinzipien des japanischen *Jigen ryu* (Schwertstil der Satsuma).

Das *Matsumura ryu* war im Gegensatz zum *Shuri te* sehr dynamisch und kampfbetont.

3 »Drei Jahre für eine Kata«. Früher galt der Grundsatz, daß der Schüler erst dann mit der Übung einer neuen Kata beginnen durfte, wenn er die alte gemeistert hatte. Dies dauerte im allgemeinen mindestens drei Jahre, in denen sich der Schüler ausschließlich mit dem Verständnis der Kata und der Verinnerlichung ihrer Prinzipien beschäftigen mußte.

4 *Kata geiko:* Kata-Übung. Die Kata sind die Essenz der Kampfkünste. Die Übungssysteme der Karate-Stile begründen sich auf den Kata, die das Wesentlichste der jeweiligen Stile enthalten, denn die Kata sind der Code, der den Zugang zur inneren Struktur der Techniken liefert. Durch genaue Analyse der Kata lassen sich die spezifischen Elemente der jeweiligen Stile feststellen. Die Übung der Kata bezeichnet nicht nur ihren Ablauf, sondern enthält die Übung ihrer Grundschule *(Kihon)* und die Übung ihrer Anwendung *(Kumite)*.

5 Matsumura Nabe (auch Nabe Tanme) war ein okinawanischer Karate-Meister und Enkel von Matsumura Sokon, dem Lehrer Azatos und Itosus. Er lebte von 1860 bis 1930 und lernte das Karate direkt unter seinem Großvater. Als Erbe des *Matsumura Shorin ryu* ist er neben Anko Azato der einzige Schüler Sokon Matsumuras, der den einst erlernten Stil kaum veränderte.

6 Kiyuna Tanme Peichin (auch Chunna Tanme oder Tiji kun Bushi: Ritter mit der geschlossenen Faust) war ebenfalls ein direkter Schüler von Matsumura Sokon aus Shuri. Meister Kiyuna arbeitete als Grabwächter der okinawanischen königlichen Sho-Familie und war ungewöhnlich groß. Vor allem seine Fähigkeiten in den Atemi-Techniken (Schläge, Stöße und Tritte auf Vitalpunkte des menschlichen Körpers) und Fumikomi (Stampftritte) faszinierten und prägten Funakoshi. Seine Lebensdaten sind unbekannt.

7 Higashionna Kanryô (oft auch Higaonna geschrieben), »der Heilige des Faustschlages« (Kensei), wurde am 10. März 1853 in Naha (West-Dorf Nishimura) geboren. Seine Kampfkunst war eine individuelle Zusammenstellung aus Elementen des chinesischen *Kempô* und des alten okinawanischen *Tôde* und beruhte auf einer Kombination von weichen und kraftvollen Bewegungen. Er selbst nannte diesen Stil *Shôrei ryû*, doch in der Öffentlichkeit wurde er immer als *Naha-te* bezeichnet.

8 Aragaki Tsuji Peichin Seisho (alias Niigaki) lebte von 1840 bis 1920 und unterrichtete den Kampfstil *Luo-han-quan* (Archat-Boxen). Er war der erste Lehrer von Higashionna Kanryô und hatte die Kampfkünste sowohl auf Okinawa als auch in China studiert. Da er fließend Chinesisch sprach und am Hof des Ryûkyu-Königs als Übersetzer tätig war, hatte er einen guten Kontakt zu einigen chinesischen Kampfkunstmeistern.

9 Meister Funakoshi übernahm die *Pinan Kata* in sein Karatekonzept, änderte sie später jedoch geringfügig ab und benannte sie in *Heian* (»friedfertiger Geist«) um.

[10] Zu dieser Gruppe gehörten außer Funakoshi selbst noch sechs andere Kampfkunstmeister: Motobu, Mabuni, Kyuan, Gusukuma, Ishikawa und Tokumura

[11] Der Butokuden (»Halle der Kriegstugenden«) ist die älteste Übungsstätte der Kriegskünste in Japan. Im Jahr 792 hatte Kaiser Kammu eine Übungshalle für die Kondei (damalige Bezeichnung für die neu aufkommende Kriegerkaste – später Samurai) errichtet, die er Butokuden nannte. 1899 wurde vom Butokukai ein neuer Butokuden gebaut, der diesem lange Zeit als Trainingszentrum diente.

[12] Der Dai Nippon Butokukai, wie der vollständige Name lautet, wurde im April 1895 gegründet und hatte von der japanischen Regierung den Auftrag, alle Kampfkünste zu kontrollieren und überwachen, die auf den japanischen Inseln existierten. Dazu wurde ein Komitee gebildet, das Grade für Kampfkunstmeister sowie Lehrerlizenzen vergab und bestätigte. Gleichzeitig wurden alle Stile, die sich nicht den Regeln des Butokukai unterwarfen oder von diesem nicht anerkannt wurden, für nur inoffiziell erklärt.

[13] 1920 hatte Yabu Norimichi vergeblich versucht, das okinawanische Karate in den USA einzuführen.

[14] Motobu Chôki, auch Hombu oder Saru von Motobu (Affe von Motobu) genannt: großer okinawanischer Kampfspezialist (1871–1944). Da Motobu nicht der erstgeborene Sohn war, verwehrte sein Vater ihm den Unterricht in der familieneigenen Kampfkunst, so daß er gezwungen war, sich selbst um einen Lehrer zu bemühen. Zunächst trainierte er lange Zeit ohne einen Lehrer, angetrieben von dem festen Vorhaben, der beste Kämpfer Okinawas zu werden. Da er seine Fähigkeiten bei provozierten Straßenkämpfen in den Vergnügungsstätten von Tsuji testete und ein recht rowdyhaftes Verhalten an den Tag legte, lehnten es zunächst viele Meister ab, ihn als Schüler anzunehmen. Nach mehreren Versuchen gelang es ihm jedoch schließlich, von Meister Tokumine Peichin aufgenommen zu werden, der sich – selbst ein berüchtigter Schläger und Trunkenbold – nicht weiter an Motobus Charakter störte. Nur wenig später mußte Tokumine Okinawa jedoch aufgrund einer Prügelei mit mehreren Polizisten verlassen, und Motobu war gezwungen, sich einen neuen Lehrer zu suchen. In einer Verkleidung und unter dem Namen seiner Mutter (Sesoku) gelang es ihm dann, von Matsumora Kosaku als Schüler angenommen zu werden. Auch nachdem sein Betrug wenig später ans Tageslicht gekommen war, unterrichtete ihn Matsumora weiter und lehrte ihn die Naihanchi und Passai, die später zur wichtigsten Kata in Motobus Stil werden sollten. 1921 zog er mit seiner Familie nach Japan, wo er viele siegreiche Kämpfe bestritt. Zeitweilig unterrichtete er auch. Wiederholt bekam er Ärger wegen seines japanfeindlichen Auftretens. Als er zudem mit seinem Versuch, in Japan ein kampfbezogenes traditionelles Karate zu etablieren, scheiterte, kehrte er 1938 nach Okinawa zurück. Dort gründete er 1940 in Nishi machi ein Dojo, wo er fortan seinen Stil unterrichtete. Wenige Jahre vor seinem Tod verlor er in einem Zweikampf gegen seinen ältesten Bruder Choyu Motobu, der vom Vater in der fa-

milieneigenen Kampfkunst ausgebildet war. Daraufhin beschloß er, diese Kunst zu lernen und mit ihren Prinzipien seinen Stil zu verbessern. Im Jahr 1944 starb Motobu schließlich im Alter von 73 Jahren nach einem Leben, in dem er viele spätere Karatemeister unterrichtet und die Gründung vieler kampfbezogener Stile beeinflußt hatte.

15 Angriffe zu Vitalpunkten des menschlichen Körpers mit Schlägen, Stößen oder Tritten.

16 Gima Makoto Shinkui wurde im Jahr 1900 geboren und ist der höchstgraduierte Meister des Shotokan ryu (10. Dan). Seine Lehrer waren neben Funakoshi Yasutsune Itosu und Kentsu Yabu. Gima war der erste Schwarzgurt in der Geschichte des Shotokan und bis zu seinem Tod Vorstand des Karate do Shiseikan (Karateverband Japans).

17 Unbestätigte Gerüchte besagen, daß Gichin Funakoshi auf Okinawa Geldprobleme hatte und in seinem Umzug nach Japan die Möglichkeit sah, diesen zu entfliehen.

18 Ôtsuka wurde am 1. Juni 1892 in der Präfektur Ibaragi (Japan) geboren. Er begann unter der Anleitung seines Großvaters Ôtsuka Tokujiro mit dem Üben des Jujutsu und lernte später unter Meister Nakayama Tatsusaburo Yokiyoshi das *Yôshin-* und das *Shindô Yôshin ryû*. Im *Yôshin ryû* erhielt er auch das *Menkyo kaiden* (Urkunde über die Nachfolge als Stilvorstand).
Im Juli 1922 machte Ôtsuka Bekanntschaft mit Funakoshi und wurde sein Schüler. Später begleitete er den Meister als sein Assistent zu jeder Demonstration. Schließlich trennte er sich von Funakoshi, um einen eigenen Stil *(Wado ryu)* zu gründen, in dem er Teile des Karate und Jujutsu beliebig miteinander verband.

19 Otsuka Hironori erhielt während dieser Zeit gleichzeitig Unterricht von Motobu Choki und Mabuni Kenwa, zwei anderen Karatemeistern aus Okinawa; doch wurde sein späteres Technikrepertoire hauptsächlich von Funakoshi geprägt.

20 Der genaue Grund für den Weggang Ôtsukas aus dem Shotokan ist bis heute nicht genau nachzuvollziehen. Einige behaupten, daß Funakoshis Sohn Yoshitaka aus persönlicher Abneigung Ôtsuka aus dem Shotokan getrieben hätte; Harada Mitsuke sagte in einem Interview 1987 jedoch dazu, daß Yoshitaka diesen Weg keineswegs aus Antipathie, sondern einzig zum Erhalt der Gruppe gegangen wäre. Wie dem auch sei, das 1934 gegründete *Wado ryu* faßte innerhalb kürzester Zeit in der japanischen Kampfkunstszene schnell Fuß und wurde bereits 1939 durch den Butokukai offiziell anerkannt. Am 25. April 1966 sollte Ôtsuka vom japanischen Kaiser sogar eine Auszeichnung erhalten, in der er für seine Verdienste um die Entwicklung des Karate geehrt wurde.

21 Konishi Yasuhiro lebte von 1893 bis 1983 und war, ehe er mit der Übung des Karate unter Gichin Funakoshi begann, bereits ein bekannter Lehrer des Jujutsu und Kendo. Außer unter Funakoshi war er auch Schüler von Motobu Choki, Mabuni Kenwa, Miyagi Chojun und Ueshiba Morihei. Vor allem sein Archiv mit alten Schriften, die er von seinen Großmeistern erhalten hatte, verleihen ihm im Karate

eine große Bedeutung. Zudem waren er und Otsuka Hironori hauptsächlich für die späteren Veränderungen des *Ryûkyû Kempô Karate Jutsu* in Japan verantwortlich. Als eine Synthese der bei seinen Lehrern gelernten Kampfkunstprinzipien gründete Konishi das *Shindo Shizen ryu (Shinto Jinen ryu)*, einen Karatestil, der die klassischen Kata und die Ausbildung des Übenden nach den Lehren des Do beinhaltet.

22 Hakudô Hiromichi Nakayama (1873–1958) ist der japanische »Vater des Kendô und Iaidô«. Er wurde in Kanazawa-ken geboren, zog jedoch 1892 nach Tokyo. Dort wurde er Schüler von Negishi Shigoro aus dem Munen ryu und meisterte das Kendo, Iaido und Jodo. In seinem eigenen Dojo namens Yushinkan unterrichtete er viele später bekannt gewordene Schüler und wurde selbst zu einer bedeutenden Figur im Kendo und Iaido.

23 Mit diesem Pseudonym unterzeichnete Gichin Funakoshi seine Gedichte. Schon nach kurzer Zeit war die Bezeichnung so geläufig, daß der Name Funakoshi in öffentlichen Kreisen fast völlig unbekannt war. Später wurde Shôtô dann auch für den Karate-Stil gebraucht, den Meister Funakoshi lehrte.

24 Warum Gichin Funakoshi, obwohl er direkter Schüler Azatos war, nie dessen Karate unterrichtete, ist bis heute unklar. Mit Sicherheit spielte jedoch die jahrhundertealte Feindschaft zwischen Japan und Okinawa eine große Rolle, und es gab auch nach der politischen Annäherung der beiden Völker Anfang des 20. Jahrhunderts keinen Karatemeister, der dem japanischen Erzfeind die Geheimnisse des *Tode* offenbart hätte. Im Gegensatz zu Azatos altem Stil war das Karate Itosus jedoch von diesem entschärft worden und konnte somit ohne die Gefahr der Preisgabe von Geheimnissen in Japan unterrichtet werden.

25 Man nimmt heute an, daß Gichin Funakoshi seinem Sohn Yoshitaka im geheimen die alten Lehren von Azatos *Matsumura ryu* beibrachte, um das Erbe seines Lehrers zu erhalten. Daß Yoshitaka später diese geheimen Prinzipien doch der japanischen Öffentlichkeit präsentierte, stieß auf den Widerstand vieler alter okinawanischer Meister.

26 Egami Shigeru (1912–1981) begann im Alter von 20 Jahren an der Waseda-Universität mit dem Üben des Karate unter Meister Funakoshi. Zu Beginn seiner Lehrzeit unter Funakoshi war Egami ein recht schwächlicher junger Mann, der außerhalb seines Trainings wenig Beständigkeit an den Tag legte. Nachdem er einige Zeit damit verbracht hatte, in ständig wechselnden Berufen zu arbeiten, entschied er sich, sein Leben ganz dem Karatestudium zu widmen, und gehörte bald zu den maßgeblichen Übungsleitern des Shotokan. Zusammen mit Hironoshi Genshin, Noguchi Hiroshi und Obata Isao gehörte er zu den Meistern, die Yoshitaka dabei unterstützten, dem Karate die heute bekannte Form zu verleihen. Nach Yoshitakas Tod war er der Hauptübungsleiter des Shotokan und ein eiserner Vertreter der Grundkonzepte dieses Stils, was später auch zur Spaltung des *Shotokan ryu* und Gründung der JKA durch Nakayama und Nishiyama führte. Nach einer

schweren Krankheit veränderte sich jedoch Egamis Karateauffassung, die immer mehr von dem eigentlichen Shotokan abzuweichen und in Richtung Esoterik zu gehen begann. 1957 gründete Hironishi Genshin den Shotokai, in dem Egami als Chefinstruktor fungierte und seinen heute als Shotokai ryu bekannten Stil entwickelte. Trotz der Veränderungen in den Techniken (dem Augenschein nach einer Synthese aus Shotokan, Tai ji quan und Aikido) blieb Egami jedoch immer Meister Funakoshis ausdrücklicher Ablehnung des Wettkampfkarate treu und lehnte jede Form des sportlichen Kumite ab. Heute wird Egami als geistiger Nachfolger Gichin Funakoshis bezeichnet.

[27] Zu dieser Zeit übernahm Hironishi Genshin, einer von Yoshitakas wichtigsten Schülern, den Unterricht am Shotokan, und Egami Shigeru vertrat seinen Lehrer bei der Ausbildung der Nakano-Soldaten. Man erzählt sich, daß Egami dieses Training sehr gewissenhaft, aber auch mit einer brutalen Realität durchführte. Jeder Kampf war ein Kampf auf Leben und Tod, und es war den Teilnehmenden nicht gestattet, die Übung zu unterbrechen, wenn sie verletzt worden waren. Egami nahm den Tod seiner Schüler bewußt in Kauf und gestattete weder eine Behandlung der Verletzten noch das Tragen von Verbänden. Wie bei einem Kampf Mann gegen Mann an vorderster Front war alles gestattet, und jeder Kämpfer war angewiesen, seinen Gegenüber zu töten. Die Grundtechniken von Egamis Ausbildung waren *Choku tsuki* (gerader Fauststoß) und *Mae geri* (Fußtritt nach vorn).

[28] Funakoshi hatte aus den vielen Formen des okinawanischen Karate 15 ausgewählt, die seiner Meinung nach alle wichtigen Aspekte des Karate beinhalteten und seinen Schülern die Möglichkeit geben sollten, später auch in anderen Bereichen der okinawanischen Kampfkunst zu üben. Diese 15 Kata wurden später zur Basis des modernen Shotokan-Karate: *Heian-shodan, Heian-nidan, Heian-sandan, Heian-yondan, Heian-godan, Tekki-shodan, Tekki-nidan, Tekki-sandan, Bassai-dai, Kanku-dai, Hangetsu, Enpi, Jitte, Jion, Gankaku.*
Der Meister selbst hatte wahrscheinlich nur die drei *Naihanchi- (Tekki), Kushanku- (Kanku)* und *Bassai-Kata* gemeistert, doch lehrte er auch andere Kata, um sein System zu vervollständigen.

[29] Makiwara = gepolsterter Schlagpfosten

Morihei Ueshiba

Der Schöpfer des Aikido

Geschichte des Aikijutsu

Wer sich für Leben und Werk Morihei Ueshibas interessiert, der dürfte im allgemeinen eine Beziehung zum Aikido haben, dessen Schöpfer Ueshiba ist. Ueshibas Aikido wurde aber aus der sehr alten japanischen Kampfkunst Aikijutsu entwickelt. So verläuft eine direkte Linie von dieser Methode der japanischen Kriegskunst zu Ueshibas ungewöhnlichem Leben.

Vom Aikijutsu weiß man, daß es weit über 1000 Jahre alt sein muß, allerdings haben sich seine Inhalte im Laufe der Jahrhunderte und in Abhängigkeit von den konkreten Bedürfnissen, aber auch vom Stand des Wissens über den Menschen verändert.

Träger der Kampfkünste waren im alten Japan die Kriegerclans. Es ist schon bestaunenswert, mit welchem Einsatz an geistigem Potential bereits damals an der Verfeinerung und Effektivierung der Methoden der Zweikampfführung gearbeitet wurde. Zwei bedeutende Clans, der Clan der **Minamoto** und der Clan der **Takeda**, waren es, die die Kampfkunst des Aikijutsu zu voller Blüte brachten.

Der Clan der Minamoto

Gegen Ende des 9. Jahrhunderts hatte sich die Familie des japanischen Kaisers so sehr vergrößert, daß der Hof nicht mehr in der Lage war, alle entfernten Verwandten angemessen zu versorgen. Daher beschloß man im Jahre 814, alle kaiserlichen Verwandten, die nicht dem engeren Familienkreis angehörten oder für Regierungsaufgaben benötigt wurden, außerhalb der Hauptstadt anzusiedeln, wo sie als Feudalherren über ansehnliche Ländereien ein neues Leben begannen. Im Laufe der Jahrhunderte entstanden aus den einzelnen Familien mächtige Clans, die entweder nach ihrem Gründer, nach dem Gebiet, in dem sie wohnten, oder nach der kaiserlichen Familie, von der sie abstammten, verschiedene Namen trugen.

Einen der größten Clans jener Zeit bildete die Familie der Minamoto (oder Genji), benannt nach ihrem Ahnherrn Minamoto Tsunemoto, dem Sohn eines kaiserlichen Prinzen.

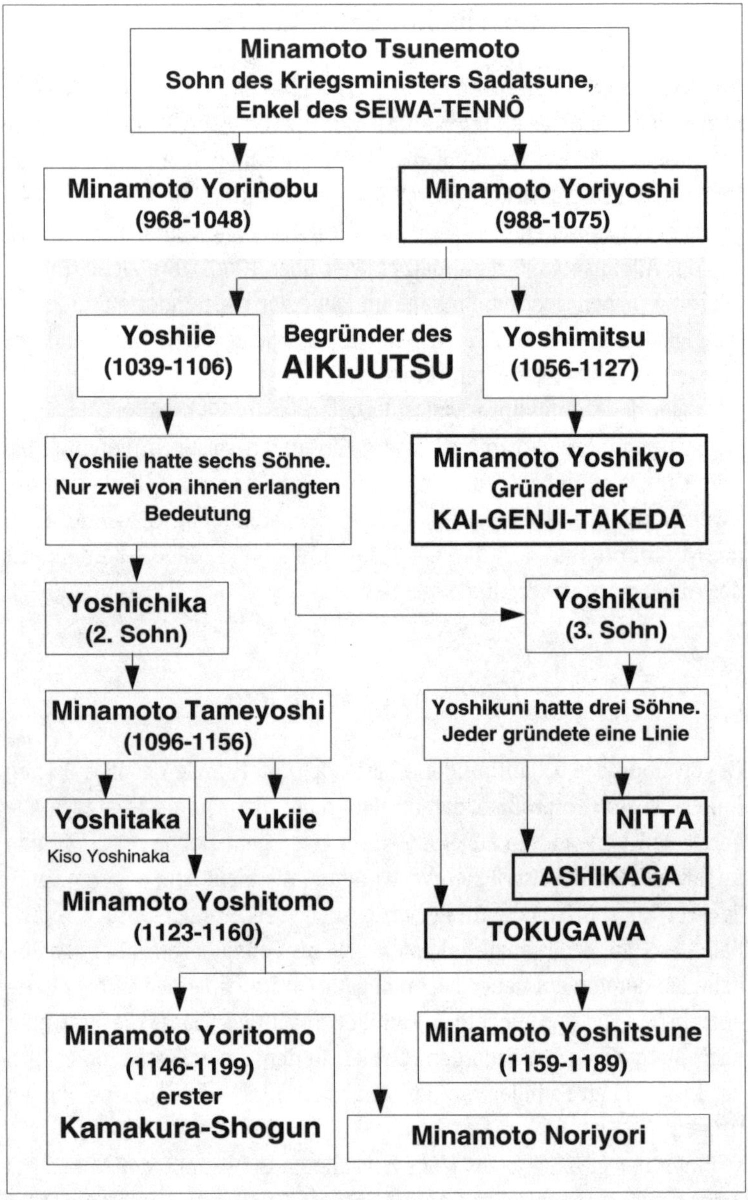

Der Clan der Minamoto

Die Minamoto siedelten sich zunächst auf Ländereien um die Hauptstadt Kyoto an, die sie als Gouverneure verwalteten, und unterhielten – ebenso wie alle anderen Fürsten – eine eigene Armee. Im Laufe der Zeit entwickelten sie sich zu einem der berühmtesten Kriegerclans in der japanischen Geschichte, der aufgrund seiner kämpferischen Stärke immer wieder von verschiedenen Regenten um Hilfe gebeten wurde, um Rebellenhochburgen zu vernichten oder andere Krisenherde im Land zu »befrieden«. Jeder errungene Sieg ließ das Ansehen der Minamotos beim Kaiser steigen und vergrößerte die Macht des Clans, und bald gehörten sie zu den mächtigsten Familien des Landes.

Historiker der Kampfkünste schreiben dem Minamoto-Clan die Entwicklung des ursprünglichen Aikijutsu zu, das die Grundlage der Nahkampfausbildung des Heeres in jener Zeit war.

Die Kampfkunst beruhte in den ersten zwei Jahrhunderten hauptsächlich auf verschiedenen Methoden des Schlagens: Die Schläge und Stöße waren gegen Schwachstellen des Gegners gerichtet, insbesondere auf Öffnungen und Anschlußstücke der Rüstung. Das Zentrum des Systems war die Ausbildung an der Waffe, darüber hinaus war für jeden Offizier die Ausbildung in der Taktik der Kriegsführung Pflicht. Die Techniken dieser Kampfkunst waren in jener Zeit noch vollkommen zweckorientiert und einzig für die Anwendung auf dem Schlachtfeld entwickelt worden.

General Minamoto Yoshimitsu (1056–1127) verfeinerte schließlich auch die waffenlosen Techniken für die Nahdistanz und näherte das System an das an, was wir heute als Aikijutsu kennen.

Yoshimitsu hatte sich zusammen mit seinem Bruder Minamoto Yoshiie lange mit der Anatomie und Funktionsweise des menschlichen Körpers beschäftigt und im Ergebnis seiner Studien das alte Kampfkonzept weiterentwickelt. Angeblich soll er sogar Leichen seziert haben, um die genaue Lage von Knochen und Sehnen im menschlichen Körper zu ergründen.

Viele der bis dahin verwendeten Schläge wurden von ihm durch Arm- und Gelenkhebel ersetzt und diese in den Nahkampf eingeführt. Auch ein neues Verteidigungssystem, das Abwehrtechniken gegen alle Arten von Waffen enthielt, geht auf ihn zurück.

Der Clan der Kai Genji Takeda

Die hauptsächliche Überlieferungslinie des Aikijutsu sollte jedoch nicht allein an den Minamoto-Clan geknüpft bleiben, sondern später auf den Takeda-Clan übergehen, eine der vielen Seitenlinien der Minamoto. Schon zur Zeit der Taira[1], die die Herrschaft der Minamoto für einige Zeit blutig unterbrochen hatten, war Minamoto Yoshikiyo, ein Sohn von Minamoto Yoshimitsu, in die Provinz Kai übergesiedelt, um dort mit seinen Familienangehörigen und Vasallen einen neuen Clan zu gründen. Zur Betonung ihrer Unabhängigkeit vom Minamoto-Clan nannten sie sich fortan Kai Genji Takeda (*Kai* war der Name der Provinz, *Genji* die ursprüngliche Bezeichnung ihrer Minamoto-Vorfahren und *Takeda* der neue Name des Clans).

Unter der Führung von Minamoto Yoshikiyo, der ein Erbe und Meister der geheimen Minamoto-Kampfkunst war, entwickelten die Takeda aus dem Aikijutsu bald ihre einzigartige Kampfkunst, der sie den Namen *Takeda ryu* gaben. Dieses System beinhaltete waffenlose Techniken für den Nahkampf, Bogenschießen, Reiten, Speer- und Schwertkampf und erweiterte die bisherigen Kampfmethoden für das Schlachtfeld um die sogenannten Gunpo-Techniken (Gelände-Strategien).

Doch erst im 16. Jahrhundert sollten die Kampfkünste der Takeda unter der Regentschaft von Takeda Nobutoru ihre wahre Blütezeit erleben. Bis zu diesem Zeitpunkt hatte es innerhalb jeder Generation des Clans anhaltende Machtkämpfe gegen rivalisierende Familien oder Auseinandersetzungen mit dem regierenden Shogun gegeben, so daß erst 1515 die Macht der Takeda so weit gefestigt war, daß Nobutoru in Kai eine zentralistische Regierung errichten konnte.

Takeda Harunobu (1521–1537), besser bekannt unter dem Namen Takeda Shingen, sollte sich später zu einem der brillantesten Heerführer in der japanischen Geschichte entwickeln. In den Jahren nach seiner Thronbesteigung führte Shingen viele siegreiche und berühmte Schlachten und wurde so allmählich zum mächtigsten und gefürchtetsten Takeda-Fürst. Die Samurai seines Clans waren unter seiner Führung zu einer unüberwindlichen Elite-Einheit geworden, die zu Lebzeiten Takeda Shingens nie besiegt wurde.

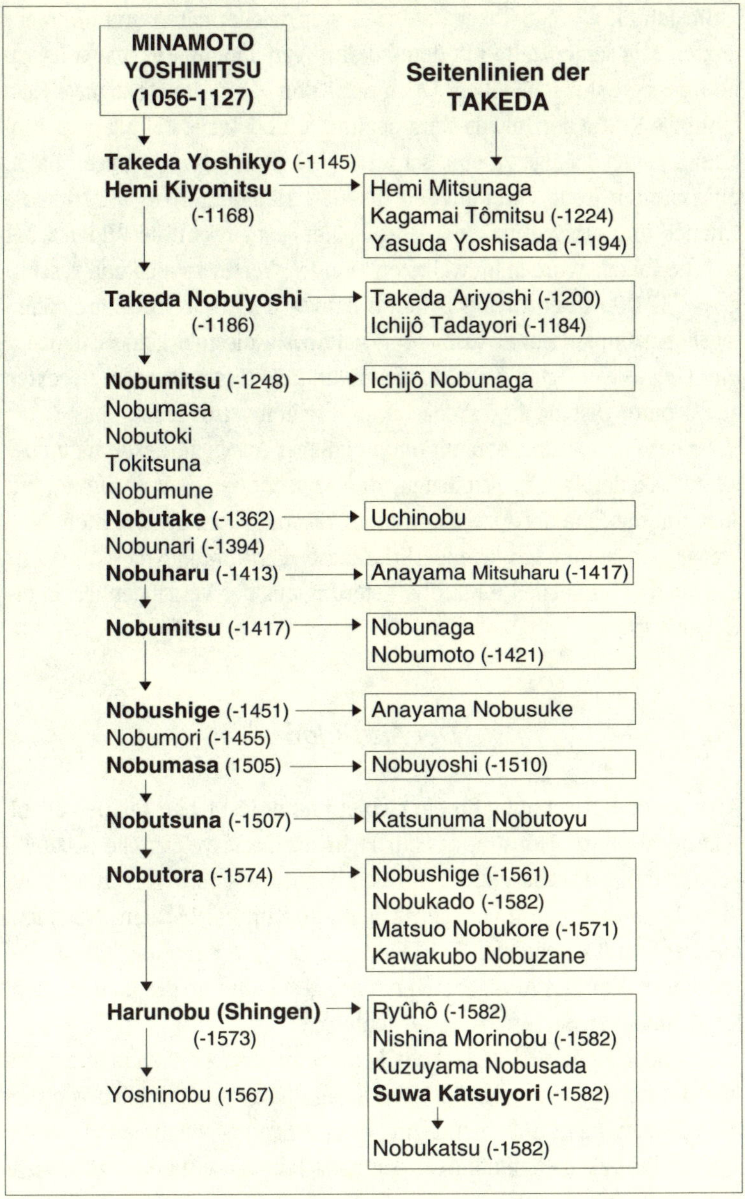

Der Takeda-Clan

Im Jahr 1572 maß Takeda Shingen zum wiederholten und nunmehr letzten Mal seine Kräfte mit dem zukünftigen Shogun Tokugawa Ieyasu und besiegte ihn schließlich. Doch der Krieg gegen den Tokugawa-Clan hatte die Kräfte der Takeda stark dezimiert, und Takeda Shingen, der im Kampf gegen Tokugawa eine schwere Verletzung davongetragen hatte, rang mit dem Tode. Zwei mit den Takeda verfeindete Clans witterten die Chance und griffen nur zwei Jahre später gemeinsam die Widersacher an. Die Takeda wurden im wahrsten Sinndes Wortes vernichtend geschlagen – 12 000 ihrer 15 000 Samurai fanden den Tod. Trotz ihrer überlegenen kämpferischen Ausbildung hatten sie diesmal keine Chance – ihre Gegner verfügten über Musketen, und die Geschoßsalven streckten aus sicherer Distanz die Takeda-Samurai reihenweise nieder.

Seines Fürstentums beraubt und in völliger Ausweglosigkeit nahm der letzte Takeda, Takeda Kunitsugu, das Angebot seiner Verwandten aus Aizu an, die Elite der Aizu-Samurai im *Takeda ryu* zu unterrichten. Nun war er der letzte noch lebende Erbe dieser berühmten Kriegskunst und das einzige Bindeglied ihrer Überlieferung aus der Vergangenheit in die Gegenwart.

Der Aizu-Clan

Aizu ist die Bezeichnung für ein Gebiet im nordöstlichen Teil der japanischen Hauptinsel Honshu, das zur Heimat einer Zweigfamilie (Aizu Takeda) der Kai Takeda wurde, die sich ebenso wie ihre Verwandten auf die edle Abstammung von den Minamoto-Samurai berufen. Nachdem die wenigen überlebenden Kai Takeda ihr Land verloren und Takeda Kunitsugu in Aizu um Asyl gebeten hatten, gestatten ihm die Aizu-Fürsten, ihre gehobenen Samurai zu unterrichten.

Der positive Einfluß des Takeda-Lehrers auf das bestehende und ebenfalls auf hohem Niveau befindliche Kriegertum der Aizu blieb von den Aizu-Fürsten nicht unbemerkt, und man begann Maßnahmen zu ergreifen, um die Takeda-Kampfkunst systematisch in die Ausbildung aller Aizu-Samurai zu integrieren.

In jenen unruhigen Zeiten galt es als dringend notwendig, bereits die

Samurai-Kinder sowohl im Waffenumgang als auch geistig auszubilden, sie im Sinne des Bushido zu erziehen. Schließlich sicherte erst der Kodex des Kriegers den wahren Weg des Samurai und den Fürsten eine verläßliche Armee.

Kunitsugu hinterließ nach seinem Tod in Aizu mehrere hochrangige Vertreter des *Takeda ryu*, das dort unter verschiedensten Bezeichnungen (*Ajutodome, Aikibujutsu, Daito ryu Aikijutsu, Oshikiuchi ryu* oder auch *Goshikiuchi ryu, Otome ryu, Yamate ryu* u. a.) fortlebte. Seine Nachfolger gründeten um 1664 unter der Schirmherrschaft des Daimyo von Aizu zentrale Ausbildungsschulen (Nishinkan), in denen junge Aizu-Samurai Unterricht erhielten. Jedoch durften nur Samurai mit einem Einkommen von über 500 Koku, die Hofdamen und die direkten Diener des Daimyô von Aizu diese Schule besuchen.

In der Folgezeit erblühten die Kampfkünste in der Provinz Aizu wie nirgendwo sonst. Am Nishinkan wurden fünf Stile des *Kenjutsu* (Schwertkampf) und zwei Stile des *Jujutsu* (*Mizuno Shinto ryu* und *Shinmyo ryu*) gelehrt, und zusätzlich entstanden viele private Trainingsstätten, darunter zwei für Kenjutsu, vierzehn für *Battojutsu* (Schwertziehen und Schneiden mit dem Schwert, später auch Bajonettkampf), sechzehn für *Jujutsu* (waffenloser Kampf), sieben für *Kyujutsu* (Bogenschießen), sechzehn für *Arkebuse* (Musketenschießen) und vier für *Sojutsu* (Speerkampf). Gleichzeitig konnten die angehenden Schüler den Umgang mit der Naginata (Hellebarde), der Kusarigama (Sichelkette), das *Bojutsu* (Stockkampf), *Kumiuchi* (Ringkampf) und *Jinchyu Ninjutsu* (Spionagetechniken) erlernen. Insgesamt existierten in der Provinz Aizu vierundneunzig Schulen der Kampfkünste, die die hochentwickelten Systeme der Takeda pflegten und weiter vervollkommneten.

Bestimmte Kampfkünste waren jedoch nach wie vor nur Samurai von allerhöchstem Stand zugänglich und wurden als *Otome ryu* oder *Oshikiuchi ryu* (Geheimlehren) bezeichnet. Es war nicht gestattet, das Wissen um diese Systeme an Gefolgsleute von geringerem Stand weiterzugeben, und auch ein Austausch von Techniken verschiedener Stile war verboten. Zwei dieser Kampfkünste waren das *Aikijujutsu* und *Aizu Mizoguchi ha Itto ryu*.

Die auf Takeda zurückgehenden Kampfsysteme der Aizu-Samurai wurden so über Generationen weitergegeben und dabei ständig vervollkommnet und verfeinert. Nachdem sie seit Takeda Kunitsugu über zehn Generationen aufbewahrt worden waren, gingen sie schließlich gegen Ende der Tokugawa-Periode[2] auf eine kleine Gruppe von Kampfkunstexperten über. In der turbulenten Zeit der Umwandlung der japanischen Gesellschaft von einer feudalen Kriegerära in eine neuzeitliche Gesellschaft (Meiji-Periode[3]) versuchten diese Lehrer, die ihnen anvertraute Kampfkunst vor den politischen Stürmen im nun gegenüber dem Ausland offenen Japan zu schützen. Meist vergebens, wie wir heute wissen.

Blutige Verabschiedung in die Meiji-Zeit

Nach über zwei Jahrhunderten absolutistischer Herrschaft des Tokugawa-Shogunats glitt Japan zu Ende des 19. Jahrhunderts langsam in den letzten Abschnitt seiner tausendjährigen Militärherrschaft und erfuhr schließlich durch die Meiji-Reform die gravierendsten gesellschaftlichen Veränderungen seiner Geschichte.

Zwischen den Anhängern des bisher nahezu uneingeschränkt herrschenden Shoguns und jenen, die den Kaiser wieder an die Macht bringen wollten, entbrannte ein verheerender Bürgerkrieg. Zwar hatte der Shogun Tokugawa Yoshinobu zugunsten des jugendlichen Meiji-Tenno abgedankt, doch die tokugawatreuen Fürsten (allen voran der Aizu-Daimyo) wollten sich damit nicht abfinden. Sie dominierten immer noch am Kaiserhof von Kyoto und diktierten sämtliche Regierungsentscheidungen. Um dem ein Ende zu bereiten, besetzten die kaisertreuen Truppen der Clans von Satsuma, Tosa, Echizen, Aki und Owari am 3. Januar 1868 die Hauptstadt Kyoto, entließen den gesamten Hofstaat und erklärten das Shogunat für abgeschafft.

Obwohl dem entmachteten Shogun Yoshinobu als Ausgleich hohe Staatsämter angeboten wurden, verließ er Kyoto und zog nach Osaka, wo er sich auf Drängen des Daimyo von Aizu für einen neuen Waffengang gegen den Kaiser rüstete. Am 27. Januar 1868 griffen seine Truppen zusammen mit den Samurai von Aizu und Kuwana die kaiserlichen Armeen an. Bei Fushimi wurden sie von den Kwangun (Verbündete des

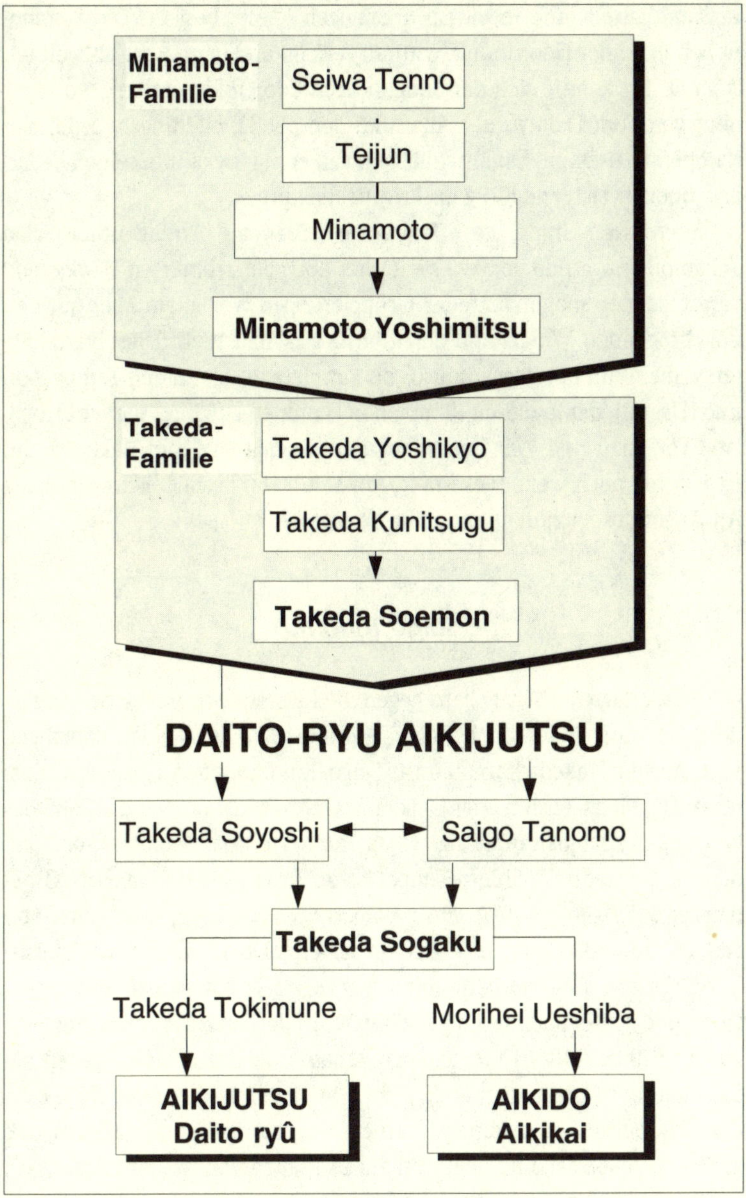

Entwicklungen im Aikiutsu

Kaisers) gestellt und in einem dreitägigen Kampf besiegt. Die Samurai flohen in wilder Unordnung, wurden verfolgt und in großer Zahl getötet.

Zunächst konnte sich der Shogun nach Edo (Tokyo) retten, wo er erneut von dem Daimyo der Aizu und den Sendai bedrängt wurde, den Kampf fortzusetzen. Doch schließlich gab er auf, bekannte seine Niederlage und zog sich endgültig ins Privatleben zurück.

Unterdessen drang die erfolgreiche kaiserliche Armee unter Saigo Takamori[4] nach Edo vor, wo sie immer noch auf erbitterten Widerstand verschiedener shogunatstreuer Gruppierungen, vor allem aber auf den ungebrochenen Widerstand der Krieger aus Aizu stieß. Diese verteidigten gemeinsam mit den Komuso[5] bis zum letzten Mann den Tempel von Edo (Uyeno), der in diesen Kämpfen in Flammen aufging. Auch im Hochland von Aizu und Wakamatsu sowie in Matsumaye und Hakodate auf Ezo wurde noch weiter gekämpft. Am 1. Juli 1869 schließlich waren alle Anhänger des Shogunats endgültig besiegt.

Saigo Tanomo

Die Niederlage des Aizu-Clans gegen die Kaisertreuen traf seine Mitglieder hart, unter ihnen auch Saigo Tanomo (1829–1905), den damaligen Vertreter der Takeda-Kampfkunst. Saigo Tanomo, auch Hoshina Chikamasa, Hoshina Genshin oder Chikanori Genzo genannt, war der Sohn des berühmten Aizu-Samurai Saigo Chakamoto, Herr des Schlosses Aizu-Shirakawa, Vorstand der Shinto-Tempel Nikko Toshogu und Futarasan, Großmeister des *Daito ryu Aikibujutsu* (damals *Oshikiuchi ryu*) und Lehrer von Saigo Shiro und Takeda Sogaku, dem späteren Überlieferer des Aikijutsu.

Auch Saigo Tanomo hatte mit seinen Kriegern für den Shogun in Fushimi und später auch in Edo gekämpfte. In der Schlacht von Shiragawaguchi (Frühjahr 1868) führte Saigo Tanomo die Aizu-Krieger gegen die Satsuma und Choshu, unterlag jedoch in einem opferreichen Kampf, in dem die meisten Aizu-Samurai starben. Saigos Angehörige glaubten, daß auch er gefallen sei, und begingen mit 21 Frauen und Kindern Seppuku[6].

Die vereinigten Truppen von Mori, Choshu und Satsuma, die daraufhin in das Stammland der Aizu einfielen, wurden jedoch von einer mit

Naginata (2 bis 3 m langen Hellebarden) bewaffneten Schar von Samurai-Frauen unter der Führung von Nakamura Takeko erbittert bekämpft. Auch eine Gruppe von 40 Jungen im Alter zwischen 15 und 17 Jahren *(Byakko tai)* wehrte sich gegen diese Invasion, doch als sie ihren Anführer verloren, bezogen sie mit ihren verbliebenen 20 Mitgliedern Stellung auf dem Berg Iimori und begingen schließlich kollektiven Selbstmord.

Saigo Tanomo überlebte die Kriegswirren und kehrte schließlich nach Aizu zurück, wo er seine Kampfkunst fast 20 Jahre lang unterrichtete. Ununterbrochen zog er von Dojo zu Dojo, nahm Herausforderungen an und wurde doch niemals besiegt.

Ursprünglich war Saigo ein Schüler von Takeda Soemon (Takeda Sogakus Großvater) gewesen, später erreichte er dann zusätzlich die Meisterschaft in den Schwertstilen *Mizoguchi ha Itto ryu* und *Koshi ryu Gungaku*. Er hatte einen Stiefsohn (oder unehelichen Sohn?) namens Saigo Shiro, den er lange Zeit hauptsächlich deshalb unterrichtete, weil dieser sein Nachfolger werden sollte. Doch Saigo Shiro wandte sich dem Kodokan unter Jigoro Kano zu und wurde dort einer der wichtigsten Lehrer. Daraufhin bestimmte Saigo Tanomo den jungen Takeda Sogaku zu seinem Nachfolger im *Daito ryu Aikijutsu*. 1880 weihte er Takeda Sogaku in die letzten Geheimnisse des *Daito ryu Aikijutsu* ein, und dieser sorgte für die Weitergabe dieser lange Zeit geheimgehaltenen Kampfkunst an die heutige Generation.

Takeda Sogaku

Die Meiji-Reformen ließen die Macht der Sippen (Uji) zunächst unangetastet, doch wurden die Lehen beschnitten und die Geldwirtschaft eingeführt. Durch diese Veränderung wurden die Samurai materiell entmachtet und ihrer Existenzgrundlagen beraubt. Als ihre Not unerträglich wurde, griffen sie 1876 zu den Waffen, um die neue Regierung zu stürzen. Zuerst erhoben sich die Saga unter dem früheren Justizminister Eto Shimpi (1835–1874), doch der Aufstand wurde niedergeschlagen, seine Anführer enthauptet. 1876 versuchte der »Bund der Götterwinde« in Kumamoto einen Putsch, und zugleich gab es auch in Hagi Unruhen. Ein

Takeda Sogaku

Jahr später, 1877, erhoben sich die Satsuma unter dem ehemaligen Kriegsminister Saigo Takamori gegen die Meiji-Regierung, und der Seinin-Krieg brach aus. In diesem Krieg standen sich die Aizu- und Satsuma-Samurai erneut gegenüber. Diesmal auf der Seite des Kaisers, nahmen die Aizu in der Schlacht von Tabaruzaka fürchterliche Rache für die Niederlage bei Sekigawaguchi.

In dieser turbulenten Zeit verbrachte Takeda Sogaku Minamoto Masayoshi, der spätere Großmeister des *Daito ryu Aikijutsu*, die besten Jahre seines Lebens. Geboren am 10. Oktober 1860 in der Provinz Aizu, war er ein Abkömmling des alten Takeda-Clans, jenes Clans also, in dem die Techniken des bewaffneten und waffenlosen Kampfes seit Generationen weitergegeben wurden.

Als Kind erhielt er von seiner Familie die strenge Ausbildung eines Samurai. Sein Großvater Takeda Soemon (Großmeister des *Daito ryu*) lehrte ihn den unbewaffneten Nahkampf, den Schwertkampf und den Speerkampf, und von seinem Vater Takeda Sokichi (1819–1906) lernte er das Sumo-Ringen. Doch damit nicht genug. Indem er Schüler weiterer hervorragender Kampfkunstmeister wurde, eignete er sich im Laufe der Jahre eine ganz ungewöhnlich breite und tiefgehende kämpferische Ausbildung an: Ab 1870 begann der junge Sogaku mit dem Studium des *Ono ha Itto ryu* unter Meister Shibuya Toma aus dem Aizu-Clan. Dieser stellte den Jungen später dem in Osaka lebenden Schwertmeister und Leiter der Kyoshin Meichi Schule, Momono I Shunzo (1826–1886), vor. 1875 wurde Takeda Schüler von Sakakibara Kenkichi (1829–1894), dem 14. Großmeister des *Jikishinkage ryu*. 1876 erhielt er das *Menkyo kaiden* (Lehrerdiplom) der Schwertschule *Ono ha Itto ryu*.

Im Juni desselben Jahres verstarb sein älterer Bruder, und die familiären Verpflichtungen riefen ihn in seine Geburtsprovinz Aizu zurück. Nach seiner Rückkehr folgte eine weitere Etappe bei einem schließlich legendären Kampfkunstmeister. Er lernte Saigo Tanomo kennen, der seinerzeit ein Schüler von Sogakus Großvater Takeda Soemon war. Saigo war zudem ein Schwertkämpfer in der Tradition des *Mizoguchi ha Itto ryu* und des *Koshi ryu Gungaku*. Takeda lernte von ihm *Aikibujutsu (Oshiki uchi)*, welches den Speer, das Schwert und andere Waffen mit einschloß. Das *Daito ryu Aikibujutsu* war zu jener Zeit noch ein komplexes Kampfsystem, das *Nage waza* (Wurftechniken), *Osae waza* (Haltetechniken), *Battojutsu*, *Yarijutsu* (Gebrauch des Speers) und *Torae waza* (Fesselungstechniken) in sich vereinte.

Takeda Sogaku war wahrscheinlich der stärkste Kampfkunstmeister Japans zu Anfang dieses Jahrhunderts. Nach allgemeiner Meinung hätte ihn kein anderer zu seiner Zeit lebender Kampfkunstexperte besiegen können. Sogar nach der Meiji-Restauration (1868) lebte er wie ein Krieger – auf lebenslanger Wanderschaft, um von den besten Meistern zu lernen, sie herauszufordern und sich im Kampf zu testen.

1877 versuchte er, sich den Rebellen unter Saigo Takamori anzuschließen, kam jedoch zu spät. Zwischen 1880 und 1898 wurde Takeda bekannt als einer der letzten Wanderkrieger *(Ronin)* Japans, und seine Fähigkeiten in den Duellen brachten ihm schließlich den Namen *Aizu han no ko tengu* (kleiner Tengu des Aizu Clans) ein. Nachdem jedoch bereits 1878 das öffentliche Tragen von Schwertern verboten worden war, nahm man ihm sein Schwert ab, welches er auf seinen Reisen unerlaubterweise stets mit sich getragen hatte.

Seine dauernden Konflikte mit dem Gesetz brachten ihn oft in Schwierigkeiten. Wäre Takeda heute noch am Leben, würde er zweifellos als exzentrisch gelten. Er wird als einer der letzten großen Samurai Japans und gleichzeitig als Bindeglied zwischen dem Zeitalter der Samurai und der Moderne bezeichnet. Mehrere Jahre verbrachte er auf Kyushu und soll sogar nach Okinawa und Taiwan gesegelt sein, um seine Fähigkeiten im Kampf mit den dortigen Meistern auf die Probe zu stellen. Doch regelmäßig kehrte er nach Fukushima zurück, um unter der Leitung von Saigo Tanomo zu trainieren.

Takeda lebte ein sehr bewegtes Leben, meist an den Grenzen der Legalität. Da er beständig Konflikte mit den Behörden hatte, mußte er sein Aktionsgebiet mehr und mehr in den nördlichen Teil Japans verlagern, das als das »Tibet Japans« weit weniger den strengen Kontrollen der Behörden unterlag. In diesen Gebieten, in denen Abtrünnige, Rebellen und Gesetzlose Zuflucht suchten und ein Leben außerhalb der Gesellschaft führten, fühlte er sich wohl. Er liebte nichts mehr als den Kampf mit den dortige Banditen und schlug alle Angebote, in Tokyo eine Schule zu eröffnen, aus. Sogar eine persönliche Einladung des amerikanischen Präsidenten Theodore Roosevelt, der von der Kampfkraft Takedas gehört hatte, schlug er in den Wind. Er lebte im latenten Kriegszustand gegenüber allen, die ihn umgaben, war sehr vorsichtig (seine Schüler mußten sogar sein Essen vorkosten) und duldete nie einen Menschen hinter seinem Rücken. Bis zu seinem Lebensende hatte er mehrere Kampfkunstexperten in Duellen getötet.

Warum so viele Worte über Takeda Sogaku? Nicht, weil er der Nachkomme des berühmten Takeda Shingen, Fürst der Provinz Kai, war. Auch nicht, weil er über eine ganz erstaunliche Ausbildung in den verschiedensten Kampfkünsten verfügte, die zu seinem Nimbus der Unbesiegbarkeit beitrug. Doch Takeda Sogaku war der erste, der das alte Kampfsystem der Takeda auch Außenstehende lehrte. Allerdings waren es nur wenige Schüler, die er in einem Gasthaus in Engaru (Ortschaft auf Hokkaido) in seiner Kunst unterwies, die er *Daito ryu Aikijutsu* nannte. Ansonsten reiste er viel und hielt Kurzlehrgänge ab. Auf diese Weise soll er annähernd 30 000 »Schüler« gehabt haben. Noch als 83jähriger unterrichtete er. Sein Sohn Takeda Tokimune, der heutige Vorstand des Daitokan, erzählt, er habe einen sechsten Sinn für Menschen gehabt und habe ihre Gedanken lesen können.

Seit 1910 lebte Takeda dann auf Hokkaido und verließ die Insel nur selten. Er heiratete dort eine 30 Jahre jüngere Frau, die ihm sieben Kinder gebar (1930 kam sie bei einem tragischen Feuer ums Leben). Der Meister selbst starb am 25. April 1943 im Alter von 83 Jahren am Bahnhof von Aomori auf Honshu. Die Tradition des *Daito ryu*[7] wird heute unter anderem von seinem Sohn Takeda Tokimune (*1916) fortgesetzt.

Im Jahre 1915 brachte Yoshida Kotaro[8], der als in den USA tätiger Spion zeitweise auf Hokkaido untertauchte, einen jungen Mann in Takedas Dojo: Ueshiba Morihei. Er sollte ab sofort sein Schüler wurde. Sein berühmtester, wie sich später zeigte.

Ein ungewöhnliches Leben – Morihei Ueshiba

Ueshibas Jugend

Geboren wurde Ueshiba Morihei am 14. Dezember 1883 in der Stadt Tanabe, Präfektur Wakayama. Er war der einzige Sohn einer wohlhabenden, traditionsreichen Samurai-Familie, in deren Besitz ausgedehnte Ländereien und das Muschelfangrecht für einen großen Bezirk in der Bucht von Tanabe waren. Die Tatsache, daß Ueshiba Morihei der alleinige Erbe dieses Vermögens sein würde, veranlaßte seine Eltern, besonderen Wert auf seine Erziehung und Entwicklung zu legen, zumal der Junge von Geburt an leicht kränkelte.

Die ersten zehn Jahre seines Lebens verbrachte der junge Morihei unter der persönlichen Obhut seiner Mutter Yuki, die sorgsam darauf achtete, daß ihr Sohn keinerlei Strapazen ausgesetzt wurde. Da sie aus einer sehr frommen Familie stammte, die der Shingon-Sekte angehörte, unterwies Yuki ihren Sohn in den Lehren des Shintoismus und Buddhismus und ließ ihn an den täglichen Zeremonien teilhaben, die zur Ausübung dieser Religion gehörten. Bereits im Alter von fünf Jahren begleitete Morihei seine Mutter regelmäßig auf ihrem täglichen Gang zu einem Schrein in der Nähe ihres Wohnortes, wo sie mit Morgengebeten den Tag begann.

Doch als der einzige männliche Nachfolger einer Samurai-Familie mußte Morihei gemäß den alten Traditionen auch eine Ausbildung in Kalligraphie und in den chinesischen Klassikern erhalten. Daher ging er ab 1890 regelmäßig in den Jizodera-Tempel, um sich von dem Mönch Fujimoto Mizujo († 1847) unterrichten zu lassen. Zufällig gehörte Fujimoto wie Moriheis Mutter der Shingon-Sekte an, und schon nach kurzer Zeit hatte er den Jungen für die Riten der Sekte begeistert. Im Gegensatz zu den intellektuellen Lehren des Konfuzianismus waren für das Shingon zahlreiche spektakuläre Zeremonien und mystische Gesänge charakteristisch, die dem Jungen interessant und abwechslungsreich erschienen, und anstatt sich fleißig in chinesischer Schrift und Sprache zu üben, war der siebenjährige Morihei Feuer und Flamme für die aufregenden Praktiken des Shingon-Buddhismus (später sollte Ueshiba von Fujimoto sogar eine Urkunde erhalten, die ihn als Mystiker der Shingon-Rituale auszeichnete).

Auch während seiner späteren Ausbildungszeit hatte der junge Ueshiba immer wieder große Schwierigkeiten, sich auf den vorgesehenen Lernstoff zu konzentrieren. Statt mit Kunst und Literatur beschäftigte er sich zum Leidwesen seiner Lehrer viel lieber mit Mathematik und Naturwissenschaften oder den mystischen Geheimnissen verschiedener buddhistischer Religionen. Bei jeder Gelegenheit zog er sich auf sein Zimmer zurück, um in seinen Büchern zu lesen oder irgendwelche Experimente auszuwerten, die er unternommen hatte.

Sein Vater Yoroku betrachtete die Entwicklung seines Sohnes voller Sorge. Als Nachkomme eines Geschlechts von ehemaligen Waffenmeistern der Daimyo-Familie Kii und nunmehr angesehenes Ratsmitglied des Dorfes befürchtete er, daß sein Sohn zu einem verweichlichten Träumer und fanatischen Anhänger des esoterischen Buddhismus werden und so seine Aufgaben als würdiger Erbe nicht wahrnehmen könnte. Daher befahl er dem Jungen – nachdem dieser wieder einmal Stunden mit Tagträumereien verbracht hatte –, mit Sumoringen, Schwimmen und Bergsteigen zu beginnen, um den Körper zu kräftigen und endlich zu den realen Dingen des Lebens Zugang zu finden.

Ueshiba kam das gar nicht ungelegen, hatte er doch dadurch Gelegenheit, den strengen Augen seines Vaters zu entfliehen und den größten

Teil des Tages in der freien Natur zu verbringen. Schon bald fand er Gefallen am Schwimmen im nahegelegenen Meer und an stundenlangen Wanderungen zu abgelegenen Schreinen in den Bergen. In der Abgeschiedenheit der Bergwelt widmete er sich weiterhin seinen kindlichen Studien. Mit der Zeit lernte er die schreckliche und zugleich wundersame Kraft der Natur zu lieben, zu achten und besser zu verstehen.

Zu Ueshibas Leidwesen mußte er seine Streifzüge durch die Berge jedoch immer wieder unterbrechen, um in den engen, stickigen Klassenräumen der Schule am Unterricht teilzunehmen. Gegen das Lernen selbst hatte er nichts einzuwenden, die vielen Bücher halfen ihm schließlich, seine Wißbegierde zu stillen, doch konnte er es einfach nicht ertragen, längere Zeit in geschlossenen Räumen zu verbringen. Er wurde dann sehr ungeduldig und gereizt. Schließlich überzeugte Ueshibas völlig entnervter Lehrer seine Eltern, ihn die Mittelschule abbrechen zu lassen und 1896 auf die Soroban-Akademie in Tanabe zu schicken.

An dieser Schule hatte er nämlich die Möglichkeit, sich seine Zeit selbst einzuteilen und frei zu entscheiden, ob er am Unterricht teilnehmen wollte oder nicht. Die größere Freizügigkeit wirkte sich bald positiv aus: Ueshibas Leistungen verbesserten sich zusehends, und bereits nach einem Jahr konnte er an der Akademie als Assistenzlehrer für Rechenkunde arbeiten. Kurze Zeit später hatten sich seine überragenden Rechenfertigkeiten sogar über die Akademie hinaus herumgesprochen, und man bot ihm bald eine Stelle als Buchhalter im Steuerbüro von Tanabe an. Das war 1900.

Voller Freude darüber, den tristen Mauern der Akademie entronnen zu sein, trat der junge Ueshiba die Stelle an und stürzte sich eifrig in die neue Aufgabe. Doch schon nach kurzer Zeit mußte er erkennen, daß ihn diese viel zu trockene und wenig abwechslungsreiche Arbeit nicht ausfüllte. Gereizt und unzufrieden mit sich selbst und seinem Leben schloß er sich schließlich einer Protestbewegung an, die für die Abschaffung eines gerade eingeführten Gesetzes eintrat. Der Enthusiasmus, mit dem Ueshiba sich für die Gruppe einsetzte, führte dazu, daß er zu ihrem Führer bestimmt wurde. Dieser Erfolg kostete ihn jedoch seinen Arbeitsplatz und die Freundschaft seines Vaters, der als Stadtrat für die Inkraftsetzung eben dieses Gesetztes verantwortlich war.

Als die Protestbewegung schließlich niedergeschlagen wurde, stand Ueshiba vor großen Schwierigkeiten. Ohne Arbeitsplatz und Lebensaufgabe und im Streit mit seinem Vater wußte er nichts mehr mit sich anzufangen. Die Familie entschied schließlich, daß ein Ortswechsel ihm guttun würde, und schickte ihn gegen Ende des Jahres 1901, ausgestattet mit einer kleinen finanziellen Unterstützung, nach Tokyo.

Für Ueshiba war dies ein Sprung ins kalte Wasser. Zum erstenmal mußte er auf eigenen Füßen stehen und ohne die Hilfe seiner Familie zurechtkommen. Doch er genoß auch die neu gewonnene Freiheit. Gleich nach seiner Ankunft in Tokyo begann er ein bescheidenes Gewerbe, von dem er sich erhoffte, seinen Lebensunterhalt bestreiten zu können. Er besorgte sich einen Handwagen und zog von Haus zu Haus, um Büro- und Schulbedarf an wohlhabende Familien zu verkaufen. Anfangs war dies ein zermürbender Job, doch nach einigen Anlaufschwierigkeiten begann sein Geschäft zu florieren, und er stellte sogar einige Helfer ein.

Nun hatte er etwas Freiraum, um sich an den Abenden seinen persönlichen Interessen widmen zu können. Er begann in verschiedenen Dojo Kampfkunst zu üben (wahrscheinlich *Tenshin Shinyo ryu*[9] und *Shinkage ryu*), um einen Ausgleich zu seiner harten Arbeit zu finden. Trotzdem lag auf ihm der größte Teil der Verantwortung für seine Selbständigkeit, und nach einiger Zeit rächten sich die langen Arbeitstage mit unregelmäßigem Essen – der junge Unternehmer wurde schwer krank. Im Herbst 1902 war er schließlich gezwungen, sein Geschäft ohne Entgelt seinen Angestellten zu überlassen, um zu seiner Familie nach Tanabe zurückzukehren.

Heirat und Armeedienst

Die Ruhe und die fürsorgliche Pflege seiner Mutter taten ihm gut: Ueshiba wurde wieder gesund. Schon bald danach, im Oktober, heiratete er – vor allem auf Druck seines Vaters – Itogawa Hatsu, eine entfernte Verwandte seiner Mutter, und versuchte sich mit der Tatsache anzufreunden, daß er nun auch die Pflichten eines Familienvaters übernehmen mußte.

Auf der Suche nach einer neuen Lebensaufgabe und in der Erkenntnis, daß ihn das Familienleben nicht befriedigten konnte, verfiel Ueshiba schon kurz nach seiner Hochzeit in eine krankhafte Ruhelosigkeit und Gereiztheit. Auch die Zeremonien der Shingon-Sekte, deren Ausübung er nach seiner Rückkehr wieder aufgenommen hatte, brachten ihm nicht die erhoffte Seelenruhe. Schließlich entschloß sich Ueshiba, freiwillig in den Armeedienst einzutreten, um seinem Vaterland in dem herannahenden russisch-japanischen Krieg heldenhaft zu dienen und wenigstens darin eine Lebensaufgabe zu finden (andere Quellen berichten allerdings, daß Ueshiba wie die anderen kriegstauglichen jungen Männern zu den japanischen Streitkräften eingezogen wurde).

Vorsorglich stellte er sich ein gut durchdachtes Trainingsprogramm zusammen, mit dessen Hilfe er seinen ohnehin schwächlichen und außerdem noch nicht völlig genesenen Körper stärken wollte, damit er die strenge Aufnahmeprüfung beim Militär bestehen konnte. Tagtäglich schwamm er lange Strecken im Meer, unternahm schwer bepackt kilometerlange Märsche durch die Berge und begab sich in die rauhe Natur, um im Kampf gegen Stürme und Taifune seinen Körper und seinen Willen zu stählen. Nach einigen Monaten der Übung war seine körperliche Verfassung schließlich so gut, daß er sich – so schätzte er ein – bedenkenlos der Musterung stellen konnte. Um so größer war seine Enttäuschung, als man ihm mitteilte, daß er um wenige Zentimeter unter der erforderlichen Körpergröße liege (Ueshiba war nur 1,57 m groß) und folglich nicht rekrutiert werden könne.

Nachdem die anfängliche Verbitterung verflogen war, stürzte sich Ueshiba noch leidenschaftlicher in sein Training, fest entschlossen, doch noch in die Armee aufgenommen zu werden. Gleichzeitig versuchte er, seine Körpergröße positiv zu verändern, indem er mit verschiedenen Übungen sein Rückgrat zu strecken versuchte. Des weiteren begann er mit einem gezielten umfangreichen Krafttraining für den Muskelaufbau, um die fehlenden Zentimeter durch körperliche Stärke zu kompensieren.

Entgegen den Erwartungen bestand er schließlich doch eine Sonderuntersuchung und wurde zunächst einer Reserveeinheit zugeteilt, die in der Nähe von Osaka stationiert war. In den darauffolgenden Monaten lernte Ueshiba das harte Leben und die unerbittliche Disziplin in der kaiserlichen Armee kennen. Und lieben. Mit dem festen Vorsatz, ein Held seines Vaterlandes zu werden, meldete er sich zu jedem freiwilligen Dienst und nutzte jede Gelegenheit, um sich als Bester seiner Truppe zu erweisen.

Mit dem Vorsatz, seine Fertigkeiten im Nah-, Schwert-, Lanzen- und Speerkampf zu verbessern, suchte er Nakai Masakatsu auf, einen Meister des *Goto ha Yagyu ryu*. Das Dojo des Kampfkunstmeisters befand sich in Sakai, einem entfernten Vorort Osakas. Die beiden wurden sich einig, und Ueshiba, der erst kurze Zeit beim Militär war, nahm von da an nach dem harten Dienst fast täglich auch noch den weiten Weg auf sich, um unter Nakai zu üben. Die Unermüdlichkeit, mit der sein neuer Schüler seine Übungen zu verbessern versuchte, gefiel dem Meister, und im Laufe der Jahre entwickelte sich zwischen den beiden eine lockere, aber vertrauensvolle Verbindung (1908 erhielt Ueshiba von Nakai sogar die Lehrerlizenz des *Goto ha Yagyu ryu*).

Während seiner Schülerzeit bei Nakai begegnete Ueshiba auch einem Jujutsuka namens Handa. Dieser war ein Schüler von Takeda Sogaku und hielt sich für einige Zeit in Osaka auf. Aus seinem Mund hörte Ueshiba zum erstenmal vom *Daito ryu Aikijutsu* und erhielt einen ersten Eindruck von diese Kunst. Von Bedeutung sollte das für ihn jedoch erst zu einem späteren Zeitpunkt werden.

Im Februar 1904 brach der von Ueshiba so lang ersehnte russisch-japanische Krieg aus. Nachdem er sich lange auf den Fronteinsatz vorbereitet hatte, sah der junge Rekrut nun endlich die Gelegenheit gekommen, sich im Kampf auszuzeichnen. Ein Jahr lang beantragte er ein ums andere Mal seine Versetzung an die Front, doch ohne Erfolg. Was er nicht wissen konnte – sein Vater hatte hinter seinem Rücken Briefe an hochrangige Offiziere geschrieben und seinen Einfluß geltend gemacht, damit sein Sohn und Erbe aus dem eigentlichen Kriegsgeschehen herausgehalten wurde. Man versetzte Ueshiba 1905 folglich in ein Regiment in der Mandschurei, das kaum in Kämpfe verwickelt wurde. Nach dem Kriegsende kehrte er unversehrt, aber auch kriegsunerfahren nach Japan zurück.

Auf sein ständiges Drängen bei seinen Vorgesetzten schlugen diese ihn schließlich für den Besuch der Militärhochschule vor, die ihm die Offizierslaufbahn eröffnen würde. Aber wieder machte sein besorgter Vater seinen Einfluß geltend und bewirkte, daß sein Sohn nicht nur bei der

Aufnahmeprüfung für die Akademie abgelehnt, sondern anschließend sogar aus dem Militär ausgemustert wurde. Ohne Perspektiven zu sehen, kehrte Ueshiba schweren Herzens zu seiner Frau nach Tanabe zurück.

Tiefer Absturz

Schon bald nach seiner Heimkehr verfiel er in eine tiefe psychische Depression. Obwohl sich seine Familie nun rührend um ihn kümmerte und ihm neue Aufgaben zu geben versuchte, konnte sie ihm nicht dabei helfen, seinen Sinn und Platz im Leben zu finden.

Über die Jahre wurde der junge Mann immer ruheloser und unzufriedener mit sich, verfiel grundlos in Angstzustände, litt unter Paranoia und hegte Selbstmordabsichten. Er unternahm lange Pilgerreisen in die Berge, um sich von den Kräften der Natur heilen zu lassen, oder schloß sich für Tage in sein Zimmer ein, um Zeremonien abzuhalten oder um zu beten. Schließlich hatte sich der psychische Zustand Ueshibas so verschlechtert, daß die Familie ernsthaft um sein Leben bangte. In seiner Not kurz entschlossen, baute der Vater auf seinem Familiensitz ein Dojo, damit sich Morihei seiner Kampfkunst widmen und dadurch vielleicht einen Ausweg aus der hoffnungslosen Situation finden konnte. Tatsächlich veränderten das Dojo und die Möglichkeit, darin zu üben, die Verfassung des jungen Mannes positiv, und die Familie konnte neue Hoffnungen schöpfen.

Im Jahre 1909 begegnete Ueshiba einem Mann, der ihn vorübergehend aus seiner mißlichen Lage befreien sollte: Minakata Kumakusa[10] (1867–1941). Minakata, ein bekannter Exzentriker und zudem geachteter Mystiker, war gerade von einem langen Auslandsaufenthalt in seine Heimatstadt Tanabe zurückgekehrt und wurde hier eher zufällig mit Ueshiba bekannt. Die beiden hatten sich auf einer Protestkundgebung kennengelernt, die sich gegen das Vorhaben der Regierung richtete, die meisten religiösen Gedenkstätten und Gebetsschreine in der umliegenden Gegend zu liquidieren. Unter der Führung Minakatas gelang es der von ihm organisierten Protestgruppe schließlich, vier Fünftel der Stätten zu erhalten. Ueshiba aber erhielt durch den positiven Ausgang dieses kämpferischen Einsatzes für eine Sache neuen Lebensmut. Auch hatte er während seiner Arbeit für die Protestbewegung Minakata und dessen zweifellos absonderliches Wesen besser kennengelernt und in ihm einen Menschen gefunden, dem er vertraute und der ihn faszinierte. Diese neue Freundschaft half Ueshiba, wieder mit beiden Beinen auf dem Boden zu stehen. Er erkannte bald, daß Tanabe nicht der Ort war, an dem er sich verwirklichen und seine Zukunft gestalten konnte. Noch im selben Jahr erfuhr er von einem Aufruf der Regierung, der ihn förmlich elektrisierte: Es wurden freiwillige Pioniere gesucht, die die nahezu unbewohnte Insel Hokkaido[11] besiedeln sollten. Das war, so fand Ueshiba, die Chance, ein neues Leben anzufangen.

Experiment auf Hokkaido

Im Jahre 1910 unternahm Ueshiba Morihei seine erste Reise nach Hokkaido. Er fuhr zunächst allein, da er für die späteren Pioniere einen geeigneten Ort für die erste Siedlung finden und die dortigen Umweltbedingungen inspizieren mußte. Bereits der erste Eindruck von Hokkaido vermittelte Ueshiba das Gefühl, endlich am Ziel seiner Suche angelangt zu sein. Wenig später hatte er zu seiner Freude auch schon eine Gegend mit fruchtbarem Boden und genügend Trinkwasser entdeckt, die für die Pioniere wie geschaffen schien, und er kehrte sogleich nach Tanabe zurück, um so viele Freiwillige wie möglich für dieses Projekt zu gewinnen. Nach zwei Jahren hatte Ueshiba schließlich eine Gruppe von 84 Siedlern um sich versammelt, die bereit waren, die Strapazen und Risiken eines solchen Unternehmens auf sich zu nehmen. Als man jedoch zu den konkreten Vorbereitungen überging, mußte Ueshiba zu seiner großen Enttäuschung feststellen, daß die Gruppe nicht genügend Mittel aufbringen konnte, um die Reise zu finanzieren. Das Vorhaben stand kurz vor dem Abbruch, bis sich schließlich Ueshibas Vater, der sich um das seelische Wohl seines Sohnes sorgte, erbarmte und die noch offenen Kosten für die gesamte Gruppe aus eigener Tasche bezahlte.

Nachdem auch dieses letzte Hindernis beseitigt war, konnten die Abenteurer am 29. März 1912 endlich die lang ersehnte Reise nach Hokkaido antreten. Ueshiba reiste zunächst ohne seine Familie, da seine Frau 1911 ihr erstes Kind (eine Tochter namens Matsuko) geboren hatte und erst später nachkommen wollte[12].

Die ersten drei Jahre in Shirataki auf Hokkaido erwiesen sich für die Pioniere entgegen ihren Erwartungen als wahrer Alptraum. Bereits während ihrer Anreise machten ihnen mehrere Schneestürme schwer zu schaffen, so daß sie ihr Ziel erst am 20. Mai 1912 erreichten. Ueshiba hatte Hokkaido zuvor im Sommer besucht, und so fehlte ihm jegliche reale Vorstellung von den außergewöhnlich widrigen und unberechenbaren klimatischen Verhältnissen im Winter, auf die die Gruppe demzufolge nicht eingestellt war, und er mußte sich schwere Vorwürfe seiner Landsleute gefallen lassen. Obwohl er eine Gegend mit fruchtbarem Boden ausgesucht hatte, gelang es ihnen anfangs nicht, einen guten Ertrag zu erzielen, und sie waren gezwungen, sich von wilden Nüssen, Flußfischen und Wurzeln zu ernähren. Allmählich lernten es die Siedler jedoch, mit der Natur zurecht zu kommen, und dank ihres unermüdlichen Einsatzes entwickelte sich aus ihrem provisorischen Lager ein kleines Dorf.

Die vielen unerwarteten Schwierigkeiten stellten für Ueshiba eine große Herausforderung dar, an der er aber nicht zerbrach, sondern eher wuchs. Der Kampf mit tausend Schwierigkeiten, aber auch der schließlich sichtbare Erfolg zeigten ihm endlich den so lange gesuchten Sinn in seinem Leben. Es war eine harte Lebensschule, die ihn reifen ließ, so daß er als treibende Kraft für das Wohl der neuen Siedlung sorgte. Unermüdlich half er, wo er konnte, wurde Ratsmitglied des Dorfes und organisierte verschiedene Einrichtungen auf dem Gebiet des Gesundheitswesens und der sanitären Bedingungen. Selbst die große Feuersbrunst, die 1916 fast das gesamte Dorf zerstörte, entmutigte den Pionier nicht, sondern trieb ihn zu noch größeren Kraftanstrengungen an.

Neben der schweren Arbeit in der Siedlung versuchte Ueshiba, seine gewohnten Zeremonien und Trainingseinheiten weitgehend beizubehalten. Er ergriff jede Möglichkeit, seinen Körper zu stählen und seine Fertigkeiten in den Kampfkünsten zu verbessern. Die täglich zu verrichtende Arbeit führte er mit speziell angefertigten Werkzeugen und Hilfsmitteln aus, die ihm die einzelnen Handgriffe noch erschwerten. Die persönlichen Fortschritte im Jujutsu wurden in Auseinandersetzungen mit wilden Bären und Straßenräubern erprobt, und aus den öffentlich ausgetragenen Wettkämpfen ging er ein ums andere Mal als Sieger hervor.

Eines Tages jedoch (um 1915) traf Ueshiba auf einen Mann, der seinem Leben eine neue Richtung geben sollte: Takeda Sogaku, den wahrscheinlich stärksten Kampfkunstmeister und Wanderkrieger jener Zeit, als dieser sich zufällig auf Hokkaido aufhielt.

Ueshiba und Takeda Sogaku

Takeda, der nicht einmal daran dachte, sein Leben als ruheloser Krieger aufzugeben, mußte inzwischen wegen seiner zahllosen Gesetzesübertretungen vor den Ordnungshütern mehr und mehr auf der Hut sein. Nach einigen Jahren war er immer öfter gezwungen, im nördlichen Hokkaido unterzutauchen, denn seine Reisen durch das japanische Hauptland wurden immer riskanter. (Trotzdem kehrte er immer wieder nach Fukushima zurück, um unter Saigo Tanomo zu trainieren.) 1910 ließ er sich auf Hokkaido nieder. In einem Gasthaus in Engaru begann er, seine Kampfkunst, das *Daito ryu Aikijutsu*, zu unterrichten. Sein Können war den Siedlern auf Hokkaido von großem Nutzen, denn obwohl sich Takeda selbst am Rande der Gesellschaft bewegte, hatten die Pioniere es ihm zu verdanken, daß sie weitgehend von Übergriffen gesetzloser Rebellen und Straßenräubern verschont blieben.

Das erste Zusammentreffen Ueshibas mit Takeda[13] hatte der junge Siedler Yoshida Kentaro (1886–1964) zu verdanken. Dieser war aus ähnlichen Gründen wie Takeda auf Hokkaido untergetaucht. Kentaro hatte Ueshiba auf dessen Bitte in Takedas Dojo in Engaru mitgenommen, damit er dort einen Eindruck vom *Daito ryu* bekam, von dem Ueshiba schon früher gehört hatte. Als Ueshiba nun der Demonstration Takedas zusah, wußte er sofort, daß der innere Frieden, den er auf Hokkaido zu finden geglaubt hatte, nur Illusion war. Von den außergewöhnlichen Fähigkeiten des schmächtigen Meisters begeistert, bat er diesen inständig, ihn als Schüler anzunehmen, was dieser schließlich auch tat. Von nun an sollte Ueshiba jede freie Minute nutzen, um die Techniken des *Daito ryu* zu lernen und seinen Lehrer auf dessen Reisen zu begleiten.

Gleich zu Anfang hatte Ueshiba seinem stets mittellosen Meister angeboten, in seinem Haus zu wohnen, um ihn für den erhaltenen Privatunterricht zu entschädigen, den er auf andere Weise nicht begleichen konnte. Doch dieses Angebot kam ihm teuer zu stehen. Jeden Morgen mußte er in aller Frühe aufstehen, um seinem Lehrer das Bad zu bereiten, Frühstück zu machen und das Zimmer zu heizen, bevor dieser aufwachte. Ueshiba erledigte für Takeda Sogaku sämtliche anfallenden Arbeiten im Haushalt und sonstigen lebensnotwendigen Pflichten, massierte ihn täglich über eine Stunde lang und wusch ihm den Rücken. Jede neue Technik, die er lernen durfte, mußte er extra bezahlen, und obwohl Ueshiba nie öffentlich darüber sprach, hört man heute von seinen Schülern, daß ihn die Unterweisung im *Daito ryu* ein kleines Vermögen kostete.

Takeda war aufgrund seiner aus vielen Kämpfen resultierenden Erfahrungen ein äußerst vorsichtiger Mensch: Er verlangte von Ueshiba, daß dieser sein Essen und seine Getränke vorkostete, ihm in der Öffentlichkeit als Leibwächter diente, das Gelände sondierte, Kontaktpersonen überprüfte und ihm in jeder Begegnung den Rücken freihielt. Takeda vermied unübersichtliches Gelände und verhielt sich extrem mißtrauisch gegenüber allem und jedem. Doch all dies störte Ueshiba nicht im geringsten – für ihn war der Unterricht unter Takeda von unschätzbarem Wert.

Als er Ende 1919 ein Telegramm aus Tanabe erhielt, in dem ihm mitgeteilt wurde, daß sein Vater schwer erkrankt sei und im Sterben liege, zögerte er keinen Augenblick, sein Haus Takeda Sogaku zu übertragen, seinen restlichen Besitz unter den Siedlern aufzuteilen und Hokkaido für immer zu verlassen. Damit fand die Ausbildungszeit Ueshibas unter Takeda ihr vorläufiges Ende, doch sollten sich die beiden später unter veränderten Verhältnissen noch einmal treffen.

Deguchi Onisaburo und die Omoto kyo

Obwohl sein Vater todkrank war, kehrte Ueshiba Morihei nicht auf dem kürzesten Weg nach Tanabe zurück. Er reiste vielmehr zunächst nach Ayabe, um dort Kontakt mit der Sekte *Omoto kyo* zu knüpfen, deren Ruf sich bis nach Hokkaido verbreitet und Ueshiba neugierig gemacht hatte.

Die Omoto kyo (Sekte der großen Quelle) war eine der vielen neuen Religionen, die im Japan der zwanziger Jahren entstanden waren und beim Volk großen Zulauf fanden. Sie war von Deguchi Nao[14], der Tochter eines Kleinbauern, gegründet worden, die nach einem Schlüsselerlebnis begann, die Lehre eines allumfassenden Gottes zu verbreiten, dessen unendliche Liebe das beherrschende Prinzip des Universums sei. Vor allem Mystizismus, die Hoffnung auf Erlösung und die Verkündung von Gottes Willen durch seine Prophetin Deguchi Nao charakterisierten in der Anfangszeit die Glaubensinhalte dieser Sekte.

1907 übernahm Deguchi Onisaburo[15], der Adoptiv- und Schwiegersohn Naos, den Vorstand über die Sekte und begann ihre Lehre nach seinen Vorstellungen zu verändern. So führte er unter anderem die Praktiken der *Kotodama*[16] ein, auf denen er den späteren Inhalt seiner Lehren aufbaute.

Historiker führen die Kotodama auf die Lehre des Shintoismus zurück und bezeichnen sie als eine der wichtigsten Grundlagen in der Erziehung des japanischen Gesellschaftsgeistes.

Für die Kampfkünste bekam Kotodama später besonders durch Morihei Ueshiba Relevanz, der diese Lehre von Deguchi Onisaburo kennenlernte und die Übung des Aikido als eine Ausdrucksform der Kotodama auffaßte.

Gleich nach seiner Ankunft in Ayabe hatte Ueshiba die Möglichkeit, an einem Gottesdienst der Sekte teilzunehmen, und da ihm das, was er bisher über die Omoto kyo erfahren hatte, spontan gefiel, nahm er diese Gelegenheit bereitwillig wahr (gleichermaßen wollte er wahrscheinlich auch seines todkranken Vaters in einem rituellen Akt gedenken). Nach dem Gottesdienst kam Deguchi selbst zu Ueshiba, und nach einem längeren Gespräch konnte er diesen davon überzeugen, einige Zeit in Ayabe zu bleiben, um in die Grundzüge des Sektenlebens eingeführt zu werden.

Am 28. Dezember 1919 verließ Ueshiba schließlich Deguchi, begeistert von den Lehren der Omoto kyo, und reiste weiter nach Tanabe, um endlich seinen Vater zu sehen. Dieser war jedoch wenige Tage vor Ueshibas Ankunft verstorben und ließ ihm nur noch durch seine Verwandten seinen letzten Willen übermitteln: »Laß dich nicht beirren, sondern gehe den Weg, den du wirklich willst.«

Voller Selbstvorwürfe und getroffen von der scharfen Kritik seiner Verwandtschaft, die ihm vorwarf, mutwillig nicht rechtzeitig zurückgekommen zu sein, zog er sich in die Berge zurück, um dort mit sich und seinen Gefühlen ins Reine zu kommen. Doch die Einsamkeit bescherte ihm erst recht einen völligen Absturz seines seelischen Befindens. In einem total verwirrten und verwahrlosten Zustand wurde er schließlich von der Polizei aufgegriffen und entging nur knapp der Verhaftung wegen seines psychisch gestörten und aggressiven Verhaltens. Doch fand der Trauernde durch diese ernüchternde Konfrontation mit dem Gesetz schließlich wieder auf den Boden der Tatsachen zurück und entwickelte neuen Lebensmut.

Um seinen Seelenfrieden endlich wiederzufinden, beschloß Ueshiba, mit seiner Familie nach Ayabe zu ziehen und sich ganz den Praktiken der Omoto kyo zu widmen. Ganz in das Leben der Sekte eingebunden, hoffte er, einen neuen Lebenssinn zu finden.

Verständlicherweise waren weder die Familie noch Ueshibas Ehefrau mit diesem Vorhaben einverstanden, und sie erklärten ihn für vollkommen verrückt. Anstatt für den Lebensunterhalt seiner hochschwangeren Frau und seiner beiden Kinder zu sorgen, wollte dieser Mann sich ausschließlich der Lehre einer Sekte widmen! »Bezahlen die Götter deinen Lebensunterhalt?« mußte er sich fragen lassen. Doch Ueshiba blieb hartnäckig, und es dauerte nicht lange, bis er sich durchgesetzt hatte. Noch im Frühjahr 1920 konnte die Familie gemeinsam ihr neues Leben in Ayabe beginnen.

Anfangs hatte Ueshiba dieselben Pflichten zu erfüllen wie jedes andere Sektenmitglied auch. Da sich die Omoto kyo darum bemühte, weitgehend autark von der Gesellschaft zu leben, mußten ihre Anhänger neben allen rituellen Aufgaben zusätzlich jeden Tag handwerkliche oder landwirtschaftliche Arbeiten verrichten. Die Pflicht des Aikijutsu-Meisters war es zum Beispiel, für die Kompostierung der anfallenden Abfälle zu sorgen. Das störte ihn jedoch wenig, da er seiner Meinung nach nun endlich den wahren Weg zur Erleuchtung gefunden hatte. Euphorische Hochstimmung und schmerzhafte Schicksalsschlägen lagen in diesen Monaten dicht beieinander: Noch im Jahr seiner Ankunft starben seine beiden Söhne an einer schweren Krankheit.

Ueshiba hatte sich schnell mit den philosophischen Inhalten und mystischen Praktiken der Omoto kyo vertraut gemacht und widmete sich ihnen voller Eifer. Deguchi Onisaburo, dem Leiter der Sekte, war schon bei ihrer ersten Begegnung aufgefallen, daß der intelligente, begeisterungsfähige Ueshibas sehr offen für die Lehren der Sekte war, und er wußte auch von Ueshibas Ausbildung in den Kampfkünsten. Da ein Prinzip der Sekte darin bestand, jede persönliche Begabung und das spezifische Können der Sektenmitglieder im Dienste des rechten Glaubens zu perfektionieren, riet er Ueshiba, in Ayabe ein Dojo zu bauen und Anhänger der Sekte im *Daito ryu* zu unterrichten. Mit diesem Rat verband sich auch die Hoffnung, in absehbarer Zeit über ausgebildete Leibwächter zu verfügen, die ihn in den vielen schwierigen Situationen, die er im Laufe seines Lebens mit Sicherheit noch zu bestehen hatte, beschützen konnten. Ueshibas neue Funktion schloß mit ein, daß er bis zu dem Tag, an dem er die Omoto kyo verließ, das Leben seines Lehrers wie seinen Augapfel hütete. Als persönlicher Leibwächter Deguchis begleitete er diesen zu jeder Veranstaltung und bei jeder seiner Reisen.[17]

Nach und nach nahmen Deguchis Lehren, die anfangs nur die Erlösung der Menschheit und das zukünftige Erscheinen des Messias zum Inhalt hatten, immer stärker nationalistische Züge an. Das erklärte Ziel der Sektenreligion war ursprünglich das Erreichen von *Satori* (Erleuchtung), durch die eine Verbindung zwischen der praktizierten Lehre und dem alltäglichen Handeln hergestellt werden konnte: »Kunst ist die Essenz der Religion«, lehrte Deguchi und hielt jedes Sektenmitglied dazu an, in seinem Tagewerk die Macht des Universums zu verwirklichen. Um dies zu erreichen, verlangte er die völlige Isolation von der Außenwelt und entmündigte seine Anhänger geradezu. Dafür bot er ihnen eine gänzlich im Schoß der Sekte aufgehobene Lebensweise, in der, von der Selbstversorgung angefangen bis zur Familiengründung, alles in eigener Regie organisiert war. Laut Deguchi würden alle Nationen der Welt, entsprechend ihrem Entwicklungsstand irgendwann in der Zukunft dieselbe Phase der Erkenntnis durchmachen und sich nach Abschluß ihrer Experimente im Mittelpunkt der einzig wahren Weltwahrheit vereinigen: im »Weltreich des Friedens« dessen geographisches Zentrum Ayabe und dessen einziger Herrscher er selbst sei.

Mehr und mehr rückte jedoch das große Ziel der Omoto kyo in den

Mittelpunkt, alle Völker der Erde im japanischen Reich zu vereinigen, in dem Deguchi – inzwischen gottgewordener Mensch – als alleiniger Herrscher regierte. Esperanto und romanisiertes Japanisch sollten alle Sprachen der Welt ersetzen. Deguchi selbst begann sich abwechselnd als Shinto-Gott (Susanowo no Mikoto), als wunderwirkender Schamane, als buddhistischer Gott (Miroku-Buddha), als die sieben Naturgottheiten in einer Person und schließlich als den einzig rechtmäßigen japanischen Kaiser (Tenno) zu bezeichnen.

Seine rethorischen Fähigkeiten, seine herausragende Menschenkenntnis und sein außergewöhnlicher Intellekt verhalfen ihm dazu, nicht nur einfache Menschen für seine Lehren zu gewinnen, sondern auch wohlhabende Geschäftsleute und sonstige Angehörige der gehobenen Gesellschaftsschicht.

Der paramilitärische Charakter der Sekte, ihr wachsender Einfluß auf die gesellschaftlichen Eliten und die Tatsache, daß sie mit über zwei Millionen Mitgliedern inzwischen einen Staat im Staate installiert hatte, der riesige besiedelte Ländereien besaß, sich über eigene Landwirtschaftsbetriebe versorgte und über ein enormes Vermögen verfügte, erregte seit langem das Mißtrauen der Behörden. Als Deguchi schließlich mit Imitationen der drei heiligen kaiserlichen Insignien (Schwert, Spiegel und Juwel) auftrat und den Sturz des amtierenden Kaisers öffentlich voraussagte, war die Geduld der Behörden endgültig erschöpft.

Im Februar 1921 wurde Deguchi verhaftet und des Hochverrats am Kaiser angeklagt. Regierungsbeamte stürmten das Zentrum der Omoto kyo und verwüsteten die Wohnanlagen der Mitglieder.

Ueshiba blieb von diesem ersten Vorgehen der Behörden gegen die Omoto kyo im Jahre 1921 glücklicherweise verschont. Obwohl er bereits damals in einer festen freundschaftlichen Beziehung zu Deguchi stand, war er den Behörden noch nicht negativ aufgefallen und wurde somit nicht belangt. Doch hatte die rabiate Polizei-Razzia zur Folge, daß seine Familie nun ohne Wohnsitz und Lebensgrundlage war. Zu ihrer aller Glück hatte Ueshiba jedoch einen kleinen Lebensmittelvorrat angelegt, von dem sie in der ersten Zeit leben konnten.

In dieser turbulenten Zeit, im Juni 1921, wurde sein dritter und einzig überlebender Sohn, Kisshomaru, geboren, und nur wenig später fand die vorübergehende Not der Familie ihr Ende, da Deguchi Onisaburo bereits vier Monate nach seiner Verhaftung gegen Kaution wieder freigelassen wurde und unmittelbar nach seiner Ankunft in Ayabe mit dem Wiederaufbau der zerstörten Gebäuden begann.

Auch das ehemalige Dojo Ueshibas wurde wieder aufgebaut, und als im April 1922 Takeda Sogaku mit seiner gesamten Familie unangemeldet nach Ayabe kam[18], war es selbstverständlich, daß nach altem Budo-Brauch der Altmeister den Unterricht der Sektenmitglieder vorübergehend übernahm. Nachdem Takeda jedoch mehrere Tage mit den Sektenmitgliedern verbracht hatte, wurde sein Widerwillen gegen ihre fanatischen Ansichten schließlich so groß, daß er bei jeder Gelegenheit seine Verachtung für die Sekte und ihren Führer deutlich zeigte. Es dauerte nicht lange, bis auch Deguchi die Gegenwart Takedas als störend empfand und er Ueshiba dazu drängte, sich von seinem Lehrer endlich zu trennen: »Dieser Mann stinkt nach Blut und Gewalt«. Im September, nur vier Monate nach der Ankunft Takedas in Ayabe, kam es zum endgültigen Bruch zwischen Lehrer und Schüler. Die Freundschaft, die Ueshiba so lange mit seinem Meister verbunden hatte, wurde zerstört. (Ob Ueshiba damals dennoch die Lehrerbestätigung des *Daito ryu* von Takeda erhielt, bleibt bis heute fraglich. Einige behaupten sogar, daß Sogaku von der Sekte umgerechnet 10 000 Dollar erhalten hätte, damit er endlich abreiste und sich nie mehr bei der Omoto kyo blicken ließe.)

Ueshiba hatte sich voll und ganz der Omoto kyo Sekte und der Loyalität zu seinem Lehrer Deguchi Onisaburo verschrieben. Unermüdlich beschäftigte er sich mit den Praktiken der Sekte und widmete sich der Übung und dem Unterricht im *Daito ryu*. Sein Tag begann vor Sonnenaufgang mit Gartenarbeiten und endete spät am Abend mit persönlichen Studien.

Der Schwerpunkt seiner Übungen lag zu jener Zeit auf dem Studium der Kotodama und deren Übertragung in die Techniken des *Daito ryu*. Mit den gewonnenen Erkenntnissen begann Ueshiba allmählich, die Prinzipien seiner Kampfkunst immer mehr zu verändern, bis daraus eine esoterische, aber auch zugleich kriegerische Kampfkunst entstanden war, die er *Aikibujutsu* (Kampfkunst der Harmonie) nannte.

Die neue Lehre Ueshibas unterschied sich im Grunde nicht wesentlich von der extrem körperlich betonten Kampfkunst, die er vorher geübt hatte. Einzig die Philosophie der Omoto kyo war in einigen Punkten stärker mit einbezogen worden.

Die innere Ruhe, die Ueshiba durch seine Beschäftigung mit den Lehren der Omoto kyo erlangt hatte, war jedoch auch diesmal nur von kurzer Dauer. Obwohl er ein tief religiöser Mensch war und sich mit seinem Lehrer Deguchi gut verstand, stieß sein Auftreten bei den anderen Sektenmitgliedern zunehmend auf Widerstand. In ihren Augen hatte er sich zu einer zwar fähigen, aber intoleranten Autorität entwickelt, die keinerlei Fehlverhalten an Menschen seiner Umgebung duldete, nur elitäre Sektenangehörige akzeptierte und »Durchschnittsmenschen« verachtete. Die meisten Menschen begannen Ueshiba zu meiden und schlossen ihn aus ihrer Gemeinschaft aus.

Diesen arroganten Charakterzug sollte er bis zum Ende seines Lebens beibehalten und in bezug auf sein Verhalten gegenüber seinen Schülern später noch steigern.

Das mandschurische Abenteuer

Zu diesem inneren Unfrieden kamen neuerliche Schwierigkeiten mit den Behörden, die die radikalen Ansichten Deguchis zum Anlaß für eine noch stärkere Verfolgung der Sekte nahmen. In der Nacht zum 13. Februar 1924 sah sich Deguchi schließlich gezwungen, mit einigen seiner engsten Anhänger aus seiner Zentrale zu fliehen, um der drohenden Verhaftung zu entgehen. Da Ueshiba seinen Meister selbstverständlich als Leibwächter begleitete, verließ auch er an diesem Tag Ayabe und damit auch seine Familie.

Bereits vor seiner Flucht hatte Deguchi von einem Mann namens Yutaro Yaru eine Einladung in die Mandschurei[19] erhalten. Yaru war ein loses Mitglied der Omoto kyo und arbeitete für die Gesellschaft des Schwarzen Drachen[20], einen berüchtigten nationalistischen Geheimbund, dessen fanatische Mitglieder die Annexion der Mandschurei durch Japan anstrebten. Das Ziel dieser Gesellschaft, der auch viele Kampfkunstmeister angehörten, war es, den japanischen Einfluß in der Mandschurei mit allen Mitteln zu verstärken und das Gebiet endgültig unter die Kontrolle Japans zu bringen. Dazu unterhielt sie in der Mandschurei ein Spionagenetz und arbeitete nach alten Ninja-Methoden im Untergrund mit Anschlägen und Terrorismus. Deguchi schien ihnen daher aufgrund seiner großen Ausstrahlung auf die Massen und seiner nationalistischen Gesinnung wie geschaffen, ihre Interessen zu vertreten.

In auswegloser Situation folgte Deguchi Yarus Einladung. Der Sektenführer wußte natürlich, daß Yaru ihn im Auftrag des Bundes benutzen wollte, ging jedoch davon aus, die Absichten der Nationalisten rechtzeitig zu durchschauen und in der Mandschurei sein ersehntes »Reich des Friedens« gründen zu können. In der Nacht seiner Flucht aus Ayabe brach er schließlich in Begleitung von Matsumura (ein Rechtsanwalt, der nach der Gründung des Friedensreiches das Gesetzbuch verfassen sollte), Nada (persönlicher Friseur, der für sein optisches Erscheinungsbild verantwortlich war) und Ueshiba auf, um über Korea illegal in die Mandschurei zu reisen.

Dort angekommen, zeigte sich der damalige Mandschu-Kaiser Tchang Tso-Lin (1873–1928), dem Deguchis Vision von einem »Reich des Friedens« imponierte, den Anhängern der Omoto kyo gegenüber zunächst wohlwollend und unterstützte diese sogar bei der Gründung ihrer »Unabhängigen Armee des Nordwestens«, unter deren Schutz sie durch das unsichere Land reisen und ihre Religion dem Volk vermitteln wollten. In Fengtian traf die Expedition schließlich mit den Anhängern des »Schwarzen Drachen« zusammen, die mit Hilfe von Lou Tch'an Kouei, dem Anführer einer kriminellen Untergrundorganisation, Deguchis Schutztruppe auf 130 Mann verstärkten.

Zu Deguchis Leidwesen stellte sich seiner Mission ein Problem in den Weg: Der shintoistische Glaube, auf dem die Prophezeiungen der Omote kyo hauptsächlich beruhten, war leider nicht dazu geeignet, die buddhistischen Mandschus zu überzeugen. Dem Sektenführer fiel es aufgrund seiner Flexibilität und seines Einfallsreichtums jedoch nicht schwer, im Handumdrehen eine neue Religion zu gründen – den Omoto-Buddhismus. Dieser war nun ganz auf den einheimischen Glauben der Bevölkerung zugeschnitten, und Deguchi bezeichnete sich je nach Situation als Maitreya[21] (Inkarnation des zukünftigen Buddha) oder als Dalai Lama[22].

Er predigte das Himmelreich auf Erden (Shambhala), in dem sein Anwalt Matsumura ein Panchen Lama und Ueshiba der Wang Shou Kao (König der Beschützer) war.

Innerhalb weniger Monate waren Deguchi und seine Anhänger fast durch die ganze Mandschurei gereist und hatten den ungebildeten Einwohnern den Himmel auf Erden und den Beginn eines neuen Königreichs der Güte und Gerechtigkeit gepredigt. Als Dalai Lama der aufsteigenden Sonne oder als Zweiter Dschingis Khan heilte Deguchi Kranke, bewirkte Wunder und verteilte Reis und Salz. Zwar wurde seine Expedition immer wieder von Wegelagerern angegriffen, doch nahm Ueshiba diese Vorfälle gern als Gelegenheit, um die Effektivität seiner tödlichen Techniken zu testen und dabei natürlich das Leben seines Lehrers zu schützen. Angeblich bewahrte ihn sein sechster Sinn davor, auch nur ein einziges Mal durch einen Angriff überrascht oder verletzt zu werden.

Nach kurzer Zeit erfuhr der mandschurische Kaiser von Deguchis Verbindung zu den japanischen Untergrundorganisationen und vermutete Verrat. In einer schlagartig ausgeführten militärische Aktion ließ er die 130 Mann starke Truppe der Omoto kyo in Baian Dalai verhaften und alle Angehörigen auf der Stelle hinrichten. Einzig Deguchi, Ueshiba, Matsumura und Nada entkamen dem Tod, sie wurden ins Gefängnis geworfen. Dem mandschurischen Kaiser erschien die Hinrichtung auch dieser Japaner zu riskant, da er eine japanische Militärintervention als Antwort zu befürchten hatte. So kehrten Deguchi und seine verbliebenen drei Getreuen am 25. Juli 1924 nach Japan zurück – unversehrt und um die Gewißheit und Überzeugung bereichert, daß die Zeit für das neue Königreich des Friedens noch nicht gekommen war.

Gleich nach ihrer Ankunft wurde Deguchi verhaftet, da er die Bewährungsauflage, Ayabe nicht zu verlassen, verletzt hatte. Die Sekte wurde strenger als je zuvor kontrolliert, und Deguchis Anhänger mußten eine ganze Zeit lang ihre gesamten öffentlichen Aktivitäten einstellen, um die Behörden zu besänftigen. Wie durch ein Wunder blieb Ueshiba auch dieses Mal von einer Strafe verschont.

Der Zauberer von Ayabe

Ueshiba begann wieder mit dem Training – doch sein Wesen hatte sich verändert. Die Erfahrungen, die er in der Mandschurei gemacht hatte, und die Tatsache, daß er mehr als einmal dem Tod ins Auge geblickt und eigenhändig mehrere Gegner getötet hatte, schufen eine noch deutlichere Distanz zu seinen Mitmenschen – für ihn waren sie mehr denn je »Durchschnittsmenschen« – und verliehen ihm einen unerbittlichen Charakterzug.

Sein durch Gefahren geschärfter intuitiver Sinn hatte sich durch das mandschurische Abenteuer so stark entwickelt, daß er in der Folgezeit die Trainingsinhalte des Aikibujutsu total veränderte. Das Hauptziel seiner Übung war nun, den Angriff eines Gegners zu erkennen, bevor er Realität würde. Die Erfahrung, viele Menschen mit eigener Hand getötet zu haben, nahm dem Meister den Respekt vor dem Leben anderer, aber auch jeden Schrecken vor dem Tod. Er scheute sich nicht mehr, den realistischen Kampf auf Leben und Tod zu üben und von seinen Schülern eine ebensolche Haltung zu verlangen. Unvermittelt führte er in seinen Unterricht das Üben mit scharfen Klingenwaffen ein. Er befahl seinen Schülern, ihn damit anzugreifen mit dem Ziel, ihn zu töten. Vor allem das Training mit Lanzen und Schwertern bildete in jenen Tagen den Hauptteil des Unterrichts, und mehrere der damaligen Schüler Ueshibas erinnerten sich später, daß ihr Meister sich wie eine »wutentbrannte Gottheit« durch das Dojo bewegt hatte.

Doch auch diese extreme Art des Trainings reichte nicht aus, Ueshiba in seinem neuen Realitätswahn zu befriedigen, und er begab sich auf die Suche nach noch höherer Perfektion. Die wichtigsten Stationen seiner Reise waren die Naichi-Wasserfälle bei Kumano, wo er sich den esoterischen Lehren der Yamabushi[23] widmete und ihren mystischen Praktiken unterzog.

Diese Studien veränderten den Kampfkunstmeister aufs neue. Er entwickelte eine ungeheure Ausstrahlung und Dominanz in seiner Persönlichkeit, was viele Menschen beeindruckte, aber auch erschreckte.

Legenden entstanden über seine geheimnisvollen und schrecklichen Kräfte. Er war, so erzählte man, in der Lage, Gegenstände zu bewegen und eine Person ohne Berührung zu verletzen. Ungläubige Kampfkunstexperten kamen zuhauf in Ueshibas Dojo, um den »Zauberer von Ayabe« zu sehen und seine Fähigkeiten zu testen. Keinem der vielen Herausforderer gelang es, den Meister im Kampf zu gefährden. So sehr sie sich auch bemühten, Ueshiba ließ ihre Angriffe ins Leere laufen und spielte mit ihnen wie mit Anfängern. Er begegnete seinen Gegnern immer mit einem Lächeln im Gesicht, verletzte aber nie jemanden. Voller Staunen erzählte man bald von dem mysteriösen Meister und seiner Kampfkunst, durch deren Beherrschen man jeden Gegner ohne Anstrengung, mit einem Lächeln auf den Lippen, besiegen konnte.

Nach einem dieser Kämpfe ging Ueshiba, um seinen Geist zu klären, in den Garten seines Dojo. Nachdem er sich an einem Brunnen das Gesicht gewaschen und etwas von dem kühlen Wasser getrunken hatte, begann er unter den Bäumen auf und ab zu spazieren. Wie aus heiterem Himmel bebte jedoch plötzlich der Boden unter seinen Füßen, und aus der Erde stieg ein goldener Nebel. Als er von seinen Schülern später zu diesem Moment befragt wurde, erzählte er: »Mein ganzer Körper erzitterte unter dieser Kraft der Natur, und auf einmal spürte ich, daß die Erde und der Himmel eins sind. Eine spirituelle Energie umgab meinen fleischlichen Körper und verwandelte ihn in eine goldene Hülle. Ich sah das Göttliche und gelangte zu einer Erleuchtung, die wahr, siegreich und sicher ist. Auf einmal verstand ich die Natur der Schöpfung: Der Weg des Kriegers soll die göttliche Liebe offenbaren, einen Geist, der alle Dinge schützt und ernährt. Tränen der Dankbarkeit und Freude rannen über meine Wangen. Ich sah das ganze Universum als mein Zuhause und die Sonne, den Mond und die Sterne als meine Freunde an. Jede materielle Gebundenheit an die Dinge fiel von mir ab. Und als mich die Erde zurückholte, hatte ich verstanden, daß das Budo unnütz ist, wenn es dem Siegen dient. Budo darf nicht zum destruktiven Werkzeug werden, sondern muß der Harmonie mit dem Universum dienen und der Welt den Frieden bringen.«

Ueshiba tritt an die Öffentlichkeit

Nach diesem Ereignis, das heute von Ueshibas Schülern als seinen Eintritt in die Erleuchtung *(Satori)* bezeichnet wird, schien der Meister unheimliche Fähigkeiten zu entwickeln. Es war für ihn, so wird berichtet, ein leichtes, schwere Felsbrocken zu versetzen oder riesige Distanzen zu überspringen. Tatsächlich könnte man sagen, daß Ueshiba von diesem Zeitpunkt an über einen stark ausgeprägten »sechsten Sinn« verfügte und eine enorme physische und psychische Stärke entwickelt hatte. Ueshibas Ruf verbreitete sich schnell, und immer mehr Menschen kamen, um das Wunder von Ayabe mit eigenen Augen zu sehen.

Unter ihnen waren auch Nishimura Shutaro, der beste Kämpfer des Judokan der Waseda-Universität, und Tomiki Kenji, dessen bester Schüler, die sich beide nach einem kurzen Zusammentreffen mit Ueshiba eingestehen mußten, daß dieser weitaus besser war als der beste Kämpfer, dem sie je begegnet sind. Auch Takeshita Isamu, ein Admiral des Kaisers und Gönner vieler Kampfkunstmeister (er unterstützte unter anderen auch Funakoshi und Kano), hatte von dem »Zauberer« gehört, und da ihn die Kunst Ueshibas sehr interessierte, lud er diesen im Herbst 1925 zu einer Demonstration nach Tokyo ein. An diesem gesellschaftlichen Ereignis nahmen viele hohe japanische Würdenträger der Kampfkünste teil, die ebenfalls gespannt auf die Vorführung Ueshibas warteten. Dieser sorgte schließlich auch für wahre Begeisterungsstürme, als er im Laufe seiner Vorführung 125 Pfund schwere Reissäcke aufspießte und diese, ohne ein Korn zu verlieren, hin und her bewegte. Die Folge seiner spektakulären Darbietung war, daß die Behörden ihm sogleich anboten, im Aoyama-Palast für hochrangige Judo- und Kendo-Lehrer verschiedene Weiterbildungskurse zu veranstalten.

Nachdem der erste Kurs, den Ueshiba ohne zu zögern annahm, nach 21 Tagen erfolgreich und mit begeisterten Teilnehmern beendet worden war, begannen jedoch mehrere hohe Beamte des Kaisers, die Fortführung dieses Projektes zu beanstanden. Sie störten sich an Ueshibas Verbundenheit mit Deguchi, erklärten, daß die Regierung mit der Unterstützung des Meisters die Aktivitäten der Omoto kyo legalisiere, und forderten die sofortige Distanzierung des Staates von allen weiteren Pläne dieser Art.

Ueshiba demonstriert Aikido-Techniken

Als Ueshiba davon erfuhr, verließ er Tokyo noch am selben Tag und kehrte beleidigt zu Deguchi nach Ayabe zurück. Doch der Sektenführer war mit dieser Entscheidung des Kampfkunstmeisters nicht einverstanden und ermahnte ihn: »Deine Lebensaufgabe besteht darin, der Welt die wahre Bedeutung des Budo zu vermitteln. Folge deiner Bestimmung und gehe deinen eigenen Weg.«

Umzug nach Tokyo

Ueshiba hatte verstanden, daß er sich von der Sekte trennen mußte, um seine Lebensaufgabe erfüllen zu können. So kehrte der Kampfkunstmeister bereits wenige Monate später (1926) Ayabe den Rücken und zog nach Tokyo, um sich dort niederzulassen und ein neues Leben zu beginnen. Das einstige Mißtrauen der Beamten gegen Ueshiba hatte sich wie durch ein Wunder in Nichts aufgelöst, und innerhalb kürzester Zeit erwarb sich der Kampfkunstmeister mit Hilfe des Admirals Takeshita begeisterte Anhänger unter den höheren Militärs und umgab sich mit einer reichen Gönnerschaft.

Auf dieser Woge des Erfolges holte ihn die Vergangenheit unversehens ein: Der ständige Ärger mit den Behörden und die Strapazen des mandschurischen Abenteuers waren nicht ohne Nachwirkungen auf seine Gesundheit geblieben, und Ueshiba wurde in Tokyo schwer krank. Die großen Belastungen und das nährstoffarme Essen hatten wohl seinen Magen und seine Leber angegriffen. Was er jetzt brauchte, waren vor allem Ruhe und Schonung. So kehrte er nach Ayabe zurück, um genesen zu können. Sechs Monate später war er wieder gesund und in der Lage, Ayabe – diesmal für immer – zu verlassen. Und da sich bereits vorher seine finanzielle Situation dank mehrerer großzügiger Gönner so weit gefestigt hatte, daß er mit seinem Einkommen auch seine Familie versorgen konnte, zögerte der Kampfkunstmeister nicht lange und zog mit seiner Frau und den Kindern im September 1927 nach Tokyo – wohl wissend, daß nun ein neuer Lebensabschnitt beginnen sollte.

Die ersten Jahre nach Ueshibas endgültigem Umzug nach Shiba Shirogane in Tokyo stellten sich für den Kampfkunstmeister trotz kleinerer Schwierigkeiten nicht als sonderlich problematisch heraus. Die Tatsache, daß Ueshiba schon vor seiner Krankheit in der sogenannten High-Society Tokyos bekannt und hoch geachtet war, sorgte dafür, daß er viele Schüler aus hohen Armee- und Marinerängen, Adlige und einflußreiche Unternehmer unterrichten konnte. Da es ihm anfangs jedoch finanziell noch nicht möglich war, einen eigenen Trainingsraum zu bauen, stellten Gönner ihm kurzerhand geeignete Räumlichkeiten in ihren eigenen Wohnanlagen zur Verfügung.

Im Laufe der Zeit wurde Ueshiba schließlich auch in breiten Schichten der Bevölkerung immer bekannter, wozu nicht zuletzt sein unter Deguchi ausgebildeter Sinn für übernatürliche Darstellungen beitrug. Die vielen Legenden um seine Übernatürlichkeit gingen größtenteils auf sein außergewöhnliches Talent zur Präsentation von Sensationen zurück, die das Volk stets in ehrfürchtiges Erstaunen versetzten.

So soll sich der Meister angeblich auf einem militärischen Stützpunkt, dessen Soldaten für ihre exzellente Nahkampfausbildung bekannt waren, ganz allein einer 40 Mann starken Truppe zum Kampf gestellt und die Soldaten innerhalb kürzester Zeit ohne große Schwierigkeiten besiegt haben. In einem anderen Fall soll er einem Exekutionskommando, das mit scharfer Munition auf ihn schoß, gegenüber gestanden und die Kugeln durch die Kraft seines Geistes daran gehindert haben, ihn zu töten. Diese und andere Experimente ließ er von hochrangigen Armeeoffizieren und persönlichen Schülern stets belegen, deren Propaganda die Legendenbildung im Volk förderte wie bei keinem anderen Meister seiner Zeit.

Glaubhafter erscheint jedoch die Geschichte des Zeitungsverkäufers Isshi, der eines Tages in das Dojo Ueshibas kam, um den Meister um Unterricht zu bitten. Da sich an diesem Tag keine anderen Schüler im Dojo befanden, trainierte Isshi allein mit Ueshiba. Gegen Ende des Trainings unterbrach der Meister plötzlich die Übung seines Schülers und wies diesen an, sich einen Speer zu greifen und zu versuchen, ihn damit zu töten. Doch Isshi weigerte sich, an diesem Experiment teilzunehmen, aus Furcht, seinen Lehrer zu verletzen. Der Meister versicherte Isshi immer wieder, daß dieser für eventuelle Folgen auf keinen Fall zur Rechenschaft gezogen würde, der Zeitungsverkäufer jedoch konnte seine Angst nicht überwinden, führte nur halbherzige Angriffe mit dem Speer aus und brachte damit Ueshiba schließlich dazu, das Experiment abzubrechen.

Solche und ähnliche Geschichten steigerten das Ansehen des Meisters unter der sensationshungrigen Bevölkerung ungemein, und nach anfänglicher Skepsis kamen sogar besorgte Väter zu Ueshiba, die ihre Töchter in seiner effektiven Selbstverteidigungskunst unterrichten lassen wollten, um sie besser vor Angriffen gewalttätiger Lustmolche zu schützen.

1930 war Ueshiba schließlich in allen Gesellschaftsschichten Tokyos so gut bekannt, daß er zusammen mit einem festen Schülerstamm im Ortsteil Meijirodai endlich ein eigenes Dojo eröffnen konnte.[24] Diese Errungenschaft gab dem Kampfkunstmeister nach Jahren endlich wieder die Möglichkeit, sein eigenes Studium des Aikijutsu zu intensivieren. Fortan konnte er sich in jeder freien Minute dem Unterricht und dem Studium seiner Kampfkunst widmen.

Begegnung mit Kano

Im Sommer desselben Jahres erhielt Ueshiba von Jigoro Kano, der zum wiederholten Male versuchte, mit ihm Kontakt aufzunehmen, eine Einladung in den Kodokan, doch weckte dies nicht das geringste Interesse bei ihm, und er lehnte die Einladung ohne weiteren Kommentar ab. Kano jedoch, dessen Wunsch, Ueshiba zu sehen, immer größer wurde, ließ sich von den wiederholten Absagen nicht irritieren. Die begeisterten Erzählungen seiner Schüler, die sich bei verschiedenen Gelegenheiten von den Fähigkeiten des Aikijutsu-Meisters überzeugen konnten, veranlaßten Kano schließlich, seinerseits Ueshiba aufzusuchen.

Im Oktober 1930 reiste der Begründer des Judo nach Meijirodai, um sich über Ueshibas Aikijutsu aus eigener Anschauung eine Meinung zu bilden. Schon nach einer kurzen Demonstration mußte Kano feststellen, daß diese Kunst die Realisierung seiner eigenen Vorstellungen vom perfekten Budo darstellte. Seinen Schülern hatte er immer gepredigt, daß das Geheimnis des Judo im korrekten Umgang mit jeder nur erdenklichen Situation liege. Die Worte »Verneige dich vor deinem Gegenüber, wenn er vor dich tritt – schicke ihn auf seinen Weg, wenn er dich verläßt,« beinhalteten die Essenz seiner eigenen Lehre. Aber in Ueshibas Aikijutsu sah er sie zum erstenmal perfekt verwirklicht.

Im Gegensatz zu Kanos Begeisterung für Ueshiba konnte dieser dem Judomeister keine Achtung entgegenbringen. Nachdem er mit den besten Kämpfern des Kodokan Katz' und Maus gespielt hatte, war der Aikidomeister von der Sinn- und Wirkungslosigkeit des Judo zutiefst überzeugt und zeigte dies im folgenden bei jeder Gelegenheit unverhohlen. Nach einer dieser erneut peinlichen »Herausforderung« seiner Schüler soll Kano in Gegenwart Ueshibas beschämt zugegeben haben, daß Judo im Grunde nur eine Art Leibesertüchtigung sei.

Die Folge dieses Vorfalls war, daß im Laufe der Zeit immer mehr gute Schüler den Kodokan verließen, um unter Ueshiba »das perfekte Budo«, wie es selbst Kano bezeichnete, zu lernen. Andere Judokas begannen – als Ergänzung zu ihrem Judotraining – mit dem Üben des Aikijutsu. Ueshiba weigerte sich jedoch stets, Kanos Schülern die Essenz seiner Kampfkunst zu zeigen, da er beständig Angst hatte, diese könnten ihm seine Techniken »stehlen« und in die Kodokan-Systeme einführen. Selbst Mifune Kyuzo, ein hochangesehener Kampfkunstmeister des Kodokan, wurde trotz mehrmaliger und eindringlicher Bitten nicht als Schüler angenommen.

Unter den höchstgraduierten Schülern, die Kano verließen, um das Aikijutsu zu studieren, war Hoshi Tetsuomi[25], ein 6. Dan des Kodokan. Wie viele andere auch, hatte Hoshi den Aikido-Meister zu einem Zweikampf herausgefordert, um dessen sagenhaften Fähigkeiten zu testen. Zu seiner großen Verwunderung mußte der Judoka feststellen, daß er dem Kampfkunstmeister haushoch unterlegen war und von Ueshiba ohne die geringste Mühe ein ums andere Mal zu Boden geschleudert wurde. Nach einer dieser schmählichen Niederlagen gab Hoshi seine Graduierung kurzentschlossen an den Kodokan zurück und begann gewissenhaft mit dem Training unter Ueshiba.

Doch nicht nur die ehemaligen Schüler des Kodokan profitierten von ihrem Wechsel zu Ueshiba. Auch der Kampfkunstmeister erhielt durch die nicht zu unterschätzende Vorbildung seiner neuen Schüler einige bereichernde Erkenntnisse. So gelang es Hoshi zum Beispiel während eines Trainings beinahe, Ueshiba, der an ihm gerade etwas demonstrierte, mit einem überraschend angesetzten Judowurf zu Fall zu bringen. Der Aikijutsu-Meister konnte erst im letzten Augenblick sein Gleichgewicht wiederfinden und dadurch den Wurf neutralisieren, was er sich später Zeit seines Lebens immer wieder vor Augen führte: »Selbst wenn du dich unter deinen Schülern oder vertrauten Menschen bewegst, solltest du dich nie in Sicherheit wiegen und deine Aufmerksamkeit vernachlässigen.«

Die Gründung des Kobukan

1931 gab Ueshiba schließlich die doch ziemlich provisorische Trainingshalle in Meijirodai auf und zog mit seinen Schülern nach Wakamtsu cho, einem Bezirk Tokyos. Dort hatte man ihm ein großes Dojo mit angeschlossenen festen Wohnräumen gebaut, das der Kampfkunstmeister noch im April desselben Jahres einweihte und feierlich auf den Namen Kobukan (kaiserliche Halle der Krieger) taufte. Damit hatte der Aikijutsu-Meister für seine Kampfkunst endlich jenen offiziellen Charakter erreicht, der es ihm ermöglichte, sich im Kreis der japanischen Kampfkünste zu etablieren und über die Grenzen Tokyos hinaus bekannt zu werden.

Das Echo auf diese beträchtliche Aufwertung erreichte schließlich auch Takeda Sogaku, der es sich nicht nehmen ließ, seinen ehemaligen Schüler kurz nach der offiziellen Einweihung für einige Wochen zu besuchen. Doch hatten sich die Kampfkunstauffassungen der beiden Meister zu diesem Zeitpunkt bereits so sehr voneinander entfernt, daß sie sich nicht mehr verstanden und ihre Wege sich für immer trennten.

Die dem Kobukan angeschlossenen Wohnräume gaben Ueshiba zum erstenmal Gelegenheit, *Uchi deshi* (innere Schüler) aufzunehmen, die bei ihm übten und lebten. In der Auswahl der Uchi deshi war der Meister sehr wählerisch und akzeptierte nie mehr als 10 solcher Schüler. Wer als Uchi deshi aufgenommen werden wollte, mußte zwei Geldgeber vorweisen, die ihn über seine Lehrzeit hinweg finanziell unterstützten, benötigte ein Empfehlungsschreiben von einem anerkannten Kampfkunstmeister und mußte in einem persönlichen Gespräch mit Ueshiba diesem interessant genug erscheinen. Der Unterricht der Uchi deshi war sehr hart und brachte dem Kobukan bald die Bezeichnung *Jigoku dojo* (Trainingsstätte der Hölle) ein.

Der bekannteste Schüler Kanos, der in jener Zeit von Ueshiba als Uchi deshi aufgenommen wurde, war Shioda Gozo[26]. Dieser hatte in der Absicht, die Effektivität seiner Judotechniken zu testen, kläglich gegen Ueshiba versagt und wurde nach diesem Kampf am 23. Mai 1932 im Alter von 17 Jahren Ueshibas persönlicher Schüler. Er sollte später einer der Haupterben von Ueshibas Kampfkunst werden, obwohl er einer jener Schüler war, die die spätere Linie Ueshibas verließen. Auch andere berühmte Budoka, vor allem aus Jigoro Kanos Kodokan, wurden seine Schüler, unter ihnen auch Mochizuki Minoru[27] und Tomiki Kenji[28].

Weiterentwicklung des Aikijutsu

Da sich Ueshiba mit seiner Kampfkunst in jener Zeit in einer Phase des Studiums und der Selbstversuche befand, konnte jedes Training im Kobukan zum Abenteuer werden. Der Meister erarbeitete ständig neue Formen der Bewegung und zog seine Schüler als Testpersonen heran, um dieses oder jenes auszuprobieren. Sein Unterricht wies keinen systematischen Aufbau auf, sondern war eine Widerspiegelung des jeweiligen Stadiums seines Forschens und Experimentierens. Es kam nicht selten vor, daß eine Technik, die an dem einen Tag eingeübt worden war, am nächsten Tag schon wieder vollständig verworfen wurde. Gleichzeitig beschäftigte sich der Aikijutsu-Meister intensiv mit der Übung des Kendo und richtete sogar eigens dafür im Kobukan eine Schwertkunstabteilung ein, in der jeder Schüler zusätzlich trainieren sollte. Sein Adoptiv- und Schwiegersohn Nakakura Kiyoshi[29], der auch ein Meisterschüler von Nakayama Hakudo (bekannter Kendo-Meister) war, leitete zunächst dieses Training, verließ das Dojo seines Adoptivvaters jedoch, nachdem er sich mit diesem wegen dessen fanatischen Bekenntnisses zur Omoto kyo überworfen hatte. Shirata Rinjiro (1912–1993), einer der ersten Uchi deshi des Aikijutsu-Meisters, erzählte über diesen Abschnitt seiner Lehrjahre: »Wir mußten zu jener Zeit alle Herausforderungen annehmen und unbedingt gewinnen. Der Sensei sprach uns das Recht ab, gegen irgendjemanden zu verlieren. Ueshiba-Sensei trainierte ebenso hart wie wir alle. Alle, die ihn kannten, waren verblüfft über den außergewöhnlichen Eindruck von Kraft, den er entwickelte. Doch er trainierte immer allein und gab keinerlei Anweisungen. Wir sollten ihn aufmerksam beobachten, aber lernen mußten wir allein.«

Ueshiba war ein unangenehmer Lehrer, unberechenbar für seine Schüler, stets launisch und gereizt, doch er faszinierte durch seine ungeheure Ausstrahlung von Dominanz und Kraft.

Zusätzlich zu seinem Training am Kobukan unterrichtete er bis 1942 auch in verschiedenen anderen Dojo (Sonezaki dojo, Suida dojo und Otsuka dojo) und entwickelte Fertigkeiten, die es ihm selbst als Fünfzigjährigem erlaubten, mühelos mehrere bewaffnete Gegner mit der bloßen Hand zu besiegen.

Um seine Erfahrungen seinen besten Schülern zugänglich zu machen, hatte er bereits 1933 im privaten Kreis ein Lehrbuch mit dem Titel »Budo Renshu« veröffentlicht. Dieses Werk – heute ein begehrtes Liebhaberobjekt für Sammler – enthält Erläuterungen zu seiner damaligen Kampfkunstauffassung und mehrere Zeichnungen, die von Kunigoshi Takako[30] (*1909), seiner besten Schülerin zu jener Zeit, angefertigt worden waren. 1958 und 1961 erschienen zwei Filme »Koichi Tohin« und »König des Aikido« mit Ueshiba im Interview und verschiedenen Demonstrationen des Meisters.

Die folgenden Jahre sollte der Kampfkunstmeister dazu nutzen, um ungestört der Weiterentwicklung seines Aikijutsu nachzugehen.

Hohe Akzeptanz und gefährliche Verwicklungen

Viele einflußreiche Persönlichkeiten standen in engem Kontakt mit Ueshiba, da dieser entweder sie selbst oder einen ihrer Verwandten unterrichtete. Sogar Mitglieder der kaiserlichen Familie und der damalige Premierminister General Hideki Tojo zählten zu seinen Schülern. Auch die Tatsache, daß viele Schüler der berühmten Judo-Hochburg Kodokan zu Ueshiba kamen, um sich von ihm unterrichten zu lassen, erhöhte den Nimbus des Aikijutsu. Es verwundert nicht, daß Ueshiba einer der renommiertesten Budo-Meister Japans wurde. Später, nach Kanos Tod im Jahre 1948, übernahm er die unangefochtene Spitze in der Hierarchie der japanischen Budo-Meister. Doch bis dahin sollte er noch einige Schwierigkeiten zu überwinden haben.

Am 8. Dezember 1935 brachten die ehemaligen Verbindungen zur Omoto kyo den Kampfkunstmeister erneut in Schwierigkeiten. Deguchi Onisaburo hatte nach verbüßter Haft seine Aktivitäten sogar noch verstärkt (er verbündete sich mit verschiedenen ähnlich gearteten Organisationen) und so der japanischen Regierung den Fehdehandschuh hingeworfen. Diese nahm ihn auf, entschlossen, die Macht der Sekte ein für allemal zu brechen. Polizei und Militär stürmten den Hauptsitz der Omoto kyo und zerstörten die Gebäude vollständig. Deguchi Onisaburo wurde erneut verhaftet und mit ihm 500 weitere Mitglieder der Organisation[31].

Im Zuge dieser Aktion wurde auch ein Haftbefehl gegen Ueshiba erlassen. Dessen frühere Kontakte zur Sekte sowie die Tatsache, daß er seit 1932 dem Dai Nihon Budo Senyo Kai[32] vorstand, waren für die Behörden Grund genug, den Kampfkunstmeister unter Arrest zu stellen. Erschwerend kam hinzu, daß Ueshiba einige Zeitlang der Sakura Kai (ultranationalistische Vereinigung, die einen Putschversuch plante) gestattet hatte, den Kobukan als Treffpunkt zu nutzen. Das brachte wohl das Faß zum Überlaufen und Ueshibas Namen auf die schwarze Liste. Durch einen glücklichen Umstand hielt sich Ueshiba jedoch zu diesem Zeitpunkt gerade in Osaka auf, dessen Polizeichef, Kenji Tomita, sein Schüler war. Tomita gelang es mit Hilfe seines Einflusses, die Behörden Kyotos davon zu überzeugen, daß die Gründe nicht ausreichen würden, um Ueshiba vor Gericht zu stellen, und erwirkte dessen Entlassung aus dem Gefängnis von Osaka.

Wieder in Freiheit, verließ Ueshiba Osaka auf dem schnellsten Wege und tauchte bei einem seiner Schüler unter. Zur selben Zeit eilte Nakakura Kiyoshi (Ueshibas Schwiegersohn) in den Kobukan von Tokyo und verbrannte alles belastende Material, das bei einer Razzia die Überzeugungsarbeit Tomitas sicherlich zunichte gemacht hätte. Nachdem auch der inhaftierte Deguchi den Behörden versichert hatte, daß Ueshiba nie zum engsten Kreis der Omoto kyo gehört hatte, ließ die Regierung schließlich den Haftbefehl gegen den Aikijutsu-Meister fallen.

Als die Gefahr endlich gebannt war, begann Ueshiba wieder mit dem Unterricht. Nach wie vor kamen viele seiner Schüler aus höchsten Kreisen des Militärs und der Regierung, und daher legte sich die Aufregung um den angeblichen Vaterlandsverräter schnell. Sein Ansehen hatte kaum Schaden genommen, und im Jahr 1938 bat man ihn sogar, Spezialeinheiten des Militärs für die bevorstehende Invasion in China für den Nahkampf auszubilden[33].

Doch obwohl Ueshiba von nun an mit den Behörden keinerlei Schwierigkeiten mehr hatte, brach für den Kobukan eine unruhige Zeit an. Der Krieg gegen China und der bevorstehende Ausbruch des Zweiten Weltkriegs erzeugten im ganzen Land Spannungen, die sich auch auf Ueshiba übertrugen. Der Kampfkunstmeister, der sein ganzes Leben auf der Suche nach seelischer Stabilität war, hatte große Schwierigkeiten, mit der aufkommenden Welle der Unruhe in seiner Umgebung zurechtzukommen. Da ihm zudem der Alltag in der übervölkerten und stark verwestlichten Hauptstadt immer weniger zusagte, entschloß er sich, in Iwama, einem zwei Stunden von Tokyo entfernten Dorf, etwas Land zu erwerben und dort eine kleine Farm zu errichten.

In der folgenden Zeit schränkte Ueshiba seinen Unterricht am Kobukan nach und nach ein und entfernte sich innerlich immer mehr von der Institution. Er litt unter Depressionen und wurde für die Menschen seiner Umgebung noch ungenießbarer, als er es zeit seines Lebens schon war.

Jede Nachricht vom Tod eines Schülers an der chinesischen Front versetzte dem Meister einen Schlag, und diese Nachrichten häuften sich auf nahezu unerträgliche Weise. Ueshiba mußte zu seinem großen Bedauern erkennen, daß er mit seinem Unterricht an der Spionage- und Kriegsakademie dazu beigetragen hatte, daß das Militär die Kunst des Budo mißbrauchen konnte, und er sah sich nicht mehr in der Lage, weiter am Kobukan zu unterrichten: »Harmonie, Liebe und Höflichkeit sind die Tugenden des echten Budo, doch die heutigen Machthaber mißbrauchen es zur Zerstörung. Mir bleibt kein anderer Weg, als mich zurückzuziehen, um nicht auch von ihnen mißbraucht zu werden«, waren die Worte des Meisters, ehe er im Jahr 1942 schließlich die Leitung des Kobukan an seinen Sohn Kisshomaru übertrug, seine Ämter niederlegte und mit dem Rest seiner Familie nach Iwama zog.

Umzug nach Iwama und Geburt des Aikido

Ein weiterer und nicht unerheblicher Grund, warum Ueshiba 1942 Hals über Kopf nach Iwama zog, war, daß die Kempai tai[34] die restlichen Mitglieder der Omoto kyo erneut auf ihre Vergangenheit zu überprüfen begann und der Altmeister sicherlich bald ihre Aufmerksamkeit erregt hätte. Durch sein Untertauchen im abgelegenen Iwama hoffte Ueshiba der vorauszusehenden Verhaftung durch die gefährlichen Schergen der Kempai tai zu entgehen, und sollte damit Recht behalten.

Iwama war ein kleines Dorf, zwei Stunden von Tokyo entfernt. Mit dem Umzug Ueshibas nach Iwama sollte für seine Kampfkunst eine neue Ära anbrechen. Mit Erstaunen stellten die Budoka am Kobukan fest, daß der Altmeister abseits vom weltlichen Geschehen dem Aikijutsu inzwischen gänzlich andere Inhalte gab. Nach Jahren der Betonung einer extrem kriegerischen und körperbetonten Kampfkunst verwandelte er Schritt um Schritt diese Prinzipien in ihr Gegenteil. Aus Ueshibas bisherigem Aikijutsu mit seinen aggressiven und kampfbetonten Techniken entwickelte sich immer mehr eine Lehre mit defensivem Charkter, die den inneren Frieden über jede kämpferische Aktion stellte. Ueshiba selbst sagte einmal dazu: »Sobald du dich mit dem ›Guten‹ und ›Schlechten‹ deiner Mitmenschen beschäftigst, öffnest du in deinem Herzen eine Schwachstelle, durch die Böswilligkeit Einlaß finden kann. Andere zu testen, sich mit ihnen zu messen und sie zu kritisieren, schwächt dich und bringt dich zu Fall. Dein Geist sollte mit dem Lauf des Universums im Einklang stehen; dein Körper sollte mit den Bewegungen des Universums harmonieren; Körper und Geist sollten eins sein, vereint mit dem Wirken des Universums.«

In Iwama übte und meditierte Ueshiba zunächst allein und entwickelte dabei das, was später als Aikido in der ganzen Welt bekannt werden sollte. Bald darauf ließ er in Iwama ein Tempel-Dojo (Aiki jinja) errichten, das er seiner neuen Kampfkunstauffassung und den Kotodama widmete. Im Jahr 1942 reiste er schließlich zum letztenmal in die Mandschurei, um anläßlich des zehnjährigen Bestehens des mandschurischen *Shorinji Kempo*[35] seine neue Kampfkunst vor dem japanischen Marionetten-Kaiser Pu Yi (1906–1967) zu demonstrieren.

Als offenkundiges Zeichen für den neuen Weg, den er eingeschlagen hatte, veränderte er schließlich die Bezeichnung für seinen weiterentwickelten Stil. Von nun an lehrte und verbreitete Ueshiba seine Kampfkunst unter dem Namen *Aikido* (Weg des Friedens). Durch die offizielle Änderung der Bezeichnung von Aikijutsu in Aikido trennte er sich endgültig vom *Daito ryu* seines Lehrers Takeda Sogaku, und noch im gleichen Jahr wurde die neue Bezeichnung seines Stils von seinem Schüler Hirai Minoru im Butokukai[36] registriert.

Auf den ersten Blick scheint sich dieser Wandel in Ueshibas Kampfkunstauffassung ohne Vorankündigung vollzogen zu haben. Bei genauerer Betrachtung wird jedoch eine Entwicklung in seinem Leben offenbar, die sehr wahrscheinlich der Auslöser für die spätere Veränderungen war. Der starke Einfluß der Omoto kyo auf das Denken Ueshibas führte allmählich dazu, daß dieser die kriegerischen Aspekte der Kampfkünste mehr und mehr in Frage stellte. Dabei muß ein langer Kampf zwischen seiner inneren, anfangs gewiß nur unterschwellig angelegten Einsicht und der tief verwurzelten traditionellen Haltung eines Kampfkunstmeisters stattgefunden haben. Wie so oft in analogen Fällen, brauchte es lange, bis

Der Weg zum Aikido

sich die innere Einsicht im praktischen Handeln niederschlug – zumal das einen äußerst komplizierten und schwierigen Prozeß voraussetzte. Denn in der Konsequenz mußte ein stabiles, in sich stimmiges Kampfkunstgebäude total umstrukturiert werden. Die anhaltenden Phasen des – nicht selten recht chaotischen – Experimentierens sind ein Beleg für Schritte in diese Richtung. Solange aber Ueshiba in der Lage war, seine enorme physische und mentale Kraft uneingeschränkt im Aikijutsu zur Geltung zu bringen, dürfte es ihm unendlich schwergefallen sein, zu einem betont friedfertigen Aikido zu finden. Doch eine sehr natürliche Gesetzmäßigkeit half ihm dabei: Wie jeder andere Mensch auch, mußte

Ueshiba an einem bestimmten Punkt seines Lebens feststellen, daß seine Erfahrung und Reife zwar zugenommen, aber seine körperliche Kraft und Beweglichkeit nachgelassen hatten – Ueshiba wurde alt.

Nachdem er sich zeit seines Lebens der Perfektionierung einer Kampfkunst gewidmet hatte, deren legendäre Wirksamkeit in hohem Maße auf seiner ungeheuren physischen Stärke beruhte, war Ueshiba nun gezwungen, einen Weg zu finden, auf dem er seine Kampfkunst durch die Reife seines Geistes vertreten konnte. So veränderte sich der samuraibezogene Inhalt seiner Kampfkunst, der lange Jahre im Wahn der Unbesiegbarkeit bestand, in eine Lehre mit esoterisch-philosophischen Prinzipien, hauptsächlich beruhend auf denen der Omoto kyo.

Verbreitung des Aikido

Nach Japans Kapitulation im August 1945 stand Meister Ueshiba vor einem neuen Anfang in der Geschichte seiner Kampfkunst. Vieles hatte sich in der Tat verändert. Zum einen hatte Ueshiba während der Zeit, die er in Iwama verbrachte, sein Kampfkunstkonzept mit der Gründung des Aikido endgültig auf einen neuen Weg gebracht, und zum anderen stand der Kobukan in Tokyo vor großen Schwierigkeiten. Kisshomaru, Ueshibas Sohn, gelang es zwar, das Dojo durch die Kriegswirren hindurch einigermaßen unbeschädigt zu erhalten, doch viele der ehemaligen Kobukan-Schüler waren an der Front ums Leben gekommen. Außerdem vertrat der Altmeister inzwischen ein anderes Kampfkunstkonzept und konnte auf den Unterricht im Kobukan und dessen Ausstrahlung in die Öffentlichkeit nur noch geringfügig Einfluß nehmen.

Wie durch ein Wunder stand der Kobukan im schwer zerstörten Tokyo nahezu unbeschädigt. Doch was nutzte das schon? Die amerikanische Besatzungsmacht verbot alle japanischen Kampfkünste (mit Ausnahme des Karate) und untersagte ihre Ausübung, da die meisten dem Butokukai angeschlossenen Budo-Lehrer nationalistischen Kreisen nahestanden und subversive Aktivitäten gegen die Amerikaner unterstützten.[37]

Es dauerte einige Jahre, bis sich das kriegsbedingte Chaos gelegt hatte, doch bereits am 9. Februar 1948 gelang es Kisshomaru mit Hilfe einiger

Schüler und verbliebenen Förderer, einen zunächst noch inoffiziellen Aikido-Verband zu ins Leben zu rufen. Ab 1950 betrieb dieser unter der offiziellen Bezeichnung Aikikai[38] die weltweite Verbreitung jener Kampfkunst, die Ueshiba Morihei in Iwama gegründet hatte. Ebenfalls 1950 begann unter der Schirmherrschaft des Aikikai und unter der Leitung der dortigen Lehrer der reguläre Unterricht des Aikido im Kobukan von Tokyo.

Ueshiba aber entwickelte in Iwama seine eigene Vorstellung vom *Aiki*[39] weiter und nahm Tohei Koichi[40], Abe Tadashi und Saito Morihiro als persönliche Schüler an. Nachdem 1950 das Verbot, Budo-Künste auszuüben, aufgehoben worden war, begann der Aikido-Meister mit dem Unterricht seiner »neuen« Kampfkunst. Sie sollte dem Frieden zwischen den Menschen gewidmet sein. Diese Prinzipien eines friedvollen Weges, der die geistige Entwicklung und das Wohlergehen von Seele und Körper förderte, beeinflußten auch den Kobukan stark und bestimmten dort die Neuordnung der Kampfkunstauffassung des Aikikai. Die Wandlung des Aikijutsu zum Aikido riß jedoch auch eine tiefe Kluft zu den meisten Schülern der älteren Generation auf, die Ueshibas Konzept ablehnten und ihm einen beträchtlichen Verlust an Wirksamkeit prophezeiten.

Shioda Gozo, Ueshibas bester Schüler, verließ 1954 seinen Lehrer, als dieser mit seinem Aikido an die Öffentlichkeit trat. Nach jahrelanger Ausbildung nach den Prinzipien des Aikijutsu mußte Shioda die neue Kampfkunstauffassung des Aikido-Meisters fremd bleiben, und da ihm an der Selbstverteidigungsfähigkeit des Systems viel lag, entschloß er sich, seinen eigenen Weg zu gehen. Das neue Konzept seines Lehrers erschien ihm für Schüler ohne die Lebenserfahrung Ueshibas nicht nachvollziehbar, und er sprach dem Kobukan-Stil jegliche Eignung als Kampfmethode ab.

Die Trennung von Ueshiba fiel ihm angesichts dieses Hintergrunds nicht sonderlich schwer, und noch im Jahr seines Weggangs eröffnete er mit Hilfe einiger Geschäftsleute ein eigenes Dojo, den Yoshinkan.

Dort lehrte er eine Form des Aikijutsu, die auf den Prinzipien des alten *Daito ryu* basiert und die er *Yoshin ryu*[41] nannte. Noch im Juli 1954 erhielt der Yoshinkan anläßlich einer Demonstration, an der alle japanischen Kampfkunststile vorgestellt wurden, die Auszeichnung als beste Kampfkunst, was den Beginn der weltweiten Verbreitung und Wertschätzung des *Yoshin ryu* einleitete.

Shioda kommentierte seine Trennung von Ueshiba mit den Worten: »Kurze Zeit bevor ich meinen Meister verlassen habe, teilte uns dieser seine Absicht mit, uns einem metaphysischen Experiment zu unterziehen. Er hielt den Schülern meiner Generation vor, eigene Kampfkunstauffassungen zu entwickeln, die sich von der neuen Aikido-Lehre, wie er sie von den jüngeren Schülern des Aikikai vertreten ließ, entfernten. Persönlich glaube ich nicht, daß wir uns vom Aikido entfernt hatten, denn zu jener Zeit gab es nichts, wovon man sich hätte entfernen können. Der Meister erklärte damals Aikido durch seine tief religiöse Sicht, während nach meiner Auffassung das Aikido in der Lage ist, sich selbst zu erklären … Mein Aikido ist rein und identisch mit jenem, das der O-Sensei ursprünglich lehrte.«

Der Vorfall mit Shioda war nicht der einzige Verlust, den Ueshiba im Ergebnis der Veränderungen, denen er das Aikijutsu unterzog, erleiden sollte. Viele der älteren Schüler verließen ihn ebenfalls, und selbst zwischen den Schüler der neuen Generation entstanden später tiefe Zerwürfnisse wegen der Kampfkunstauffassung des Aikikai.

Zeit seines Lebens hatte Ueshiba viele Schüler, doch keiner begleitete ihn durch alle Abschnitte seines Lebens. Die besten unter ihnen, die es trotz seiner unausstehlichen Art einige Jahre mit ihm aushielten, vertreten heute eine bestimmte Kampfkunstauffassung seiner verschiedenen Lebensabschnitte. Der beste Schüler, der nach Shiodas Weggang das Aikido repräsentieren konnte, soll ein Sumoringer namens Ueshiba Tenryu gewesen sein. Manche behaupten auch, daß nicht Shioda Gozo, sondern immer Tsutomo Yukawa nach Morihei Ueshiba der stärkste Kämpfer am Kobukan gewesen sei – trotz der Tatsache, daß Tsutomo bei einer Streiterei von seinem Gegner erstochen wurde.

Im Jahr 1955 sollte der Aikido-Meister mit seiner neuen Kunst zum erstenmal an die Öffentlichkeit treten. Der ungewöhnliche Ort der Vorführung (das Dach eines Tokyoer Kaufhauses) und die beeindruckende Demonstration seiner kämpferischen Stärke sorgten dafür, daß dieser Auftritt das größte Aufsehen in der Geschichte des Aikido verursachte und diese Kampfkunst für kurze Zeit in den Mittelpunkt des öffentlichen Interesses rückte.

In den folgenden Jahren wurden in ganz Japan viele Aikido-Clubs gegründet, die als Zweigdojos des Kobukan entstanden und zwischen denen Ueshiba während seiner letzten Lebensjahre oft in Begleitung eines seiner Schüler hin und her reiste, um dort zu unterrichten. Eine dieser Reisen und gleichzeitig auch seine letzte große Fahrt unternahm Meister Ueshiba 1961 nach Hawaii, wohin er eingeladen worden war, um das neue Honolulu Aikikai dojo einzuweihen und selbstverständlich auch eine Demonstration seines Könnens zu geben. Während seines 40tägigen Aufenthalts in Honolulu äußerte er die historischen Worte: »Bis heute habe ich in Japan goldene Brücken gebaut. Ich bin nach Hawaii gekommen, um hier eine silberne Brücke zu bauen, die alle Länder der Erde im tiefen Geist des Budo vereinen soll. Dieser besteht aus einer immerwährenden Harmonie und Liebe zwischen den Völkern.« Aus dieser Zeit stammen auch mehrere Dokumentarfilme über Aikido (z. B. »Rendezvous mit einem Abenteuer«), die heute von hohem geschichtlichem Wert sind.

Erst wenige Jahre vor seinem Tod gelang es Ueshiba, etwas Ruhe und Gleichgewicht in sein Leben zu bringen. Nach langer Zeit des inneren Unfriedens, der Belastungen durch die Kriegs- und Vorkriegszeit und der Auseinandersetzungen mit den japanischen Behörden war der Aikido-Meister endlich in der Lage, seine Aufmerksamkeit uneingeschränkt auf die Meditation und das Studium des Aiki zu richten.

Gegen Ende seines Lebens nahm er immer mehr die Gestalt einer mystischen Erscheinung an. Er war stets in lange, weiße Gewänder gekleidet, hatte lange, weiße Haare und einen wallenden weißen Bart. Als er schließlich nach langer und schwerer Krankheit am 26. April 1969 im Alter von 86 Jahren an Leberkrebs starb, sollen seine letzten Worte an seine Schüler eine Warnung vor dem Mißbrauch seiner Lehren gewesen sein, den er selbst während seines Lebens so oft betrieben hatte (der Meister sprach in seinen späteren Jahren immer wieder sein Bedauern und Entsetzen darüber aus, daß er durch den Unterricht an Militärakademien indirekt einen Teil zu dem Blutvergießen im Zweiten Weltkrieg beigetragen hatte): »Aikido gehört der ganzen Welt und wurde nicht zu eigennützigen und zerstörerischen Zwecken entwickelt. Trainiert unaufhörlich zum Besten aller.«

Ueshibas Lehre

»Ihr solltet Aikido zuerst als Budo-Kunst verstehen und dann als einen Weg, der dem Aufbau der Weltfamilie dient. Aikido ist nicht nur für ein einziges Land gedacht. Sein Zweck ist es, das Werk der Schöpfung zu vollbringen. Wahres Budo ist liebevolles Beschützen aller Wesen im Geist der Versöhnung. Wahres Budo bedeutet, Leben zu beschützen, und ist die Quelle alles Schöpferischen. Wer danach strebt, Aikido zu erlernen, sollte sein Herz öffnen und nach der Erkenntnis des göttlichen Wesens handeln. Ihr sollt die große Befreiung durch Aiki begreifen und mit der Kultivierung des Geistes beginnen. Mein Wunsch ist es, alle denkenden und fühlenden Menschen die Stimme des Aikido hören zu lassen, so daß sie ihr eigenes Denken und Fühlen berichtigen können. Das ist Aikido. Das ist seine Aufgabe und sollte auch eure sein.«

Obwohl Meister Ueshiba sich bis zu seinem Tod dem Studium und der Weiterentwicklung des Aikido widmete, erhielt seine Kampfkunst erst in den letzten beiden Jahrzehnten seines Lebens den Charakter, den sie heute trägt – eine Kunst des Friedens zwischen den Menschen zu sein: »Aikido ist Medizin für eine kranke Welt. Bosheit und Chaos existieren in der Welt, weil die Menschen vergessen haben, daß alle Dinge aus einer Quelle stammen. Kehre zu dieser Quelle zurück und lasse ichbezogene Gedanken, unbedeutende Begierden und Ärger zurück.«

Das Leben des Kampfkunstmeisters war stets von einer inneren Unruhe geprägt, die ihn veranlaßte, nach etwas zu suchen, was ihm als Ideal dienen und seinem Dasein einen Inhalt geben konnte. Zufällig fiel Ueshibas Leben in eine Zeit, da in Japan eine wahre Blütezeit verschiedenster religiöser Strömungen, Glaubensrichtungen und Sekten herrschte, die »neue« Perspektiven eröffneten, die tiefe Sehnsucht der Menschen nach Idealen aufgriffen und ein besseres Leben versprachen. Ihre meist esoterischen Praktiken vermochten zu faszinieren. Ueshibas frühere Kontakte zur Esoterik der Shingon-Sekte, das Studium der Kotodama und die enge Bindung an die Omoto kyo trugen dazu bei, ihn auf seinen so unverwechselbaren Lebensweg zu führen, und prägten seine weitere Entwicklung. In der Übung der Kampfkünste, mit der er auf Drängen seines Vaters schon in jungen Jahren begann, bot sich Ueshiba dabei gleichzeitig

MORIHEI UESHIBA
1883 - 1969

Ueshiba Kisshomaru
Ueshiba Moriteru

1. Generation 1921 - 1935	**2. Generation 1921 - 1935**	**4. Generation 1921 - 1935**
Inoue Noriaki	Tanaka Bansen	Tohei Akira
Takeshita Isamu	Tohei Koichi	Yamada Y.
Tomiki Kenji	Tenryu	Asai Katuaki
Kamata Hisao	Hirai Minoru	Chiba Kazuo
Iwata Ikkusai	Osawa Kisaburo	Sugano Seiichi
Funahashi K.	Sunadomari K.	Kanai Mitsunari
Mochizuki Minoru	Abe Tadashi	Saotome M.
Hashimoto M.		Murayama S.
Murashige A.	**3. Generation**	Dobson Terry
Shirata Rinjiro	**1921 - 1935**	Ichihashi N.
Yukawa T.		Masuda S.
Yonekawa S.	Saito Morihiro	Suganuma M.
Shioda Gozo	Tada Hiroshi	Imaizumi S.
Akazawa Z.	Arikawa S.	Maruyama K.
Hisa Takuma	Nishio Shoji	Endo Seishiro
	Yamaguchi S.	Shimizu Kenji
	Hikitsuchi M.	
	Noro Masamichi	
	Abe Seiseki	
	Tamura N.	
	Kuroiwa Y.	
	Kobayashi Y.	
	Nocquet Andre	

Ueshiba mit Boken

die Möglichkeit, seinen schwächlichen Körper zu kräftigen und Beständigkeit in seinen unruhigen Alltag zu bringen.

Im Laufe der Jahre wurden die Kampfkünste und speziell das Aikijutsu der wichtigste Faktor in seinem Leben, und mit einem an Fanatismus grenzenden Eifer setzte der Aikidomeister alles daran, um zum stärksten Kämpfer seiner Zeit, ja aller Zeiten zu werden. Gegen Ende des Zweiten Weltkrieges, im Alter von 59 Jahren, mußte der Meister jedoch erkennen, daß sich die Kampfkunstauffassung, wie er sie sein ganzes bisheriges Lebens lang vertreten hatte, nicht mehr mit seinem zunehmenden Alter und dessen Begleiterscheinungen vereinbarte. Nach der jahrelangen Übung einer stark kriegerischen Kampfkunst entwickelte er daher innerhalb weniger Jahre das Aikido, wie wir es heute kennen, und obwohl es damals unter seinen älteren Schülern zum großen Teil auf Ablehnung stieß, da es erheblich an Kampfkraft eingebüßt hatte, waren die neuen Lehren, vom philosophischen Standpunkt aus gesehen, um einiges wertvoller.

Die größte Schwierigkeit, die sich dem Aikido-Meister nun stellte, bestand darin, beides, Kampfkunst und Ideal, möglichst perfekt miteinander zu vereinen. Das *Daito ryu* betonte – wie auch andere japanische Kampfkünste, die Ueshiba kennengelernt hatte – in seinen Augen den kriegerischen Aspekt des Bushido viel zu sehr und vernachlässigte die Entwicklung von Energie *(Kime)* durch die innere Übung von Harmonie und Anpassung. Einige behaupten sogar, daß Ueshiba, nachdem er 1925 *Satori* erreicht haben soll, den Begriff »Kampf« ganz aus seinem Denken und Handeln gestrichen hätte, was jedoch in beiden Punkten sehr umstritten ist.

Angesichts dieses Mankos begann Ueshiba in jahrelangem Studium und im Ergebnis tiefgehender philosophischer Überlegungen die Prinzipien des *Daito ryu* Schritt für Schritt nach seinen Vorstellungen zu verändern. Die Basis seiner neuen Kampfkunst, die Ueshiba schließlich *Aikido* taufte, bildete das Prinzip des Aiki, »die Suche nach dem Ki«, das die Kontrolle der inneren Energie (Ki) durch die Verwirklichung der physischen und psychischen Gleichgewichtsmitte anstrebte. Erst wenn der Mensch in Frieden und Harmonie mit der Natur und in der Erkenntnis der rechten Haltung lebe, sei er in der Lage, sein Ki in der Technik nach außen zu lenken, die Bewegungen seines Gegners vorherzusehen und einen Zustand beständig wachsamer Intuition zu erlangen. Und nur ein Geist, der frei ist von materiellem Streben, von Hochmut, Egoismus und Leichtfertigkeit in seiner Haltung gegenüber der Natur und allen Lebewesen, könne einen möglichen Angriff erkennen, ihm angemessen begegnen oder ihn gelassen erwarten und damit jede Situation beherrschen. Um diesen Geist und diese Harmonie zu erreichen, müsse der Mensch sich in einem gesunden Gleichgewicht zwischen Streben und Bewahren, zwischen Abhängigkeit von der Natur und Selbständigkeit durch das Bewußtsein bewegen.

Mit diesen Prinzipien hatte Ueshiba das Aikido zu einer Schule der Selbstperfektion gemacht, zu einer Kunst, die er selbst als »Weg der Liebe zwischen den Menschen« bezeichnete und die in seiner Vorstellung alles im Menschen ausmerzte, was nicht der rechten Haltung entsprach und somit gegen die Inhalte des Aiki verstieß. In der Tat ist die Verbindung von höchster Wehrhaftigkeit, die zudem hart erarbeitet werden muß, mit totaler Friedfertigkeit auch aus philosophischer Sicht bemerkenswert. Der Aikidomeister wollte mit seiner Kunst die gegenseitige Achtung zwischen allen Menschen ermöglichen und damit den angestrebten »Weltfrieden« aus den Lehren der Omoto kyo verwirklichen und schließlich einen höheren Daseinszustand bewirken.

Auf die Frage, was aus seiner Verbindung zur Omoto kyo geworden sei, antwortete er: »Ich glaube, sie erkennen mich heute nicht mehr als ihresgleichen an. Die Religion Omoto ist die Wurzel der Demokratie. Ich habe keinen Größeren kennengelernt als Deguchi Sensei. Von ihm habe ich Kotodama gelernt. Nur aus der Ruhe kommt die Kraft ... Aiki lehrt den rechten Weg des Siegens. Dieser besteht darin, daß du dein eigenes Schwert besiegst. Dies nennt man *Katsu hayabi*, und diese Kraft ist stärker als die Sonne, der Mond und die Erde.«

Diese Idee übersetzte er schließlich in die Technik seiner Kampfkunst, indem er die kämpferischen Aspekte und das Bewußtsein des Siegen-Wollens ersetzte durch ein anderes Technikkonzept, das es dem Übenden ermöglichte, zu einem Leben in Harmonie mit sich und seiner Umgebung zu gelangen, und dem Gegner im Fall eines Angriffs durch geschicktes Ausweichen und durch Ableiten seiner Angriffe zeigte, wie schädlich dieses Vorhaben für ihn selbst sei: »Weder die Auseinandersetzung mit der Technik noch das Gewinnen oder Verlieren sind wahres Budo. Wahres Budo kennt kein Besiegen. Niemals besiegt werden bedeutet niemals kämpfen. Siegen bedeutet, die Uneinigkeit des eigenen Geistes zu überwinden. Es bedeutet, die Aufgabe zu erfüllen, der du dich hingegeben hast. Das ist nicht bloße Theorie; handle danach, dann wirst du die gewaltige Kraft spüren, eins zu sein mit der Natur.«

Tsuda Itsuo (1914–1984), der Gründer des Stils *Katsujin undo*, berichtet: »Ich traf den Meister erst in den letzten Jahren seines Lebens. Was mir am meisten auffiel, war, daß er die Technik verlassen hatte – seine Bewegungen waren auf ein Minimum reduziert, natürlich und selbstverständlich. Er benutzte im Kampf immer nur einen Finger, und dank seiner ausgezeichneten psychischen Verfassung verteidigte er sich mit Leichtigkeit gegen jeden Angriff. Man konnte ihn mit einem Kind vergleichen, das mit einem Spielzeug spielt. Plötzlich streckte er zwei Finger seiner linken Hand in meine Richtung. Ich griff ihn sofort mit aller Kraft an und war verblüfft, daß ich noch nicht einmal einen psychischen Widerstand spürte. Er paßte sich perfekt an und wirbelte mich auf die Matte. Ich hatte bei keinem anderen Meister der Kampfkünste je ein größeres Gefühl der Hilflosigkeit. Als ich mich erhob, sah ich, daß der Meister von zwölf bewaffneten Gegnern umringt war. Dann hörte ich einen durchdringenden Kiai, und seine Gegner flogen durch die Luft ... Plötzlich hielt O Sensei ein Boken in seiner Hand. Die Spitze zeigte leicht nach oben, seine linke Hand griff elegant nach dem Saum seines Hakama. Drei seiner Schüler griffen nach dem Boken und versuchten es ihm zu entreißen. Das Schwert bewegte sich nicht aus seiner Position. Nach einer Weile entlud der Meister seine Energie, und die Angreifer flogen durch die Luft.«

An erster Stelle in der Übung der Technik stand für Ueshiba nicht die Anwendung in einer Selbstverteidigungssituation, sondern die Entwicklung eines perfekten körperlichen und seelischen Gleichgewichts. Jede Technik war in der Verbindung mit der richtigen Atmung und einer natürlichen Haltung und Spannung ein Mittel, um innere Blockaden zu lösen und es dem Übenden zu ermöglichen, in sich selbst zu ruhen und in Harmonie mit seiner Umgebung zu leben. Wer dieses Prinzip verinnerlicht hatte, konnte es auch ohne Schwierigkeiten auf eine mögliche Verteidigungssituation übertragen, indem er mit dem Gegner eine harmonische Einheit bildete und dessen Angriff entweder vorhersah oder dessen Kraft gebrauchte, um ihn zu immobilisieren.

Ueshibas Worte dazu: »Aikido ist das Verständnis der Methode, alle Wesen und Dinge zu ihrer reinsten Essenz zu bringen. Aikido ist das Prinzip des Nicht-Widerstandes. Meine Kinder lachen über mich und sagen, ich bin veraltet. Ich hingegen glaube, daß ich sehr modern bin, weil ich das Universum in mir trage. Ich bin Vergangenheit, Gegenwart und Zukunft der Kami. Die Kami leben nur in heiligen Menschen und verleihen ihnen eine große Kraft. Als ich jung war, wollte ich der Welt mit meinem Geist helfen ... heute bin ich bereit, mich ihr zu opfern ... Deguchi Sensei sagte, ich hätte eine heilige Gabe. Die Menschen nannten mich damals Rikizo (imaginäre Kraft).«

Nach Ueshibas Tod erfuhr seine Lehre nochmals eine starke Veränderung. Im Zuge der weltweiten Verbreitung empfing vor allem die philosophische Basis des Aikido immer neue Einflüsse. Keiner von Ueshibas Nachfolgern war auch nur annähernd in der Lage, die geistige Tiefe und zugleich kämpferische Stärke zu entwickeln, wie Ueshiba sie zu seinen Lebzeiten vertrat, und so gingen viele seiner Prinzipien verloren.

Tohei Koichi über die Lehren des Aikikai: »Ich bin geschockt über die Entwicklungen der letzten Zeit. Der größte Teil der Aikikai-Lehrer hat die Lehre über das *Ki* vergessen. Als der O-Sensei noch lehrte, sprach er ununterbrochen über *Ki*, und alle Übenden versuchten seiner Lehre zu folgen. Doch nach seinem Tod waren die Aikikai-Meister nicht in der Lage, das *Ki*-Konzept zu verstehen und zu halten, und so strichen sie selbst den Begriff *Ki* aus ihrem Bewußtsein und verwendeten ihn nicht mehr. Dadurch wurden alle Techniken falsch gelehrt, und wenn heutige Aikido-Übende einem Gegner gegenüberstehen, können sie ihn nicht besiegen. Wenn sich diese Dinge nicht bald ändern, wird Meister Ueshibas Lehre zu einer simplen äußeren Form verkommen.«

Als der Meister gefragt wurde, ob Nachahmer seine Kampfkunst erlernen können, sagte er: »Nein, das können sie nicht! Sie konzentrieren sich auf das Kämpfen, ich konzentriere mich auf mich selbst und auf Aiki. Eine Sekunde, bevor der Angreifer seinen Schlag ausführt, sehe ich einen hellen Punkt, der seine Absicht verrät. Sein Schwert folgt der Linie, die der Punkt mir vorher zeigt. So kann ich leicht abwehren. Wer das Geheimnis des Aikido in sich selbst entdeckt hat, kann sagen: ›Ich bin das Universum.‹ Wer mich angreift, muß das ganze Universum angreifen. Wenn er glaubt, er kann siegen, ist er bereits besiegt. Siegen im Aikido heißt, den Zustand des Ungleichgewichtes zu besiegen. Die Bewegungen des Aikido sind die Bewegungen des Universums: sie bewirken alles ohne Widerstand. Die Natur des Aikido ist es, die wahre Liebe Gottes zu verwirklichen.« Diese Aussagen entstammen den drei wichtigsten Gesetzen der Omoto kyo: 1. Beobachte das wahre Wirken der Natur, dann wirst du das wahre Wesen Gottes verstehen. 2. Beobachte das perfekte Funktionieren des Universums, dann wirst du die wahre Energie Gottes verstehen. 3. Beobachte den Geist der lebenden Wesen, dann wirst du den wahren Geist Gottes verstehen.

Ebenso wichtig sind die Schriften des Meisters Petre Deunov, die von Meister Omraam Mikhael Aivanhov kommentiert werden: »Ihr solltet euch nicht einbilden, den Strom der Liebe und des Lichtes ohne eine innere Verwandlung mit Leichtigkeit ertragen zu können. Im Gegenteil … Jede einzelne Zelle muß sich verändern. Erst dann kann man ohne Angst neue Philosophien oder geistige Strömungen aufnehmen. Doch das wichtigste ist, daß man seine eigene Energie auf die rechte Weise nutzt. Wenn man eine Ungerechtigkeit feststellt, muß man ihr mit einer solchen Intelligenz, einer solchen Charakterstärke, einer solchen Weisheit, einem solchen Licht und einer solchen Wärme begegnen, daß der Gegner verwirrt und geblendet ist – mit anderen Worten, er muß sich verwandeln – ohne Zerstörung, ohne Agression.«

Ueshiba erläuterte sein Konzept wie folgt: »Die Techniken basieren auf vier Eigenschaften, die die Natur unserer Welt wiedergeben. Abhängig von dieser Tatsache sollen die Bewegungen hart wie Diamant, biegsam wie eine Weide, ruhig fließend wie Wasser und leer wie das Universum sein.« Doch dieses Konzept lebt von der Summe der Lebenserfahrungen Ueshibas. Der Grund, warum das heutige Aikido so viel von Ueshibas Wirksamkeit eingebüßt hat, ist, daß es in seinen verschiedenen Erscheinungsformen nur begrenzte Lebensabschnitte des Meisters vertritt. Ueshibas Aikido – eine Kombination zwischen mystischem Glauben und Effizienz – ist nicht durch das Nachahmen seiner Techniken zu verstehen.

Die wichtigsten Richtungen von Aikijutsu und Aikido heute

Daito ryu Aikijutsu ist das traditionelle Ursprungssystem, das auch heute noch in seiner originalen Form in mehreren Organisationen geübt wird. Wichtige Vertreter dieser Richtung sind Takeda Tokimune, Horikawa Kotaro, Agawa Yukiyoshi, Hiza Takuma, Matsuda Hosaku, Yamamoto Tomekichi, Turuyama Akiraku, Richard Kim u. a. Matsuda Hosaku war der Lehrer von zwei wichtigen Schülern: Okuyama Yoshiji (Gründer des *Hakko ryu Jujutsu*) und Oba Sachiyuki.

Aikikai ist die »Vereinigung des Aiki« und entstand aus dem Kobukan. Er vertritt die späte Aikido-Auffassung Ueshibas (in Iwama). Ihm stehen heute seine Nachkommen Ueshiba Kisshomaru und Ueshiba Moriteru vor.

Tomiki Aikido wurde von Tomiki Kenji entwickelt, der 1930 Aikido unter Ueshiba studierte und auch den 5. Dan im Judo besaß. Er gründete seine Kampfkunst an der Waseda-Universität und vereinigte in ihr Wettkämpfe, Selbstverteidigung und Körpererziehung.

Mochizuki Minoru

Yoseikan Aikido wurde von Mochizuki Minoru in seiner Schule (Yoseikan) als eigene Auffassung entwickelt.

Korindo ist das Aikido-System von Hirai Minoru, in dem vor allem die Selbstverteidigung betont wird.

Kobujutsu Aikido ist von Hoshi Tetsuomi als Selbstverteidigung entwickelt worden.

Otsuki ryu Aikido von Otsuki Yutaka ist ein Selbstverteidigungssystem.

Shinwa taido von Inoue Yoichiro sucht eine Verbindung zwischen Selbstverteidigung und Sport.

Shin ryaku heiho wurde von Tanaka Setaro entwickelt und ist ein System der Selbstverteidigung.

Shindo Rokugo ryu von Noguchi Senryuken lehrt ebenfalls die Selbstverteidigung.

Yoshin ryu ist ein sehr verbreitetes System und wurde von Shioda Gozo entwickelt. Das System ist selbstverteidigungsbetont und steht dem klassischen Aikijutsu nahe.

Takemusu Aiki Iwama ryu von Saito Morihiro lehnt sich an die späte Auffassung Ueshibas an.
Ki no michi von Noro Masamichi bezeichnet den »Weg des Ki«.
Matsuda ryu ist das *Aikido* von Matsuda Hosaku.
Shinshin toitsu *(Kinotoitsukai)* von Tohei Koichi ist ein System, das sich auf die Lehre des *Ki* stützt.

Tohei Koichi

Bibliographie zum Aikido

Werner Lind
- Ostasiatische Kampfkünste – Das Lexikon. Sportverlag Berlin, 1997

Saito Morihiro
- Traditional Aikido. Japan Publikations

Obata Toshishiro
- Samurai Aikijutsu. Dragon Books

Ueshiba Morihei
- Budo. Kodansha

Stevens John
- Three Budo Masters. Kodansha International
- Unendlicher Friede. Kristkeitz

Kisshomaru Ueshiba
- Aikido Kaiso Ueshiba Morihei Den. Kodansha, 1977
- Aikido Kaiso. Kodansha, 1983

Anmerkungen

[1] Japanischer Clan der Heian-Periode, der den Clan der Fujiwara von der Macht ablöste. Der Taira-Clan entstammt dem Geschlecht des Kammu Tenno. Der Ahnherr der Taira war Kammus Sohn, der Prinz Katsurabara (786–853), dessen Sohn Takamune 852 den Familiennamen Taira erhielt. Nach chinesischem Vorbild nannten sie sich auch Heike oder Heishin.

Die Feindschaft zwischen den Taira und den Minamoto gipfelte im Hogen-Krieg (1156), aus dem Taira Kiyomori als Sieger hervorging und im Jahre 1167 *Daijôdaijin* (Großkanzler) des Reiches wurde. 1168 zog er sich offiziell aus der Politik zurück, regierte aber dennoch von seinem Schloß in Fukuhara fast im Alleingang das Land. Er besetzte alle wichtigen Positionen mit Mitgliedern seiner Familie, und als er 1171 seine Tochter Tokuko mit dem Kaiser Takakura (reg. 1168–1180) verheiratete, schien seine Macht auf dem Höhepunkt zu sein. Doch eine Verschwörung der Minamoto kostete seinen Sohn Shigemori das Leben (1179). Daraufhin forderte er die Abdankung Kaiser Takakuras und setzte seinen aus dessen Ehe hervorgegangenen erst zweijährigen Enkel Antoku auf den Thron. Doch die *Daimyô* unterstützten diese Politik maßlosen Machthungers nicht. Als Kiyomori 1181 starb, befand sich das gesamte Kanto-Gebiet im Aufstand unter der Führung des aus dem Exil zurückgekehrten Minamoto Yoritomo.

[2] Die Tokugawa-Periode (1603–1868) wurde durch den bei Sekigahara errungenen Sieg von Tokugawa Ieyasu (1542–1616) über den Nachfolger Toyotomi Hideyoshis (dessen Sohn Hideyori und seine Verbündete) eingeleitet. Mit der anschließenden Ernennung Tokugawa Ieyasus zum Shogun begann die Blütezeit der japanischen Kriegerfamilien *(Buke)* und auch ein reger Aufschwung der Kampfkünste. Die Periode endete 1868 mit der Meiji-Restauration.

[3] Ein 44 Jahre dauernder Abschnitt (1868–1912) der japanischen Geschichte, beginnend mit dem Sturz des letzten Tokugawa-Shoguns mit anschließender völliger Reformierung von Staat und Gesellschaft. Die Umwälzung brachte das Ende des Feudalismus, das Verbot des letzten Privilegs der Samurai, des Vorrechts, Schwerter zu tragen, und überhaupt den Beginn der modernen japanischen Gesellschaftsordnung.

[4] Saigo Takamori (1827–1877) war ein Samurai des Satsuma-Clans, zu Beginn der Meiji-Periode Kriegsminister Japans und Oberbefehlshaber des kaiserlichen Heeres, später jedoch Anführer der Satsuma-Rebellion gegen den Kaiser. Nachdem er 1868 das Heer gegen den Shogun geführt hatte, trat er 1873 zusammen mit den Ministern Soejime, Goto, Itakagi und Etô zurück, nachdem die europäisierte Regierung in Tokyo seinen Rat, Korea zu annektieren, abgelehnt hatte. Er zog sich nach Kagoshima (Satsuma) zurück, gefolgt von Tausenden unzufriedenen Samurai, die unter dem Deckmantel landwirtschaftlicher Tätigkeit verstärkt die Waffenkünste studierten und einen Krieg vorbereiteten.

Obwohl Saigo Takamori den unglücklichen Ausgang des Aufstandes voraussah, ließ er sich zum Anführer wählen. Nach dem verlorenen Kampf gegen die Meiji-Truppen am 24. September 1877 beging er Seppuku. Okubo Toshimichi, sein ärgster Widersacher, wurde am 14. Mai 1878 von Anhängern Saigos in Tokyo ermordet.

5 Komuso waren japanische Bettel- und Kriegermönche und Angehörige des Ordens der Fuke-Schule.

6 Selbsttod der japanischen Samurai durch Bauchaufschneiden – wurde erwartet nach dem Tod des Fürsten, dem Verlust der Ehre oder in auswegloser Situation, um einem Ehrverlust oder dem Verlust der Freiheit zu entgehen.

7 Das traditionelle *Aikijutsu* umfaßt heute mehrere Schulen, die aber alle auf die mittelalterliche Hauptlinie zurückzuführen sind. Eine der wichtigsten war das *Daito ryu*, das unter dieser Bezeichnung vermutlich von Goto Tamanemon Tadayoshi (1644–1736) entwickelt wurde. Dieses System aus Aizu lag zweifellos auf der hauptsächlichen Erblinie des alten Aikijutsu. Die nächste Schule aus Aizu war das *Takeda ryu*, gegründet von Takeda Takumi no Kami Soemon (1758–1853). Auf ihn folgte ein Lehnsherr aus Aizu Saigo Tanomo Chikamasa (1829–1905), der zeitweise die Bezeichnung *Oshikiuchi ryu* gebrauchte. Er gab seine Kunst an Takeda Sogaku Minamoto Masayoshi weiter, der dafür die Bezeichnung *Daito ryu Aikibujutsu* verwendete. Doch all diese verschiedenen Benennungen bezeichnen denselben Stil, der sich über Generationen bis in die Gegenwart vererbte. Ab Takeda Sogaku begannen sich mehrere Systeme zu entwickeln, von denen Ueshibas Aikido neben dem von Takeda Tokimune weitergeführten *Aikijutsu* als *Daito ryu* zunächst die wichtigsten waren.

8 Yoshida Kotaro (*1875) war einer der größten Kampfkunstmeister des *Daito ryu*, Schüler von Takeda Sogaku, Erbe seines eigenen Familienstils *Yanagi Shindare ryu*, den er mit dem *Daito ryu* kombinierte. Er galt nach Takeda Sogaku als der beste Meister des *Daito ryu* seiner Zeit und als unübertrefflich im Schwertkampf, Messerwerfen und Nahkampf. Er war jedoch auch ein sehr exzentrischer Mensch. Wo immer er auftauchte, hatte er einen Fächer *(Tessen)* mit Eisenrippen bei sich. Mit seinen Eßstäbchen konnte er Fliegen aus der Luft fangen. Privat führte er ganz bewußt ein für die damaligen Verhältnisse sehr karges Leben, hatte nie irgendeinen materiellen Besitz, den er nicht bald aufgab, und lebte sehr naturverbunden (selten hatte er eine feste Unterkunft, lebte manchmal bei seinen Schülern oder zog für unbestimmbare Zeit in die Berge).

Yoshida war als überzeugter Anhänger des Butokukai auch in verschiedene Spionageunternehmungen gegen die Amerikaner vor dem zweiten Weltkrieg verwickelt. Sein Sohn Yoshida Kenji erbte seinen Stil, zog aber in die USA, um der Einberufung zum japanischen Militärdienst zu entgehen. Daraufhin wurde er von seinem Vater verstoßen.

9 Ueshibas Hauptlehrer im *Tenshin Shinyô ryu* war zu dieser Zeit Takisabuko Tobari.

[10] Minaku Kumakusa (1867–1941) war ein bedeutender Mystiker der Shingon-Sekte und einer der Hauptlehrer von Ueshiba Morihei. Er lebte lange Zeit in den USA, Westindien und in England, wo er als Dozent für japanische Studien in Cambridge tätig war. Nach 18 im Ausland verbrachten Jahren kehrte er 1904 nach Japan (Tanabe) zurück.

[11] Hokkaido mit der Hauptstadt Sapporo (1,5 Millionen Einwohner) ist die nördlichste Insel Japans, noch heute mit wilder Landschaft, aber Stiefkind der japanischen Industrialisierung. Vor der Meiji-Restauration nannte man die Insel Ezochi (Land der Ezo, d.h Ainu). Danach aber rief die neue Regierung die »Gesellschaft zur Erschließung Hokkaidôs« ins Leben, die mit starker ausländischer Unterstützung die Japanisierung des Gebietes vorantrieb, um die russische Eroberungspolitik zu unterbinden. Tausende von Abenteurern begaben sich auf die Wanderschaft in den Norden und hofften, dort ihr Glück zu finden. In dem unwegsamen Gelände voller Gefahren gründeten sie Siedlungen und sorgten so für die Integration der Insel in das Hoheitsgebiet Japans – zuungunsten der dort ansässigen Ainu, die, ähnlich den nordamerikanischen Indianern, nicht nur ihren Lebensraum, sondern auch ihre naturverbundene Kultur aufgeben mußten.

[12] Wenige Jahre später schenkte ihm seine Frau noch drei Söhne, von denen jedoch nur Kisshomaru überlebte. Die anderen beiden starben 1920 zu Ueshibas großem Kummer im Kleinkindalter an einer schweren Krankheit.

[13] Meister Ueshibas Sohn, Ueshiba Kisshomaru, erzählt, daß sein Vater bereits 1911 Takeda Sogaku in der Gaststätte Kubota in Engaru auf Hokkaido kennenlernte. Auch soll er von diesem bereits 1916 das *Menkyo kaiden* des *Daito ryu* erhalten haben. Takeda Tokumine, Takeda Sogakus Sohn, hingegen berichtet, daß sich die beiden Meister erst 1915 in einer Herberge namens Hisada trafen und daß Ueshiba nie das *Menkyo kaiden* erhielt, sondern im Jahre 1922 nur ein Diplom als Assistenz-Instruktor. Zu diesen Widersprüchen sei erwähnt, daß die aktuellen Vertretungen des Daitokan und Aikikai den Streit zwischen Takeda und Ueshiba noch heute fortsetzen und die strittigen Punkte jeweils zu ihrem Gunsten auslegen.

[14] Deguchi Nao wurde am 19. September 1836 als Tochter des Kleinbauern Kirimura geboren. Bis zu dem Tod ihres Ehemannes Deguchi Masagoro lebte sie zusammen mit ihm und ihren elf Kindern ein völlig normales und geregeltes Leben. 1893 verkündete sie jedoch, daß sie in der Neujahrsnacht mit Konjin, dem Metallgott und Wächter über den Nordosten, eins geworden sei und erfahren habe, daß dieser zugleich auch Kunitokotachi sei, der Schöpfer-Gott des Shintoismus. Nachdem sie in den folgenden Jahren den Krieg gegen China und Rußland und eine Feuersbrunst in Ayabe vorhergesagt hatte, wurde sie für geisteskrank erklärt und inhaftiert. Doch im Gefängnis geschah das Unfaßbare: Die fast völlig erblindete Prophetin begann zu schreiben. In den 27 Jahren, die sie – z. T. später wieder in Freiheit – noch zu leben hatte, ehe sie am 6. November 1918 im Alter von 82 Jahren verstarb, füllte sie einige tausend Blätter mit ihren Visionen.

15 Deguchi Onisaburo (1871–1948) hieß ursprünglich Ueda Kisaburo. Nachdem er Naos Tochter geheiratet hatte, benannte er sich in Deguchi Onisaburo um. Sein Berufung als Prophet begründete er damit, daß er sieben Tage durch das Universum gereist sei und dort mit jeder Gottheit gesprochen habe.

16 Die *Kotodama* (wahre Worte) wurden von Deguchi Onisaburo aus dem Shintoismus und dem Shingon-Buddhismus entnommen und in die Philosophie der Omoto kyo eingegliedert. Diese esoterische Praktik versuchte zu bezeugen, daß die Vibration der Ursprung des Lebens sei. Ihr Inhalt besagt, daß der Mensch selbst der Gründer seines Bewußtseins und damit – gleich Gott – der Gründer des ganzen Universums sein kann. Um dies zu verwirklichen, muß er die materielle Welt verlassen und sich der Entwicklung seines spirituellen Geistes widmen, durch dessen Perfektion er sich in die Welt des Göttlichen integrieren kann. Mit Hilfe einer universellen Sprache, bestehend aus den 50 göttlichen Tönen, kann er seinen Geist perfektionieren, die Essenz Gottes verstehen und letztendlich selbst zu Gott werden. Mit dem Erreichen dieser Phase trägt er zur Erscheinung des neuen Messias und zum Aufbruch in eine neuen Ordnung des Menschseins bei.

17 Die erste Schülerin, die Ueshiba unterrichtete, soll Deguchi Onisaburos Tochter Naoki Deguchi gewesen sein.

18 Man weiß nicht mit Sicherheit, ob Takeda auf Einladung Ueshibas nach Ayabe kam oder ob er selbst den Entschluß gefaßt hatte, seinen Schüler zu besuchen.

19 Die Mandschurei ist heute der nordöstliche Teil Chinas und war ursprünglich das Reich der Mandschu. Im ersten Jahrhundert bestand sie aus mehreren Reichen mongolischer und tungusischer Volksstämme, die jedoch fast immer von den Dynastien der chinesischen Nachbarn beherrscht wurden. Um das Jahr 1600 schlossen sich die Mandschu mit tungusischen Stämmen zusammen und gründeten den kriegerischen Staat der Mandschu. 1644 eroberten sie Korea, China, Tibet und die Mongolei. Sie erhoben ihren Fürsten auf den chinesischen Kaiserthron (Qing-Dynastie) und blieben über viele Jahrhunderte an der Macht. Zu Ende des 18. Jahrhunderts war ihre Macht geschwächt, und die Mandschurei wurde Schauplatz brutaler Auseinandersetzungen zwischen den Japanern und Russen, die erst nach dem Zweiten Weltkrieg enden sollten. Nach 1900 (Boxeraufstand) blieben sowohl russische als auch japanische Besatzer im Land, um die Ausbeutung der reichen Bodenschätze zu sichern. 1931 wurde die Mandschurei – hauptsächliches Zielgebiet japanischer Expansionspolitik – von Japan militärisch besetzt. China hatte den letzten Mandschu-Kaiser Pu Yi vertrieben, er regierte danach in der Mandschurei (1932–1945 Mandschuko) als Strohmann der Japaner. In dieser Zeit wurden dort von den Japanern Kriegsverbrechen von ungeheuerlichem Ausmaß verübt. Massenhinrichtungen, Versuche an Menschen, Einsatz chemischer Waffen sind nur einige davon. Am Ende des Zweiten Weltkrieges marschierten sowjetische Truppen in die Mandschurei ein und vertrieben sowohl die Japaner als auch die Chinesen. Die Mandschurei wurde zum eigenständigen

Staat, verlor jedoch 1952, nachdem die UdSSR auf ihren dortigen Sonderstatus verzichtet hatte, ihre Unabhängigkeit an die Chinesen und wurde als Provinz in die Volksrepublik China eingegliedert.

20 *Kokuryukai* (Gesellschaft des schwarzen Drachen) war ein japanischer Geheimbund mit nationalistischem Charakter. Die Gesellschaft wurde 1901 von Toyama Mitsuru (1855–1944) gegründet und galt als gefährlich. Nach der Revolte des Satsuma-Clans gegen die Meiji-Regierung entstanden in Japan viele Sekten, die das Shogunat wiederherstellen wollten. Darunter befanden sich *Kokuryukai, Genyosha* (Bund des dunklen Ozeans), *Sakurakai* (Vereinigung der Kirschblüten), *Ketsu meidan* (Blutsbund). Sie agierten in Japan und in der Mandschurei zugleich und wurden von den Zaibatsu (japanische Finanz-Clans) finanziert, deren Ziel es war, die Mandschurei durch die Infiltration von japanischen Nationalisten zu beherrschen und auszubeuten. Obwohl sie Feinde der japanischen Meiji-Regierung waren, duldete man ihre verbrecherischen Interventionen in der Mandschurei, da sie den politischen Einfluß Japans auf dieses Land förderten.

21 Maitreya (der Liebende, japanisch Miroku) ist nach dem authentischen Buddha Shakyamuni die Inkarnation des zukünftige Buddha, der nach buddhistischem Glauben in ungefähr 30 000 Jahren als Erlöser in Erscheinung treten soll.

22 Der Dalai-Lama ist sowohl das Oberhaupt des tibetanischen Buddhismus (Lamaismus) als auch der von den Tibetern als der rechtmäßige anerkannte weltliche Regent Tibets. Er wird als göttliches Wesen verehrt. In der religiösen Hierarchie wird er von einem Panchen- oder Taschi-Lama unterstützt.

23 Yamabushi waren »Krieger aus den Bergen«, Anhänger der esoterischen buddhistischen Mikkyo-Sekte, die der mystischen Philosophie des *Shugendo* folgten. Sie wurden auch *Yamabushi no gyoja* oder *Shugenja* genannt, weil sie in der Einsamkeit der Berge lebten und sich dort rigoroser Askese unterwarfen. Wahrscheinlich bildeten sich ihre ersten Bruderschaften im 10. Jahrhundert, als sie sich zu organisieren begannen, um über den Weg der Askese, der Kampfkünste und der Magie übernatürliche Kräfte zu erreichen. Im 15. Jahrhundert schlossen sie sich zu Bruderschaften zusammen, doch 1872 wurde ihre Shugendo-Lehre verboten, was sie in die Illegalität zwang. Die Yamabushi werden als geistige Lehrer der japanischen Ninja betrachtet.

24 In den Jahren davor hatte Ueshiba in einem behelfsmäßigen Dojo unterrichtet, das sich in einem umgebauten Billardraum im Haus des Grafen Shimaru befand, und war selbst während dieser Zeit zweimal umgezogen.

25 Hoshi Tetsuomi lernte unter Jigoro Kano die Kunst des Judo und trainierte später nach den Anleitungen von Morihei Ueshiba die grundlegenden Bewegungen des Aikijutsu. Später gründete er auf der Basis des *Aikido* ein eigenes Selbstverteidigungssystem, das er als *Kobujutsu* bezeichnete. Im Jahre 1947 wurde Hoshi jedoch von einem Kriegsgericht zum Tode verurteilt und als Kriegsverbrecher hingerichtet, da er die Wirkung seiner technischen Fähigkeiten skrupellos an Kriegsgefan-

genen getestet hatte. Neben Hoshi verließen auch noch drei weitere hochgraduierte Judoka den Kodokan: Shioda Gozo, Mochizuki Minoru und Tomiki Kenji.

26 Shioda Gozo (1915–1994), der Begründer des *Yoshinkan ryu Aikido*, lernte zunächst Judo und Kendo, wechselte jedoch 1932 zum Aikido und blieb 8 Jahre lang Ueshibas persönlicher Schüler. Nach dem Zweiten Weltkrieg trainierte er in Iwama weiter, trennte sich jedoch 1946 von Ueshiba, weil er mit den Veränderungen, die dieser in jener Zeit am Aikidô vornahm, nicht einverstanden war. Danach studierte er intensiv die Techniken von Takeda Sogaku, bis er 1955 seine eigene Schule, den Yoshinkan, gründete, die für ihre Stärke und Kampfkraft bekannt wurde. Nach Ueshibas Tod (1969) kam es zum offenen Bruch zwischen Shioda und den Lehrern des Aikikai, von denen er sich zusammen mit vielen weiteren Ueshiba-Schülern trennte. Sie bezeichneten die Lehren des Aikikai als weltfremd, unrealistisch und in der Praxis untauglich. Daraufhin gründete Shioda 1990 seine eigene Organisation, die International Yoshinkai Aikido Federation, der er bis zu seinem Tod (1994) vorstand.

27 Mochizuki Minoru, geboren 1907 in Shizuoka, Nachkomme eines japanischen Samurai-Geschlechtes, war der Begründer des berühmten Yoseikan. Er begann 1912 mit der Übung des *Judo* unter Meister Takebe. 1924 wurde er Schüler von Toku Sanpo (Judo) und 1926 von Jigoro Kano und Kyuzo Mifune am Kodokan. Er studierte auch *Tenshin Shoden Katori Shinto ryu* unter den Meistern Ito, Kuboki, Shiina und Tamai, 1930 unter Nakayama Hakudo das *Kenjutsu* und unter Shimizu Takagi das *Jojutsu*. Gleichzeitig war er Schüler von Morihei Ueshiba. Ende 1930 studierte er in der Mongolei einen okinawanischen Karatestil unter Kudaka, woraufhin er drei Monate lang Schüler von Gichin Funakoshi wurde. Zwischen 1951 und 1953 hielt er sich in Frankreich auf, wo er unter anderen Henry Plee im *Aikijutsu, Kenjutsu* und *Bôjutsu* unterrichtete. Als er nach Japan zurückkehrte, schickte er seinen Sohn nach Frankreich, der dort seinen eigenen Stil, das *Yoseikan Budo*, gründete.

28 Tomiki Kenji (*1900) war ein Schüler Ueshibas und Kanos. Zwischen 1934 und 1940 hielt er sich in der Mandschurei auf. Als er nach Japan zurückkehrte, führte er am Kodokan eine Synthese aus *Judo* und *Aikido* zum ersten Mal vor. 1945 ging er zurück in die Mandschurei und geriet dort in sowjetische Kriegsgefangenschaft (bis 1948). Ab 1960 verwendete er für sein System den Begriff *Tomiki ryu Aikido*. Das System sieht den sportlichen Wettkampf vor und verbreitete sich weltweit, vor allem über Yamada Senta (Japan), Ehara Tetsu (England), Kogure Hiraoki (USA) und Tsuchiya Satoru (Frankreich).

29 Einige behaupten, daß Kisshomaru, der leibliche Sohn Ueshibas, erst durch Nakakuras Weggang zum Erben des Aikido wurde, da Ueshiba Nakakura ursprünglich adoptiert hatte, um in ihm einen würdigeren Nachfolger zu haben als seinen schwächlichen und ängstlichen Sohn.

30 Ueshiba hatte schon von Anfang an immer wieder Frauen in der Kunst der Selbst-

verteidigung unterrichtet und vor allem während seiner Zeit in Tokyo viele starke Kämpferinnen ausgebildet. Kunigoshi Takako war eine seiner stärksten Schülerinnen, die sogar im Zweikampf gegen die besten männlichen Schüler Ueshibas oftmals zu bestehen wußte. Shirata Rinjiro sagte einmal über sie: »Takako war der härteste Gegner, dem ich gegenüberstand.«

31 Deguchi kam nach dem Zweiten Weltkrieg wieder frei, reorganisierte seine Sekte und nannte sie Aizen en (Garten der Gottesliebe). Am 19. Januar 1948 starb er, und seine Witwe Sumiko übernahm die Leitung der Organisation. Nach deren Tod 1952 führte ihre Tochter Naoshi die Sekte an und benannte sie wieder nach dem ursprünglichen Namen Omoto. Doch die Sekte hatte ihre Macht und ihren Einfluß inzwischen verloren und überlebte mit wenigen Mitgliedern, wie viele andere radikale Sekten Japans auch, im Untergrund.

32 Im Sommer 1932 wurde der *Dai Nihon Budo Senyo Kai* (Gesellschaft zur Förderung der japanischen Kampfkünste) unter der Schirmherrschaft der Omoto kyo und mit Ueshiba als Hauptinstruktor gegründet. Das Hauptdojo dieser Organisation befand sich in Takeda (Hyogo), wo Ueshiba persönlich im Sommer die Miliz der Omoto kyo ausbildete, was den japanischen Behörden verständlicherweise mißfiel.

33 Die Maßnahmen der japanischen Regierung, mit denen sie hochrangige Kampfkunstexperten zur Ausbildung von Sondereinheiten heranzog, ist eines der dunkelsten Kapitel in der Geschichte der Kampfkünste. Das Thema wird im Kapitel »Funakoshi« ausführlich behandelt.

34 Die *Kempai tai* war eine Sonderabteilung des japanischen Militärs, ähnlich der Gestapo im Dritten Reich, sie galt als gefährlich und skrupellos. Sie hatte den Auftrag, alle staatsfeindlichen Elemente aufzuspüren und unschädlich zu machen. Verhaftungen und willkürliche Hinrichtungen waren an der Tagesordnung.

35 *Shorinji Kempo* ist die japanische Bezeichnung für die chinesischen Kampfkünste des Shaolin-Klosters. Das System wurde 1947 von Doshin So als Nippon Den Seito Shorinji Kempo in Japan eingeführt, erfuhr jedoch im nachhinein viel Kritik von den chinesischen Meistern, die eine Verbindung des Shaolinquan mit Doshins Kampfkunst ablehnen. Doshin So, mit bürgerlichem Namen Michiomi Nakano, zog 1919 mit seinem Großvater in die Mandschurei und war Mitglied des berüchtigten Geheimbundes *Kokuryu kai* (Vereinigung der schwarzen Drachen) für den er bis 1945 in der Mandschurei als Spion tätig war. Nach eigener Aussage, aber von den Chinesen heftig bestritten, wurde er dort zum 21. Oberhaupt der Shaolin Giwamonken-Schule ernannt, die er nach seiner Rückkehr nach Japan als *Shorinji Kempo* vertrat. Zeitweise war er auch ein Schüler des Ueshiba-Schülers Okuyama Yoshiji Ryuho, des Begründers des *Hako ryu Aikijutsu*.

36 Der Butokukai war bis zur Niederlage Japans im Zweiten Weltkrieg das Forum der japanischen Kampfkünste und wurde danach vom Budokan abgelöst.

37 In den Reihen der Kampfkunstübenden befanden sich die reaktionärsten Kräfte

der japanischen Gesellschaft. Die meisten Großmeister der Stile lehnten nicht nur die Amerikaner, sondern auch die neue Gesellschaft ab, die ihrer Auffassung nach Oberflächlichkeit und Konsumdenken hervorbrachte und förderte, und plädierten für die Wiedereinführung der Rechtsform des alten Bushido als Erziehungsgrundlage für das Volk. Viele der alten Meister wurden aus Protest gegen das moderne japanische Denken zu fanatischen Nationalisten, und selbst wenn sie – wie Ueshiba – den Frieden zwischen den Völkern predigten, waren sie in ihrem Wesen Samurai und als Vorbilder ganz und gar untauglich für den Aufbau einer neuen, demokratischen Gesellschaft. Im Hinblick darauf, daß das alte japanische Kampfkunstforum, der Butokukai, vor und während des Krieges tatsächlich die japanischen Spezialeinheiten der Armee ausgebildet hatte, deren Grausamkeit als beispiellos in der Geschichte der Menschheit gilt, versuchten die Amerikaner diesen Unruheherd auszuschalten, indem sie die Ausübung der Kampfkünste generell verboten. Statt dessen wurde wenige Jahre nach dem Kriegsende der Budokan ins Leben gerufen, dessen hauptsächliche Aufgabe es war, die alten Kampfkünste in einen Sport umzuwandeln und der übrigen Welt zugänglich zu machen. Alle japanischen Großmeister standen dadurch vor der Wahl zwischen unerlaubter Sinngebung und politisch aufgezwungener Anpassung, was aus den Biographien von Ueshiba und Funakoshi deutlich hervorgeht.
Jigoro Kano hingegen und später viele andere Lehrer, die die erzwungene Veränderung der Kampfkunst zum Kampfsport hinnahmen und vertraten, wurden von den politischen Interessen des modernen Japan ins Rampenlicht der Öffentlichkeit geschoben und zu weltweit anerkannten Kampfkunstexperten gemacht.

38 Der Begriff *Aikikai* bezeichnet eigentlich das Aikido-Zentraldojo (Kobukan) im Shinjuku-Distrikt von Tokyo, das später zum Hauptquartier der *International Aikido Federation* wurde. Meister Ueshiba hatte zwar die Leitung dieses Dojo seinem Sohn Kisshomaru überlassen und in Iwama eine neue Kampfkunstauffassung entwickelt, wurde jedoch nach wie vor als eigentlicher Lehrer des Kobukan angesehen. Heute bezeichnet sich die Föderation als einzigen Bewahrer der ursprünglichen Aiki-Lehre (was von vielen Aikido-Großmeistern entschieden bestritten wird) und wird von Ueshiba Kisshomaru und dessen Sohn Ueshiba Moriteru geleitet.

39 Aiki bedeutet sinngemäß »die Suche nach dem Ki«. Darin bezeichnet *Ki* die Energie und *Ai* die Liebe, die Harmonie und Anpassung, eines der Grundkonzepte in den asiatischen Budo-Künsten, das darauf verweist, daß die Wirkung *(Kime)* nicht allein durch Aktivität zu erreichen ist, sondern einer inneren Übung der Anpassung und Harmonie bedarf.

40 Tohei Koichi (*1932) begann mit 9 Jahren Judo zu üben und erreichte den 4. Dan. Später besuchte er die Keio-Universität, erlitt jedoch durch das Judo eine schwere Brustkorbverletzung, die ihn zum Einstellen des Übens im Judo zwang. Nachdem er wieder genesen war, kam er auf Umwegen zu Ueshibas Aikido. 1953

ging er nach Amerika, um Aikido zu unterrichten, 1959 veröffentlichte er sein erstes Buch, und 1971 gründete er die Ki no Kenkyu kai (Ki-Gesellschaft), in der er seinen Stil Shinshintoitsu unterrichtet.

41 Das *Yoshin ryu*, auch als »hartes Aikido« bezeichnet, betont vor allem den Selbstverteidigungsaspekt und verfügt im Gegensatz zu Ueshibas *Aikido* auch über Schlag-, Stoß- und Trittechniken. Nach Ueshibas Tod 1969 wendeten sich Shioda und mit ihm viele andere Aikido-Lehrer endgültig von ihrem Meister ab, um ihre eigenen Auffassungn zu vertreten. 1990 gründete Shioda die *International Yoshinkai Aikido Federation*, um das *Yoshin ryu* in der ganzen Welt zu verbreiten. Kushida Takashi, der in Amerika lebt und unterrichtet, besitzt das *Menkyo kaiden* im *Yoshin ryu*, Noguchi Yukio ist Hauptinstruktor für alle Gebiete außerhalb Japans.

BUDO STUDIEN KREIS

Der **Budo Studien Kreis** (BSK), dem die Autorin angehört, entstand Anfang des Jahres 1990 im **Budokan** (Budo-Schule Werner Lind) und dient der Erforschung und Verbreitung des traditionellen Budo. Die Lehrer des BSK befassen sich hauptsächlich mit Karate, aber auch mit Themen aus der ganzen Vielfalt des traditionellen Budo wie Tai-ji-quan, Ninjutsu und mit angrenzenden Bereichen wie Quan-fa, Qigong, Philosophie, Gesundheitslehre, Vitalsysteme, Kunst, Musik und Literatur.

Hauptanliegen des BSK ist es, die Kampfkünste auf ihren ursprünglichen Sinn zurückzuführen und Wege der Übung aufzuzeigen, die jenseits des Wettbewerbs liegen. Wettkampf wird daher im BSK nicht betrieben. Alle Lehrer des BSK unterrichten die Kampfkünste ausschließlich im Zeichen der Selbstverteidigung, der Gesundheit und der Selbsterfahrung.

Ein wichtiger Schwerpunkt dieser Studien besteht darin, auch anderen interessierten Kampfkunstanhängern die Möglichkeit zu Informationen über traditionelle Wege der Übung zu ermöglichen. In diesem Zusammenhang werden beständig Bücher über Geschichte, Hintergründe, Inhalte und Ziele des traditionellen Budo veröffentlicht. Die Enzyklopädie der Kampfkünste ist einer der zentralen Punkte dieser Studien.

In ähnlichem Zusammenhang organisiert der BSK einen Erfahrungsaustausch (in Form von Mitgliedschaften im BSK, Wochenendseminaren im BSK-Hombu-Dojo und externen Seminaren) mit anderen traditionell orientierten Kampfkunstübenden, durch den eine Erweiterung der Einzelstudien ermöglicht wird. Interessenten (**nur Lehrer**) können sich in diesem Sinn an den BSK wenden und Info-Material anfordern.

Budo Studien Kreis

Budokan

Budo Studien Kreis
Budokan W. Lind
Weschnitzstraße 8, 64625 Bensheim
Telefon und Fax 06251/2056